金森 修

知識の政治学

〈真理の生産〉はいかにして行われるか

せりか書房

知識の政治学

〈真理の生産〉はいかにして行われるか◉目次

序章

本書に収録された論攷群は、互いに別個の依頼や自発的構想に基づいて各時点で作られていったものであり、当初からすべてが一冊に纏められることを想定していたものではない。また、執筆年代も一九九四年から二〇一四年までと、表面的には二〇年にも亘る違いを含む。しかし一九九〇年代の論攷は全一五篇の内、二つだけである。また、二〇〇〇年代前半のものは三篇に留まる。つまり、残りの一〇篇は二〇〇〇年代後半、より正確には二〇〇八年以降のものなので、大枠で見れば、本書に収録された諸論攷はここ数年の私の学問的作業を概略的に反映させたものと述べて問題ない。また、章というには量的に短いものも幾つか含まれているが、それぞれ敢えて独立した扱いをしている。

二〇年にも亘る論攷群なので、当然ながらその当時の判断と現在とでは微妙に異なることもある。しかし原則的には本文には最小限の手直ししか加えず、大きく論旨を変えるようなことはしていない。ただ、どうしても留保や訂正をしたい場合には、註を設けて、現在での判断を付記しておいた。しかしそれも、ほんの数箇所に留まっている。たとえ現在とは若干異なる判断がなされているとしても、それが発表された年代での知的文脈の中で書かれたものだという事実を、それなりに尊重したいためにである。

論攷全体に一応の構造を与えるために、三部構成にした。また、それぞれの部の冒頭には、その部に含まれる論攷群への現時点でのごく簡単な注釈が加えられている。少しでも読者の便宜を図るためのものなので、それぞれの論攷を通読する前に見ておいてほしい。

全体には『知識の政治学』という総題を与えた。英語でも"The Politics of Knowledge"という題名の本は既に何冊も存在する。ともあれ、それ自体が多義的な意味をもちうるので、若干の危険性はある。ただ、私がここで総題に採用する際に、その多義性は暗黙の前提とされていた。まず最初に確認しておきたいのは、知識という言葉で私が主に念頭に置くのは〈科学的知識〉、またはそれに関係した知識だということだ。芸術的知識や宗教的知識、さらには政治そのものに関することは主要な対象ではない。それは明言しておく。この本は、広い意味での〈認識論〉に関わるものであり、[1]認識論がほぼ常に、科学的知識を重要な準拠対象として自己の議論の遠景に据えていたことを考えるなら、知識とはいっても、主に〈科学的知識〉やその周辺に限定されるとしても、特に不可解ではないはずだ。

また、やはりここで確認しておきたいのは、〈知識の政治学〉ということで、何かの事象についての真偽を確定する際に、なんらかの権力(政治的・経済的・文化的など)のごり押しによって真偽が歪められるのを指すための概念としては、少なくとも一次的には構想されていないということである。より正確にいおう。人類史を虚心坦懐に顧みれば、いま述べたばかりのような事態、つまり広義の権力的介入で物事の真偽が歪められるということは、事実上何度もあった。その意味では、〈知識の政治学〉概念の中に、その種の意味を潜ませることは可能であり、順当でさえある。（良い悪いは別にして）私が「少なくとも一次的には」という留保を付けたのは、逆にいうなら二次的以下の派生的可能性としては、それを拒否していないからだ。

ただ、私がその概念によってより強調したいと考えているのは、主に次の三点である。

①人間の知識なるものは、地理的・歴史的拘束性のせいでたとえ一時期歪曲や逸脱の道程を辿ることがあろうとも、〈物理的実在の客観的条理〉が要請する必然的理由によって、最終的には落ち着くべきところに落ち着くのだという考え方――広く実在論的な発想とでも呼ぶべき考え方に対して、それとは微妙に異なる視点を設定する。〈物の条理〉の存在を予め想定することは確かに無意味とはいえないが、人間が知的活動でそれに接近しようとする際に導きの糸になるものを〈物事の条理〉と言い換えた途端、そこには必ず複雑な因子が付け加わり、〈物の条理〉というほどに単純明快な目標地点を自ら露わにしてくれるものではない。それを強調するために、私はこの概念を前面に押し出す。ここで〈物〉と〈物事〉には、どんな違いがあるのだと早速不審に思う読者が多いだろうが、私の議論の真髄は抽象的テーゼの提案というよりは、具体的事例に則した論証や例証の中にあるので、ここでは深追いは避けておく。一言だけ言っておけば、〈物事〉ということで私は、物を追求する際、われわれは必ず概念による援護的補強、概念構築による接近をせざるを得ないことを表している。物には、事が絶えず折り重なっている。いずれにしろ、こう言おう。真理はそう簡単に自己開示などはしてくれない。

②次に述べることは事実上、①の微妙な言い換えである。〈知識の政治学〉は真偽の構築過程に自動性や自明性を認めず、真理に至るための〈最短経路〉などは認めない。しかしだからといって、科学的知識の真理性や普遍性を保証する〈客観性〉概念が完全に無意味だとか、そういう類いの主張をしているわけではない。歴史的調査や理論的反省を重ねれば重ねるほど、〈客観性〉に到達するのはとても難しいことが分かるが、それは〈客観性〉なるものは集団的幻影にすぎないという主張とは繋がらない。〈客観性〉追求は、自明でも簡単でもない。しかしそれを確認することは、〈客観性〉獲得は困難だということを示すのみで、その不可能性を示唆するものではない。真理が自己開示などはしてくれないのと相即的に、〈客観性〉は誰もが簡単に依拠できる道具というよりは、一種の獲得目標になる。その困難な獲得過程の襞(ひだ)に寄り添い、その過程の紆余曲折がわれわれに示す認識経路の複雑さを示すこと、それが〈知識の政治学〉の一つの目標になるのだ。

③次の意味は、さらに一層複雑なものだ。既述のように本書での知識は一応〈科学的知識〉を主に念頭に置く。しかしこの第三番目の意味においては、その束縛から若干距離を取り、認識活動の多様性自体により密着しようとする。その過程で、そもそも真理と一言でいっても、それは自明なものでもなんでもなく、どのような意味でそれが真理として表れるのか、その表れ方には幾通りものパターンがあることが確認される。それは〈真理観の複数性〉を巡るものであり、それは同時に、「在ること」と「知ること」との直結的な自明性を断ち切ることでもある。

認識の獲得目標の透明性や自明性を否定し（①）、客観性を一種の獲得目標とすること（②）、そして真理観の複数性に着目することで、認識が世界（実在や自然と言い換えてもよい）との間に、非必然的な関係しかもたない場合があるという事実を見据えること（③）――概略的に纏めるなら、以上のように、互いに微妙に異なりながらも重なり合う意味が、私が〈知識の政治学〉という概念で表現しようとしたものなのである。

だからそれは、「結局あれはどうなった？」という結果のみに注意を払い、〈プロセス割愛〉を当然の要請とする性急な眼差しや問いかけからは、最も遠い場所にある。〈物理的実在〉が幻影だというのではない。だが、それはクリアな輪郭をもつ固体のように、われわれの認識活動から自然に浮き彫りになってくるようなものでもない。この問題設定に敏感になり、その思考運動と連動するという経験を積めば、〈物理的実在〉と認識との間の関係は、単なる〈写実〉や〈撮影〉、〈最短経路を通過した果ての衝突・合致〉のようなものではなく、それよりは遙かに複雑なものだということが実感されるはずである。

もっとも、このように抽象的に述べ立てるだけでは、その面白さや本領は見えないままに留まる。具体的な例証の適切さの度合いの中にのみ、その実質的内容はある。それは以下の諸章の中で探って頂きたい。

他方で、以下の論述では、あまり人目を引くような造語もしていないので、ドゥルーズ（Gilles Deleuze）風にいうなら「概念の創造」がない分、哲学していないということになるのかもしれない。[2] しかし、特殊な含意を組み込ませた業界用語などはあまり使わなくとも、通常の理路を辿りながら、それなりのことはいえるという私なりの見通しもあったので、これでよいと思っている（もちろん、全く哲学用語を用いていないということではない。それは不可能だ）。材料の集め方や視点設定に私の個性を反映させるだけに留め、後は、集められた資料が自ら語ってくれるような読み方、いわば”on lit que”[3]という読み方に近い読み方がなされているはずで、虚心坦懐に読めば、まるで何をいっているのかが分からないという部分はほとんどないはずである。論旨の開放性や明晰性は、私にとっては重要な規範であり続けてきた。その原則は、ここでも遵奉されている。

なお表記上、本書全体で採用される括弧の使い方について、一言注釈を加えておく。「」、『』が例えば論文名、書名を表すために用いられるというのは通例通りである。なお、「」は、人によくそういわれるとか、当事者たちがこのように使っているという意味でも用いられる。それもまた、通例に従うもので問題はないはずだ。ただ、既にこの序章の記述からも分かるように、私は時々〈〉を用いる。それは、普通そういう風にいわれるというのとは若干ニュアンスが異なり、或る言語連鎖や概念の纏まりをより分かりやすくしたり、それらを強調するために、光を当てて文章から浮き上がらせるという機能をもつ。それは文章の一部に一瞬当てられるスポットライトのようなものだ。だからそれは、その文脈に特定的なものなので、一度或る箇所で〈A〉と表記されたからといって、その後のAが絶えず〈〉付きで使われるかというと、そうでもない。だからこの場合、Aには二通りの表記法が生まれることになる。読者が余計な解釈上の困難を感じないように、敢えてここで付記しておく。

註

（1）ただし最後の三つの章は、原発事故後の放射能汚染を巡る我が国の動向に関する踏み込んだ議論であり、主に〈認識論的〉なものだとは言い難くなっている。ただ、それは本書全体の特徴から見ればマイナーなものである。

（2）もっとも、完全な造語ではなくても、〈知識の政治学〉や〈客観性の政治学〉などという言葉の連鎖も造語に準じるものだと考えるなら、私なりに概念創造をしていることにはなる。

（3）フランス語で"On dit que A est B."という表現はよく用いられるが、"On lit que A est B."という表現はほとんどないはずだ。前者は、フランス語独特の曖昧な主語、一般的な人、世間、自分も含む曖昧な外延を指定したわれわれという程度の意味をもつ on が que 以下のように述べているという意味、普通は「AはBだそうだ」とか、「AはBだといわれている」という程度の意味をもつ。後者は敢えて直訳をすれば、動詞 dire（言う）を lire（読む）に変えたものなので、「われわれはAをBと読む」という程度の意味になる。それを、目の前の資料体があれば、ごく自然に「AはBだと読めますね」というニュアンスで提示すること。私は、そのような書き方を追究しているという意味で、この変則表現を用いたわけだ。鬼面人を威すような読み、それを私はあまり信用していない。資料体αがあったとき、大多数の人間がそこからβという要旨を汲み取る——そちらの方が実は大切なことなのである。

第一部　科学とその外部

第一部　序

第一部は一九九九年から二〇一一年までという風に、かなり時間差のある論攷が四つ含まれている。章順は必ずしも発表順にはなっていない。なおこの原則は第二部や第三部でも貫かれる。第一部の最初の三つの論攷は若干マージナルなものと述べても構わないかもしれない。一冊の本をその種の周辺的なものから始めるのには幾分の躊躇もあったが、それぞれがより大きな作業の経過的見通しを示したものばかりなので、それなりの意味をもつこと、また凝縮され、簡略化された書き方がなされているために、言説の目的がより直截に表れていることを一種の利点と見做し、冒頭に配置することにした。他方で、第四章の「エピステモロジーに政治性はあるのか」は、これら三つの論攷よりもかなり後に書かれた比較的長大なものである。

それぞれの章に、現時点で簡単な注釈を加える。

第一章は、私なりの一種の〈科学哲学批判〉の積もりだった。この場合の科学哲学とは論理実証主義を直系の祖先と見做し、その後特にアメリカで発展したいわゆる科学哲学・分析哲学のことを指している。もっともその批判の仕方は、科学哲学の議論内部に沈潜して、そこから内在的批判を繰り広げるというものではない。いわば〈外部〉から騒いでいるだけなので、専門的な科学哲学者にはただ五月蠅いだけかもしれない。また念のためにいっておくなら、我が国にも何人もの優れた科学哲学者がいることは知悉しているし、むしろ今後も日本の哲学界の中では、科学哲学の存在感は一層大きくなりこそすれ、端的に衰微していくというシナリオはほぼ考えられない。ただ、結局、ここで私が行っていることは〈科学哲学〉、〈科学的な哲学〉、〈科学者の哲学〉などの微妙に異なる内包を抱えたトポスの中から、〈科学の哲学〉と私が呼ぼうとしたものがどのように差異化して、固有の問題系を立ち上げることが出来るのか、そのための見通しを、主にタスキーギ研究と新優生学という具体例に即しながら論じることだったと思う。また執筆過程で、〈科学哲学批判〉だけではなく、古典的な科学観の一つ、〈科学の自律性〉という理念の瓦解を自覚させるという論点も、付加されることになった。

　第二章は、一九九九年に公表されたものであり、その背景には私個人の研究履歴が強く反映している。その頃の私は、その後『サイエンス・ウォーズ』（東京大学出版会、二〇〇〇）として結実することになる、科学社会学的な諸動向の集中的な調査を行っていた。いや、科学社会学的諸動向というよりは、いわゆる〈科学論〉（science studies）の調査と述べた方が正確かもしれない。ここでもまた、その調査を背景に、古典的な〈科学哲学〉への私なりの批判が試みられている。科学界の外部から「科学は大切だ」云々というような主張を繰り返す論者を一種の幇間扱いにするなど、随分挑発的な議論もしているが、それは〈科学哲学〉の従来形の問題設定を若干広げるべきだと考える、当時の私の戦略的修辞だったと考えて、ご海容願いたい。なお、この論攷では「科学知識の社会学」（ＳＳＫ）の重要な古典『リヴァイアサンと空気ポンプ』に関する私なりの最も踏み込んだ記載がある。それは学説史を通覧する際には現在でも一定の有益性をもつはずである。

第三章は、現代フランスの重要な社会学者の一人、ブルデュー（Pierre Bourdieu）の〈科学論〉に注目しようとした論攷である。ブルデューの「場」概念に注目し、それが現代科学者の集団形成の様態をどのように説明できるのか、その射程を探った。その際、「場」概念そのものが、集団形成という論点が暗黙に内包するはずの「内」への凝縮力だけではなく、当初から「外」への拡散的性格も備えたものだという事実に注目しておいた。しかし、この論攷はその種の、いわば科学社会学的動向を後押しするような確認だけで終わることはない。むしろ、その認識を前提に、特に同時代のモード2論を見据えた上でブルデューがわざわざ立てる議論の中に、逆説的ながら「科学的知識の自律性」という極めて古典的な規範を改めて強調しようとする彼の姿を垣間見ておいた。論の作りは、方向そのものが錯綜しているために、正確に追跡するのは若干難しいかもしれない。だが、注意深く読んでもらえれば、私の分析の流れは理解して頂けるはずである。

そして、最後には、彼の他の業績、特に『ディスタンクシオン』[1]（一九七九）が開示していたような作業がもたらしうる、社会への反射的効果、あるいはそれを自覚的に行おうとする当の研究者自体への反射的効果などについて、簡単ながら居心地の悪い注釈を加えておいた。そこに「反射性の地獄」を見るという私の評言は、現在でもそれほど本質から外れたものではないと考えている。

第四章は、第三章でも触れた科学史学の二つの流れ、インターナル・アプローチとエクスターナル・アプローチの内の、本来の私自身の専門であるインターナル・アプローチの代表格、フランス科学認識論（épistémologie）について、二〇一一年の段階で改めて、それに対するスタンスを総括したものである。私の最初の著作は『フランス科学認識論の系譜』（勁草書房、一九九四）だったので、一五年以上も後に行われた一種の学問的反省でもある。また、この第一部の言説構成から考えるなら、第四章は、第三章共々一種のねじれを表現したものにもなっている。繰り返そう、最初の二つの章は古典的な〈科学哲学〉への対抗意識から〈科学の外〉への眼差しの必要性を強調したものであったのに対して、第三章は、「場」概念の検討から、〈科学の外〉の存在感を改めて確認するという論述をとりながらも、最終的には「科学的知識の自律性」という、いわば〈科学の内〉への沈潜を価値づける方向性を打ち出している。そして、第四章は、エピステモロジーの伝統的描像に従うなら当然〈科学の内〉への沈潜と集中を促すものであるはずが、それでは二〇世紀後半以降の科学を映し出すには不充分だと主張することを通して、それを克服する方向を出そうとしているのだ。話の前段階では我が国の〈科学技術創造立国論〉が象徴する一元論的な社会理解への批判や、我が国でのエピステモロジーの受容の困難についても触れているので、主要な論旨が分かりにくくなっているかもしれないが、論攷の主要目的は、やはり最初の三つの章同様に、〈科学の内と外〉という問題系に関わろうとしたものである。

以上の理由を以て、第一部には「科学とその外部」という題名を与えておいた。

註

（１）Pierre Bourdieu, *La Distinction*, Paris, Editions de Minuit, 1979.『ディスタンクシオン』１・２、石井洋二郎訳、藤原書店、一九九〇

第一章　科学と超域的世界

第一節　「科学哲学」から「科学の哲学」へ

従来、「科学哲学」といえば、論理実証主義で明らかなように、高度の論理学的知識で武装し、緻密で専門的な議論をする人たちという印象が強かった。それは、その領域内部で育った人の問題意識をさらに継承し続ける研究群であり、外部にいる人間が「少し齧って」みようと思っても、どのような議論の歴史や業績があるのかを知らない場合にはまったく歯が立たない、という閉鎖性と純粋さをもつ領域だった。別にそれが悪いというのではない。外部にいる人間には理解できなくても、内部にいる人間が研究主題を深化させながら継承していくのなら、一定の意義があるのはいうまでもない。だが、それが名前から連想されるような「科学の哲学」であったかどうかは、若干疑問の余地がある。二〇世紀に急速な成長を遂げた科学哲学は、やはり同じ時代、急速に展開していた現代科学とは事実上あまり関係のない哲学の一分野、論理学や言語分析に親和的な、分析理性的な哲学の一種としての位置づけをもっていた。確かに、その中には「科学性」の境界画定論争なども存在したが、その議論が現場で作業する科学者にとって啓発的なものだったかどうかは、むしろ怪しむに足る。科学哲学は、それなりに「科学的な哲学」たろうとしたが、「科学の哲学」であったことは、事実上ほとんどなかったのである。

そして現在もなお、科学哲学は続いている。だが、現代の科学技術がもつ社会的、文化的波及性の含意はあまりに巨大なものなので、もともとあまり科学とは関係のなかった科学哲学だけでは、現代社会の趨勢を分析するには不充分である。もし本当に、少なくともその一部を「科学の哲学」的なものにしようと思うのなら、科学哲学は自分の研究伝統から或る程度脱皮し、変化を遂げなければならない。そして時代は、変幻し、領域画定が曖昧になった分だけより多くの人々に関係し、力強くなった新たな科学哲学を切望している、と私は思う。科学哲学は「科学の哲学」として現代世界とより密接な交差をしなければならない。特殊な専門領域への沈潜を敢えて離れ、超域的な思索群として脱皮することができれば、恐らくその思想史的意味は従来よりもさらに大きなものになるだろう。グローバル化する社会の中で、科学哲学には、科学哲学なりの超域化の試みがなされなければならない。この章では、その超域性の表れを、「社会」との界面に定位するというスタンスの中に探ってみたい。

第二節　自律的科学という神話の崩壊

一七世紀から一八世紀にかけて、何人もの優れた科学者たちが仕事をするときに暗黙の哲学的前提になっていた「科学者の哲学」、実証主義は、少なくとも明示的には一九世紀前半、コント（Auguste Comte）によって大々的に立ち上げられた。一八三〇年代から十数年を使って公刊された『実証哲学講義』全六巻（一八三〇－四二）は、数学や天文学から始まり、物理学、化学、生物学を経て、最終的には社会現象一般を科学的に分析する「社会学」の構想に至るまで、包括的な視座を備えた大著だった。それは、その後の科学的世界把握にとって大きな推進力となった。ただ、いま私が特に注目しておきたいのは、コントの実証主義が、フランス大革命とその後の動乱という政治的激動に対する一種の反動として、社会秩序の回復のための思想として立ち上げられたという事実である。その文脈の中でコントは、ド・メストル（Joseph de Maistre）のような〈反動思想家〉にさえ賞賛を惜しまなかった。

もちろん、そう述べたからといって、実証主義が秩序志向的な反動性をもっていたとまで一般化するつもりはない。ただ、ともすればカトリック教会などが代表する宗教的権力の権威性や秩序志向の傍らで、自由で独創的な個人的知見の発露としての科学があった、というストーリーが語られてしまう定型の中では、実証主義の源泉に革命思想への反発があったという事実を回顧しておくのは、それなりに有意味である。また、その後「自然界の謎の探究への情熱に駆られた独創的な科学者」というロマン主義的描像で彩られることになる科学者像にも、一定の留保が必要だ。例えばパストゥール（Louis Pasteur）なども、一九世紀を代表する生命科学者だということは否定しがたいが、近年の研究により、政治的には、フランス第二帝政期の反動的で保守的な傾向に迎合する人だったということが分かっている。科学者を「偉大な個人」の純粋形象として見るという見方は、その語り自体が或る一定の政治的切り取りの中でのみ意味をもつものだ。

　そして、その種のロマン主義的科学観、科学者観が、一層実態と乖離し始めるのが二〇世紀なのである。実は、ルナン（Ernest Renan）の『科学の将来』（一八九〇）などにも明らかなように、巨大規模の科学的研究が対象領域の膨大さのゆえに、個人の努力を本性的に越えた集団的性格をもつものであり、研究遂行の資金レベルでも、国家の援助を必須とするものだという考え方は、一九世紀から存在していた。確かに、科学者は、そのような状況の中でも、国家の援助を「干渉」と捉え、できる限りの自律性を保とうとするエートスに浸かっていた。その「自律性」は、自然界の謎の究明という作業と、同時代の社会的、政治的文脈とは、原則的に関係がないという想定に支えられていた。だが、第一次世界大戦前のドイツにおける化学工業の発展が、大戦期での戦闘に多大の有利さとして働いたなどという現実を前にして、「社会還元」には直接関係しなくても、自然界の解明に役立つ「純粋な」基礎科学の方が、応用科学よりも位階が高いとする古典的発想は、見直しを余儀なくされる。さらに、一九三〇年代から原子核変換や人工放射能研究に大きな成果をあげたサイクロトロンなどの施設が否定しがたい仕方で明らかにしていたように、科学の代表格としての物理学は、いわゆるビッグサイエンスの道をひた走ることになる。科学は一層集団的な作業となり、論文の著者名に複数の著者が並ぶことが普通になる。そして創造性は、個人というよりはグループに帰属せしめるのが、より適切なものになる。少なくとも一部の科学は、集団性や匿名性の性格を一層強め、国家が多大の資金をそこに注ぎ込む国家的なプロジェクトとして成立し始める。こうして、社会還元という〈下流〉の場面でも、資金調達という〈上流〉の場面でも、共に「科学の自律性」信仰を瓦解させるような事態が否応なく進行していったのである。

そして、その文脈の中で、一九四〇年代前半に数年に亘ってアメリカで遂行された原爆開発のための特殊プロジェクト、いわゆるマンハッタン計画は、上記の趨勢に決定的な確認を与えた。原爆開発というそれ自体は外来的な目的設定の下で、多数の科学者が一心不乱にその実現のために邁進し、そのための資金も惜しみなく使われた。原爆は結局成功し、その後、この「国家と科学の連携」というスタイルにとって、マンハッタン計画は歴史の結節点での原型的形象になる。マンハッタン計画や冷戦構造に深く関与した科学行政官ブッシュ（Vannevar Bush）やコナント（James Conant）の名前は、科学研究の国家体制への一種の従属を象徴するものだ。

また別の文脈ながら、一九七〇年代以降のバイオテクノロジーの進展は、基礎科学と応用科学の原理的分離を困難なものにするように機能した。一九八〇年代以降、大学の研究者がヴェンチャービジネスに深く関わることも珍しくはなくなっていく。知識は商品となり、商品の市場での成功が、一段上の科学的知識として科学内部で覇権をふるうようになる。こうして機能的にも、評価的にも、〈科学の外部〉を明確に特定しようとすることは徐々に難しくなる。科学の自律性は、国家との連携体制で既に瀕死の状態にあったが、市場とのなし崩し的な融和のために、一層堅持しがたいものになっていく。一九九〇年代以降、ヨーロッパで喧伝されるようになった新しい知識論、いわゆるモード2論も、ネオリベラリズムのような政治的背景だけではなく、科学技術の内実がこのように変化していったという実態とも連動した議論として位置づけられるべきである。

このような現状の中で、科学性と非科学性との境界設定論などがもちうる社会的機能は、どのようなものでありうるだろうか。科学哲学が自己変貌を遂げるという目標は、権利ではなく、義務となった。

さて、このようにして「科学的認識の自律性」という自己規定が一層不適当なものになりつつある今日でもなお、多くの科学者は、自分の作業を基本的には「社会的利益関心」や「同時代の政治的、文化的文脈」などという〈夾雑物〉からは独立したものとして捉え、その作業の優劣をもっぱら同僚間の評価に委ねている。だがそれは、考えてみれば奇妙なことだ。科学的自律性は、理念としては存在しうる。だが、現状ではそれは既にほぼ融解した。その自覚をもつことこそが、今後の科学者ならびに科学者以外の人間にとっても、一つの重要な前提条件になるといわねばならない。(1)

なお、従来、科学者同士が評価を与えあう場合、同僚の類同的作業からの遠さや違いを含意する「独創性」に価値規範が集中していた。だが、独創的な研究が重要なのは、それがその後の関連分野の多くの研究者に影響を与え、似たような研究を誘発するからである。独創性が価値をもつのは、それが単に個人的発意には留まらず、匿名的なものに融解していくから、つまりそれが最初の瞬間を除けば、ただちに独創的ではなくなっていくからに他ならない。最も影響を与えた思索、文明の方向を決めるような思索、それは既に個人名を出してもあまり意味がないほどに広まった思索である。科学的知識の流通や消費の観点から見るなら、科学者の個人的名誉心や知識生産様式自体をいまでも刺激する独創性への過剰なこだわりは、適切な心情とは言い難いのである。

第三節　自己駆動的知識とその逸脱――タスキーギ症例

さて、「科学的認識の自律性」への信仰がもしそのまま追跡されると最も大きな歪みとなって発現してしまうような領域がある。それは医学である。医師が医師であるのは、その人物が人体についての詳しい知識をもつから（医学）、ではなく、多くの患者の健康を快復させてきているから（医療）に他ならない。だが、この当然の見解には次の留保が付く。つまり、より的確な医療を行うためには、医師は絶えず最新の医学知識を摂取する努力を怠ってはならない、と。医学は最終的には医療のために存在する。だが、その医療の質を決めるのは往々にして医学的知識の多寡である。

この根本的な逆説は、歴史的に見て数多くの逸脱事例を生み出してきた。究極目標の医療行為を良質なものにしようとするあまり、〈目の前の患者〉を犠牲にして、今後の〈不特定多数の可能的患者〉のためになるような知識、つまり医学的知識を蓄積しようとするようなことが、医学史上、再三起きた。ここでは、その種の逸脱事例を抽象的に数え上げることは止めて、ただ一つの具体事例を報告することで、医学が半ば自己駆動的で自己目的化してしまうときに、それが医療としては破綻するという事実を例証するものとしたい。その事例とは、アメリカで実際に起きた特殊な人体実験、タスキーギ研究（the Tuskegee Study）のことである。[2]

タスキーギ研究が「特殊な人体実験」であるのは、それが、通常の人体実験のように危険な薬剤を被験者に投与するなどの侵襲的成分を含まず、患者に対して「何もしない」というまさにそのことが、一種の実験になるようなものだったからだ。

アメリカ合衆国、アラバマ州メイコン郡、タスキーギ近辺に住む約四〇〇人の梅毒患者が、一九三〇年代初頭、治療プログラムから見放され、その後、結果的には実に四〇年間も続く経過観察の対象にされた。彼らは全員が黒人、それも極めて貧困な小作農だった。梅毒は一九世紀終盤から二〇世紀初頭にかけて、アメリカで数多く行われた公衆衛生的活動や社会改革的運動にとって、頭の痛い害悪として認識されていた。しかもそれは、性病であるために、道徳的堕落と病理的侵害という二つの軸の間を揺れ動き、それに伴って異なる意味づけを与えられた。梅毒は第三期には多様な知覚異常を経て痴呆化に至るか、心臓脈管系の劣化をもたらす重篤な疾患だった。だが、それは第一期、第二期にはそれなりの症状を出しはするが、いずれもが潜伏期を挟むために、充分な治療が行われないまま慢性化し易い傾向にあった。また淋病など、やはり大きな社会的意味をもつ類似疾患とも混同され易く、病因を正確に特定できたのはようやく一九〇五年になってからのことだ。

第一次世界大戦後、帰還兵の健康調査を行う過程で予想以上に梅毒罹患率が高いことに危機感を募らせたアメリカ政府は、公衆衛生局に性病課を設けてより広範な罹患調査にのりだす。一九三〇年、その文脈の中でミシシッピーやアラバマ近辺の大規模罹患調査がローゼンヴァルト基金の財政的支援下で実施された。当局は無学な黒人たちの梅毒を調査するときに彼らが「悪い血」をもっていないかどうか調べる、といって人々を集めた。当局は大体〇・七％程度の罹患率を想定していたが、メイコン郡では実に三五％を越える罹患率にのぼった。医師たちは早速、次の段階として治療に着手しようとした。ところが大恐慌の煽りなどで経済的疲弊が進む社会の中で、肝心の基金が撤退してしまう。クラーク（Taliaferro Clark）医師は目の前に大量の患者がいるのに手を付けられないという事態に地団駄を踏んだが、最終報告書を作成する過程で、メイコン郡の黒人梅毒患者たちほどの純粋な感染集団は他に見つけようと思ってもそう簡単ではなく、彼らの経過観察をすれば梅毒学の発展にとって有意義ではないか、と考えた。一九三二年のことである。もっともクラーク自身は引退を間近に控えていたので、その経過観察は一年程度しか続かないはずだった。ところが実際には、それは後継者に継承された。しかも一九四〇年代半ば以降、ペニシリンが梅毒に著効を示すことが徐々に分かっていった後でも患者への治療は行われなかった。冷徹な眼差しの下、いわば「あとどのくらいもつか」の調査が行われたのである。その間患者にはアスピリンが与えられ続け、当人たちは治療されている、と思っていた。この未曾有の人体実験は、一九七二年にジャーナリズムに曝露されるまで実に四〇年間も続いた。曝露後、アメリカは人体実験一般についての議論を深め、一九七四年には被験者保護を目指す国家研究法が制定された。

この事件の場合、約四〇〇人の梅毒患者は、その後存在しうる不特定の梅毒患者の治療の質を高めるという大義の下で見殺しにされた。しかも一九四〇年代半ば以降は、もう他の梅毒患者はペニシリンなどで治療されてしまうだろうから、「未処理」の梅毒の進行を知るのはこれが最後の機会になるだろうという驚くべき判断が下され、計画続行の根拠にされた。だが、梅毒を放っておくとどうなるかという医学的知識は、患者をより的確に治療するために必要な知識であるはずで、その場合目の前の患者を犠牲にしながらそれを行うのは、どう考えても、彼ら貧しい黒人たちを人間としては見ていなかったということに他ならない。事実、医学史を省みれば、人体実験の対象になったのは精神遅滞の人、孤児、軍人、無知な市民など、社会的弱者である場合が多かった（軍人も上司の命令は絶対だという教育を受けている点で、この場合には〈弱者〉になる）。関係した医師たちは、自分たちの社会的優位と相手の弱さを正確に認識し、その上でその弱みにつけ込んだのである。医学という科学が専ら自律性規範のみに従おうとするとき、その災禍はこの上なく大きなものになるのは明らかである。

タスキーギ研究ほど明らかに人倫に悖る事例はいわば極限事例である。それより穏和な性質をもつものについても、いまやわれわれはこう断言できる。科学の外と内とが交差し混合し融和し始めている現在、政策決定などの科学外的要素の一切の介入を嫌う「自律的科学観」を早く捨て去り、どんな規制や介入が相応しいのかをいろいろな立場や教養をもった人々が議論する、「調整的科学観」を早急に練り上げるべきだ。そのとき、「科学の哲学」はいくつもの重要な提言を行うことができるはずである。

以上、現代科学の場面では、従来の自律的な科学観は支持しがたいものになっていることの確認、そして、その自律性請求が医学という科学の内部で強く働き過ぎると、医療に多大の歪みを与えるということを具体例に即して確認してきた。

第四節　優生学的設計概念の復活

さて、この章の残りの部分では、その調整的科学観が早速、実社会で機能せざるをえないような領域のことを具体的に論じて、全体の締めくくりにしたい。それは、ヒトゲノム計画の第一段階、つまり配列決定の段階がほぼ終了した現時点で、ヒト遺伝学という学問自体がもつ社会的意味を熟考することからでてくる議論だ。そもそも人を対象にした遺伝学は家系図の確定や家族の「血統」の品質管理といった、科学外的因子を当初から含むものではあった。ヒト遺伝学と完全に等値するわけにはいかないが、それと極めて密接な問題連関の中で一八八〇年代にイギリスで成立した優生学も、最初から一種の社会改良運動としての成分をもっていた。ただ生物学史が明らかにしているように、優生学は、「人類の遺伝的資源の改良」というそれなりに好ましい意味をもった企図からは外れて、精神遅滞者、犯罪者、アルコール中毒患者などが頻出する家系を特定し、当人の意思にかかわらずに不妊手術を行うなどというような、人権侵害的要素を強くもつものになっていく。また「生きるに値しない生命」(Lebensunwertes Leben) などの冷淡な概念との相乗効果の中で、精神障害者の抹殺、さらにはホロコーストへと至る一連の社会事象の惹起に際し、一定の機能を果たした。

ヒト遺伝学はその負の遺産を忘却することができない。特に一九七〇年代以降、優生学は、ヒト遺伝学の周辺に絶えず出没するおぞましい亡霊のようなものと見做されてきた。だからこそ、一九七〇年代初頭における我が国での優生保護法改正案とそれに対する反対運動の盛りあがりや、一九八〇年代以降特に顕著になった欧米での系統的スクリーニングによる選択的中絶への暗黙の圧力との闘争などがあった。新たな形での優生学の復活という危険に、多くの人々が脅えてきたのである。

ところが、ここ数年、少なくとも欧米圏では新たなタイプの立論が出現し始めている。それは、明らかにヒトゲノム計画の進行最中に出て来ている議論なので、ヒト遺伝子の配列決定と機能解析、そしてその後の第三次の研究群を理論的に念頭に置いたものだということができる。つまり、現時点ではまだ、遺伝子の正確な切り張りが出来るまでは行っていないが、近未来にそれが可能になり、人間が自在に受精卵の遺伝子を彫琢することが出来るようになったとすれば、個人が情報収集と熟慮の果てに、リスクを承知で自在な遺伝子操作をすることを止める論理があるのか、という立論である。確かに体細胞遺伝子治療でさえ現時点では実験的性格が強く、明確な臨床効果も出ていないのに、生殖系列遺伝子治療や生殖系列遺伝子改良までも視座に組み入れたこの種の議論は、なかばSF的な仮想性を引き摺っている。にも拘わらず、それが問題にしていることは、遺伝学という科学の一分野を遥かに越えた射程をもつ。カプラン（Arthur Caplan）のような積極的な論者は、両親が自発的に自分の子供の遺伝子に、老化の遅延、免疫系の強化などの生物的価値だけではなく、美貌や背の高さなどの社会的価値までも組み入れることが、倫理的に許されないのはなぜなのか、と盛んに問いかけている。それが一種の優生学なのは明らかだ。だがそれは、自発的で個人的な優生学だ。確かにその作業の結果は生殖系列に刻まれるだけに本性的に個を越えている。だが、「人類の名の下に」同時代の他人がその種の親の企図を批判し、禁止するだけの社会的論理はあるのか。リベラリズムを背景にしたこの種の「新優生学」の台頭は、われわれに重大な問いを投げかけている。

そしてそれを背景にしたとき、いまやわれわれはこういうべきなのだ。既に一部、試行が行われている体細胞遺伝子治療が実は暗黙の内に指示しているように、近未来、人間たちは技術的偉業に支えられてほぼ必ず生殖細胞への介入を始めるだろう。その場合、治療と改良とを明確に線引きし続け、片方は医療行為として認めるがもう片方はそれを逸脱するから駄目だという判断を、続行し続けることが困難になるときが必ず来るだろう。そのとき、人は自分の設計的企図によって、自分自身の遺伝的資源を改変するのである。だから、ヒト遺伝学は、歴史的偶然性のせいで優生学と交差した、というのは正しくない。実は、ヒト遺伝学にはそもそも本性的に優生学的成分が内在していたと考えるべきだ。あとはそれを明確に自覚し、それならどのような設計が社会的、文化的に見て好ましい設計であり、逆に、どのような設計が人類に害悪をもたらすものなのかを、社会空間の中で議論することが肝要だ。それが既に〈事実〉だけの位相を越えて、〈価値〉の位相に踏み出した問題群だということは、改めて確認するまでもあるまい。だから、遺伝学者自身はその議論場の一登場人物であるに過ぎず、その裁判官でも最終責任者でもありえない。遺伝学をくるみこむ社会や文化の中で、議論は必然的にメタ科学的なものになるはずである。そのとき、「科学の哲学」は重要な機能を果たすだろう。(3)

この事例においてもまた、遺伝学という科学がその作業を進めるというまさにそのことによって、自分自身の内部にそもそもの当初から価値的位相が存在していたということを自覚せざるをえず、またその作業の帰結が科学内部だけに留まり続けることは不可能だということも自覚せざるをえないようになる。ここでも、科学の自律性信仰は融解し、瓦解するのだ。

上記のような事態の出現は、おそらくヒト遺伝学だけには限らないだろう。ＩＴ技術の進展、ロボット工学の展開、生物医学全般の進歩など、現時点で既に今後の急速な発展が予兆できる複数の領域でも、類似の問題群が発生するはずである。このような焦眉の課題群を直視し、歴史や哲学、社会学や人類学など、多様な知見を駆使しながら一種のメタ科学を構築していくこと、それこそがこれからの「科学の哲学」の任務である。科学哲学は、狭い専門領域から、その種の広大な問題群への超脱を実現すべきなのである。

註

（1）二〇一五年現在で改めて考えても、この数十年における「科学的認識の自律性」の融解の開始は、ほぼ間違いない。ただ、ここでのように、それは既に理念的に過ぎないのだから、それ以外の価値規範を模索しろと言い切るのは、〈科学の古典的価値規範〉そのもの、例えばいわゆるCUDOSを形成する価値規範そのものを完全に瓦解させることにも繋がりかねないので、若干危険な扇動的言説にもなっていると私は思う。一つの反省材料だ。いい意味での〈古典的保守性〉を維持しなければならない局面というものはある。科学が〈科学の外部〉と複雑な錯綜的関係をもつことはほぼ間違いないが、それは、両者の区別が付かなくなるということまでを含意するものではない。

（2）タスキーギ研究については、この論攷の執筆後、より詳しい論攷を『負の生命論』（勁草書房、二〇〇三）に公表した。

（3）この辺りの話題に関しては、私はその後『遺伝子改造』（勁草書房、二〇〇五）で詳細な検討を加えた。この第一章が公表された二〇〇二年当時においては明らかに、また『遺伝子改造』が公刊された二〇〇五年時点でもまだ、この種の生殖系列遺伝子改変に関しては特に欧米で、盛んに議論がなされていたというのは事実である。しかしその後、ヒト遺伝学自体の知識が進展し、エピジェネティクスなどが明らかにするように、DNAが周囲環境と極めて力動的な物質的やりとりをしていることが徐々に理解されるに連れて、この種の安易な〈遺伝子改変〉は急速に現実味を失い、議論は一時完全に下火になった。ところが、二〇一五年春頃からこの種の議論が一部で再活性化され始めている（例えば中国での動き）。拙著で検討に付したような主題群は、その意味ではやはり近未来の可能的課題として、依然としてその問題性を喚起し続けるだろう。

参考文献

金森修（二〇〇〇）『サイエンス・ウォーズ』東京大学出版会：新装版二〇一四
ギボンズ、マイケル他編（一九九七：原著一九九四）『現代社会と知の創造』小林信一監訳、丸善
ブルーメンベルク、ハンス（二〇〇一：原著一九六六）『近代の正統性』第二巻、忽那敬三訳、法政大学出版局
ペンス、グレゴリー（二〇〇〇－二〇〇一：原著一九九〇）『医療倫理』全二巻、宮坂道夫・長岡成夫訳、みすず書房
米本昌平・松原洋子・橳島次郎・市野川容孝（二〇〇〇）『優生学と人間社会』講談社

第二章　「科学的」とは何か

第一節　はじめに

「科学的」とは何か。科学性という言葉の内容確定をしようと思うとき、実際の歴史的な経過や現在の社会的実態を離れて、論理的厳密性の多寡について議論したり、検証可能性や反証可能性など、科学と非科学との境界設定を根拠づける一般的規定を行ったりすることで、議論の中心的内容を形作るというタイプの言説は、現時点においてどの程度の意味をもちうるのだろうか。もちろん現実の社会とは離れた、抽象的な論理空間の中で科学性という概念がもちうる意味を検討するという作業を、一概に否定するのは逆向きの単純さをもつものだとはいえ、現代社会における科学ないしは科学技術が一般にもちうる複雑な意味を斟酌してみたとき、上記のような抽象度の高い問題設定は限界が大きいといわざるをえない。いま古典的な科学哲学だけでなく科学史や科学社会学なども包摂する幾分雑多な領域を便宜的に〈科学論〉という名前で総称してみよう。現時点で科学性の問題について考察しようと思う場合、これを科学哲学の問題構制（プロブレマティク）として考え続けるという伝統から少し離れて科学論の問題構制として考えるとすれば、いったいどうなるのだろうか。それは、この種の問題には必須の要件とされる厳密性を、曖昧さや雑駁さで希釈した放埒な議論への堕落を導くものなのか。それとも或る別個の観点からの、より多様な分析の契機を構成しうるものなのか。いま私はその後者の可能性に賭けてみたい。もちろん科学論と一言でいっても、それ自体既に膨大な研究業績の蓄積があり、誰か一人の人間が正確な俯瞰をすることを許さないような状態に達している。また科学論一般を抽象的に概括しようとしても、あまり実のある議論はできない。だからここでは、現代科学論が生み出した或る有名な古典を集中的に取り上げ、その内容を概略的に紹介しながら、そこから見えてくるいろいろな判断に照らした際、私たちの課題である「科学性」概念に関する議論がどのように肉付けされうるのかを見てみることにしよう。

第二節　ボイルとホッブスの科学社会学

私が今回、中心的に取り上げるのは現代科学論の古典としての地位を既に獲得しているシェイピンとシェイファーの共著『リヴァイアサンと空気ポンプ』[1]（一九八五）である。それは一六六〇年代のイギリスでの、ロイヤルソサエティ創立期における実験科学者の状況に関する歴史的分析を主軸とするが、なかでもボイル（Robert Boyle）がその陣営の代表格として取り上げられている。なお書名からも推察されるように、ボイルに対する反対勢力としてはホッブス（Thomas Hobbes）

が主として取り上げられている。以下に簡単にその中心的内容を要約してみよう。ただしこの本は歴史的題材を扱ったものだが、今回の私の言及の意図は、あくまでも歴史解釈自体の正否を問題にすることではないというのは予め確認しておく。

著者たちの課題設定は明快に見える。それは自然に関する知識を生み出すための系統的手段として実験が出て来た、そのときの歴史的状況について現時点で反省し直してみるということだ。より具体的には一六六〇年代におけるボイルの空気ポンプを使った空気学の実験、真空実験と、それと並行して書き進められたボイルの実験論や同時代の論争の回顧が行われる。ボイルらに反対したホッブスは、実験では自然についての知識を獲得するには不充分だと考えていた。まずボイルの考え方を確認しよう。

ボイルより以前の時点での典型的な発想、それは個人的な意見と、数学的論証に基づく厳密な知識との間を明確に区別するということだった。ところがボイルは、物理的知識は数学とは違って蓋然的なものでしかなく、絶対確実なものではないとして、むしろその可謬性を積極的に強調する。それは野心的目標からの後退としてではなく、間違った計画の賢明な放棄と見做される。ボイルは、事実とは複数の個人の信念が集まって確立されるものだと考える。だから少ない個人よりは多くの個人が同様の信念をもつことが大切である。そして錬金術とは違い、実験的知識は公共のものになることが望ましい。その意味で経験の増殖が基本的に重要であり、原理的には全員が知識生産に参加できるような形で作られる知識こそが肝要だということになる。その目標にとって、実験は適切な手法だった。そして実際に実験に立ち会わなくてもあたかも立ち会ったかのような印象を読者に与えるためにはどのように文章を書けばいいのか、またどのように挿絵を利用して、実験の写実性の印象を高めればいいのかを熟考し、そのために多くの努力が払われた。それは〈潜在的な証言者〉の増殖である。また信用度を高めるために、失敗した実験も正直に書き、論敵に対しても個人攻撃を避けた。そして「たぶん」とか「…と思われる」などという、断定を避けた表現を盛んに用いた。また空気のバネ（弾性）などの仮説を出す場合でも、なぜそのバネが存在するのかに関する原因特定を試みなかった。なぜならその時点で原因論を取り沙汰しても、ことの本質が現象から越えたものであるために決定打に欠け、実験という研究プログラムにそもそも馴染まないからである。(2)

他方で、ホッブスは充満主義を採用していたので、真空を一切認めようとしなかった。彼は、物質の物体的本性こそが世界の根元を規定するものであり、それは人間においても同じことだと考えた。だから精神を非物質的実体とすることを拒否した。世界の二元論的な見方は廃棄され、唯物論的な一元論によって世界全部が説明された。世界は物質で満ち溢れており、物質でないものは存在しない。だから真空も存在しえない。ホッブスにとって厳密さのモデルは幾何学であり、実験で何とか獲得できる事実的知識は、確実性や普遍性を保証しえない。また哲学とは原因と結果の繋がりを認識するものとされていたので、実験家たちが事実と原因探究とを区別して、後者を周辺化したことは、まさにそのゆえに非哲学的なものであるに過ぎなかった。しかも彼にとって、実験家たちの知識は実は公共的でさえないように思えた。なぜなら実験家集団には事実上、ごく一部の特権的存在だけが参加を許されたからだ（その指摘には、ホッブスがロイヤルソサエティへの入会を許可されなかったという私怨もあったのかもしれない)。また空気ポンプそのものへの批判もなされた。彼の同時代のそれは、一定の漏れを完璧に防ぐことはできず、そのため信頼に値する哲学的装置ではないと見做されたのである。[3]

そのような立場からホッブスはボイルを盛んに批判したが、ボイルの方でもホッブスへの反批判を忘れることはなかった。ボイルはこう論じた。実験的な仕事がアームチェアの批判で台無しにされてはかなわない。実験を批判できるのはただ他の実験家だけである。真空にしても、確かにエーテルなどの微細流体の非存在を証明することはできないが、操作的な真空はそれなりに実現できるのだ。もしエーテルが非感覚的で如何なるものも貫通するのなら、それは空気ポンプの実験プログラムに関与するものではありえない。こう述べて彼は、エーテルなどの特殊流体を根拠に真空を否定する論者たちの反論を、真っ正面から受け止めるのではなく、半ば傍らからすり抜けることで躱(かわ)したのである。[4]

さて以上の論争を確認しつつ、シェイピン&シェイファーはこう注記する。実験家集団は自分たちの知識生産が公開的なものだと主張するが、実際には一六六〇年代にはヨーロッパ全体でもごく僅かな数のポンプしか存在しなかった。それはいわば一七世紀のサイクロトロンだった。[5]確かに一六七〇年代になると徐々に装置の数も増えていく。だがボイルの実験の正確な再現ということになると、はなはだ疑問であり、ボイルの論文を手にしたとしても、単なる書き物から彼が行った実験を正確に再現することは事実上極めて困難だったはずだ。[6]彼らはそう指摘して、実験事実をより確固たるものにする再現性の精度に疑問を呈する。

また著者たちはボイル、ホッブス論争の陰にある社会的状況にも目を向ける。その両陣営は共にピューリタン革命以降の内戦と共和国時代の苦しみを知り尽くしており、何よりも社会的安定を希求していた。ボイルにとって、実験科学者の仕事はキリスト教護教論と結びついており、実験家にとってもキリスト教徒にとっても、ホッブスは共通の敵だった。なぜならホッブスの自然哲学は明らかに唯物論への傾斜をもっていたからである。一方のホッブスにとっては、各個人の聖書への直接的接近を許すプロテスタンティズムの自律性も、実験科学者たちの特権的閉鎖性も、共に社会の統一性を解体させる危険因子だった。[7] また真空は、均質な物質の充満にところどころで穴をあける異質性を体現するものだともいえ、それはあたかも国家の統一性に対する特殊集団の反抗のようなものだった。つまり真空否定は物理的な問題であると同時に、国家論的連関のなかで作動する判断でもあった。

当時の実験家たちは、コミュニティが自由にその集団的合意を与えるとき、事実は作られると考えた。そして論争がなされる境界が注意深く定義されている限りにおいて、その内部での自由な論争は健全なものになるとした。それは精神を苛立たせることなく和解させる、その意味で社会的安定に利する知識だという考え方ができていく。或る人はこう主張した、実験的確認がない場合には間違った推論は害毒でありうる。だが実験的コミュニティの内部では、証言のテクノロジーがあるので、各人が自由に振る舞い、なおかつ互いに無条件な合意を保証することが可能である。つまりそこでは自由と強制とは見事に共存しうるのだと。[8] ところが、ホッブスはそこに危険なセクト性の存在を見て取ることをやめない。ホッブスにとって哲学者の活動は制限されていない。哲学者が行ってはいけないような知識の文化的空間はない。だが実験者は違う。彼らの文化領域は境界設定と警告で満ちている。例えば形而上学談義や原因探求は注意深く避けられる。また実験者集団の場合、その内部に主人となるような特権的な個人はおらず、相互依存が本質的であり、ヒエラルキーは避けられる。それこそが自由な討論の条件だと考えられる。ところがホッブスにとって人間社会は平和をもたらす主人を必要とする。それは絶対主義的制度内での平和である。ホッブスには、実験科学者と神学的勢力のいずれもが、独自の閉鎖的社会空間を形成しうる危険な分断因子にみえた。彼は強固なエラストス主義[9]によって両者を圧殺することを目指したのである。

だが、結果的にイギリス王政復古期頃を境に実験科学者集団の生活形式が社会に受容されるに至ったのは、その当時の社会の安定性希求のスタイルが、民主主義でも専制でもない、制御された寡頭政治的知識生産と適合するものだったからだ[10]。つまり実験科学者という特殊な知識集団は、ピューリタンの過剰な平等主義と、スチュアート王朝の過剰な絶対主義の両方を否定するものとして社会的調整のなかで成立した知識生産様式だったのである。

以上が『リヴァイアサンと空気ポンプ』の本質的内容である。それは、現代の科学社会学で重要な一角をなす「科学知識の社会学」、いわゆる sociology of scientific knowledge、ＳＳＫの研究伝統に与するものだ[11]。実験事実は、実験科学者共同体内部の規範やスタイルに従うことで他の科学者に承認され、それによって事実になる。その意味で実験事実もまた、或る特殊な社会集団が規定する一種社会的な事実である。またその共同体の規範をより正確に理解するためには、当時のピューリタニズムや広教派などの宗教的エートスに目配りをしなければならない。このようにして本書はＳＳＫの基本的テーゼをそれなりに敷衍するのである。またこの場合、本来科学に素人であるはずの老哲学者が新進気鋭の科学者に不当な攻撃をしかけ、プロの科学者集団に見事に粉砕されたといったストーリーがあまりに素朴な描像に過ぎないのはいうまでもなかろう。ボイルが使っていた空気ポンプでは一定の漏れは避けがたく、そこにいろいろな仮説が入りえたのは疑いようがない。トリチェリ空隙の意味にしても、水銀柱の高さを大気圧との平衡として理解するという仮説以外にも、試験管内部の空気の拡張能力の限界による空隙幅の固定論や、真空恐怖によって制御された限定的真空の発現という発想、さらにはフニクルス仮説[12]などが提出されていた。それらの仮説は少なくとも同時代的に見れば、空気の弾性や圧力という仮説に対して特に顕著に非科学的だったと断定することはできない。つまり複数の仮説群の中でボイルの仮説が科学的で、それ以外が非科学的であったからこそ、仮説群の単一事実への排除的収斂が行われたという図式を、同時代的にみて正当なものと見做すことはできない。この時点での科学性と非科学性は、実験装置の技術的水準や使用概念の的確さだけによってではなく、周囲の政治的、宗教的、社会的状況と密接に連関しあった、一種総合的な布置の中で、他の社会事象と同時的に析出されるものに他ならなかった。そこに、いわゆる客観的実在の反映性の巧拙などという基準を作動させ、それによって科学と非科学との裁断をするのは完全なアナクロニズムである。

興味深いのは、著者たちが自ら認めているように、この本は単に一七世紀の実験科学的知識生産が軌道に乗り始める最初の時期への着目をしているだけではなく、そこに現在もなお続いている事態の発端を見ているという事実だ。[13] つまりホッブスが、ボイルらロイヤルソサエティ側の実験科学者たちが或る種の閉鎖性をもつと感じたのと同じようなことを、シェイピン&シェイファーもまた、一九八〇年代前半の時点で感じていたということになる。現代科学者は、冷戦体制の末期下にあるという事実だけでなく他の性質によっても、外部者にはどこか秘密的で、内輪的なもの、排外的で信頼の置けないものという印象を与えていたからこそ、それをシェイピン&シェイファーは、いわば一七世紀にまで外挿したのだろうか。さすがにそうとまではいえなくとも、少なくともその現状認識があったからこそ、それと同じようなことが一七世紀の、自然科学的知識生産の黎明期にもあったのではないかという問題意識が醸成されたと考えることは許されるのである。確かに、ホッブスのことを、科学界から揶揄され追放されるのも当然な、科学のことを何も知らない老哲学者と描くのが単純であるのと同様に、本当はボイルたちよりも深い仕事をしていたのに邪険にされた悲劇の主人公と描くことも逆向きの行き過ぎを犯すことにはなるだろう。歴史家のジェイコブ（Margaret Jacob）もいうように、もし当時のイギリス科学界がボイルの広教派的な発想を採用せず、ホッブスの絶対主義的社会構想を採用していたとすれば、その後の科学はひょっとすると、現在の科学が与えるよりもさらに一層ヒエラルキー的で抑圧的なものになっていた可能性はある。[14] その意味では、どちらかというとホッブス贔屓的に論を書き進めているシェイピン&シェイファーに対して、現代の科学者が或る種の警戒感をもつというのは分からないでもない。

だがその留保をした上でも、この著作を読んで、いわゆるサイエンス・ウォーズの契機となった代表的文献の一つ、『高次の迷信』[15]（一九九四）の中で生物学者グロスと数学者レヴィットが示した反応を見ると、やはり或る種の当惑を覚える。グロスとレヴィットは、シェイピン&シェイファーが科学者集団を殊更に外部排斥的に描くだけで、それ以上の理解を示そうとはしないという不満を漏らす。そして、そもそもホッブスが当時最大の数学者の一人、ウォリス（John Wallis）に論争を挑んだのは笑止の極みだと判断し、彼がロイヤルソサエティに入会を許されなかったのも、数学ができなかったのだから当然だと見做す。そしてシェイピン&シェイファーがホッブスに好意的なスタンスをとることは、それ自体がいわゆるアカデミックレフト、つまり現代科学論の或る種の陣営の自尊心をくすぐり、哲学者でも科学のことに口出しできるという考え方を間接的に援護することに繋がると断定するのだ。[16]

確かにグロス&レヴィットの反論をまるで無意味だとすることはできない。だがシェイピン&シェイファーが、いわゆる科学性、非科学性の析出の根拠を、上記のように単に装置や概念との関連だけでなく、当時の政治的、宗教的、社会的状況との全体的布置の中で捉えようとしていた努力に比べて、グロス&レヴィットが示す反応はあまりに紋切り型のものだとはいえないだろうか。科学者集団が例えば高い数学的能力をもつという事実自体は大変結構なことなのだが、それが、外部の人間たちによる科学に関する検討を前にしたときにそのほぼ恒常的な排除のための切り札になっているという事実には、やはり危惧を感じざるをえない。科学者集団内部での職業的な能力の高さは、或る意味で職業集団としては単なる必要条件であるに過ぎず、そのことと、既に誰もが俯瞰できない知識群としての科学ないしは科学技術が社会全体にもたらす波及の様式の複雑さとの間には、大きな開きがある。例えば何も数学ができたからといって、地球環境問題や出生前診断などのようなタイプの問題が的確に解けるという保証にはなるまい。事実、既に他の場所で論じたことがあるので詳説するのは避けるが、その同じグロス＆レヴィットは、こと環境問題を論じる段になると、完全に保守性と閉鎖性を露わにし、自分たちの議論の説得性を喪失せしめているのである。[17]

さて、以上、シェイピン＆シェイファーの『リヴァイアサンと空気ポンプ』を紹介しながら、それに対する現代科学者陣営の対応の仕方にも若干批判的な眼差しを向けておいた。

第三節　「統一科学」の墓碑銘のために

ではこの具体的な事例を念頭に置きながらも、直接にはそれから離れて、もう少しだけ一般的な位相の下で、私たちの課題である科学性の問題を再び考察すると、どのようなことがいえるのだろうか。

『リヴァイアサンと空気ポンプ』のような仕事が既に数多く存在しているとき、科学性という概念の存立根拠を方法論的な整備の巧拙、概念連鎖のシンタクスの明晰性の度合いの違いなどの特徴の中に見いだそうとし続けることは、どういう意味をもちうるのだろうか。確かに例えば反証可能性論は、どれほど権威化した知識群でもひょっとすると一気に瓦解するかもしれないということを想起させ続け、またどれほど若く経験のない科学者でも、何も既存の知識を盲信する必要はなく、反証の根拠となるような瑕瑾を探そうとすることは健全な批判精神の育成には好ましいという意味合いを随伴する限りにおいて、議論されることにはそれなりの意味がある。だがこれは既に、ポパー（Karl Popper）が考えようとしていた議論場からは若干離れた意味づけである。ともあれ、少なくとも私には既に確かなように思えることは、今日的な状況にあって例えば科学基礎論学会のような学会において、科学性という概念を検討する中で、科学者が、それを聞けば何らかの自己満足に浸ることができるような規定しかそれに与えることができないのであれば、それは有益というよりはむしろ有害なのだということだ。巨大な制度化の様相を呈している科学技術という知識生産様式は、既に、他の対抗勢力の中でも群を抜いた政治的権力をもつに至っており、それを内部から自画礼賛をするのならまだしも、後継者の鼓舞などの機能はもちろんとはいえ、外部から何らかの礼賛のような言辞を与えるということは、権力にへつらう幇間のような機能を自ら背負いこむことを意味している。確かに科学は他の社会セクターよりも自己批判能力が高い知識生産様式になっているという事実はあるにしろ、とにかく多様な視点から科学技術を吟味し批判し続けることは、私たち外部者にとってこの上なく重要なことなのだ。

その観点から見るなら、いわゆる現代科学論の諸潮流にも、若干問題を含んだような動向が見られるように思う。それは何も、先にあげたグロス＆レヴィットが槍玉に挙げていた極端なポストモダン的科学論のことではない。確かにそれらには科学者側からの揶揄や愚弄に相応しいような議論も見られたわけだが、いまは特にそれを問題にするつもりはない。私がここで念頭に置いているのは、むしろ現代科学論の中でも確かに或る斬新な視点を出しえているモード論のことである。

例えばギボンズらの『現代社会と知の創造』[18]のことを考えてほしい。それは従来の科学的知識の生産様式をモード1と名づけ、それが現在無意味になったということではないにしろ、それとは質的に異なる知識生産様式が台頭しつつあるという事実に目を向けている。そしてそれにモード2という名前をつける。モード1が伝統的な意味での専門領域に沈潜しながら客観的な真理探求に勤しむ科学者というイメージに駆動されるのに対し、モード2は科学者よりも一般的な「実践家」が活動する枠組みを提供する。実践家は社会のニーズに対応し、市民の期待に応えるテーマを選ぶ。そして彼はその研究を遂行し、成果を社会に還元する。そこでは基礎や応用の区別は曖昧になり、むしろ応用中心の学問構想が主流になる。純粋学理の規範ではなく、或る時点で社会が何を一番解決したがっているかを敏感に察した知識集団が主体になった知識生産が行われるということだ。その場合、研究は単独研究者の好奇心によって駆動されるというよりも、社会の目的設定に即したミッション志向型のものに変わっていく。それ以外にもアカウンタビリティの要請などがその特徴とされる。確かにこのモード2はヒューマンゲノム・プロジェクトや癌研究などと関連するバイオテクノロジーなどに最も適合的な知識モデルであるといえ、その特徴を科学論が一定の名辞の下に抽出したということ自体は、それなりの評価に値する。だが或る意味で現代の科学技術の中でも最も政治的含意の大きいバイオテクノロジーの知識生産様式を、ただ新しい研究モードの生成という視点から確認するだけでは、現状追認の域を出るものではない。モード2的知識生産をただ新種のものとして展示するだけではなく、従来型のモード1ではあまり目立たなかった新たな問題を批判的に検討するという回路がなければ、科学論はその学問的任務を果たすことはできない。そして管見によれば、モード論は、まだその段階には至っていないようだ。ただこのモード論への批判的言及は、私たちの問題設定とも関連する事実にいま一度目を向けさせてくれる。いまモード2の代表格としてヒューマンゲノム・プロジェクトなどの事例を挙げた。だが現在、「科学」という言葉で指示されるすべての領域がヒューマンゲノム・プロジェクトのような性格をもっているわけではない。そもそも巨大な素粒子加速器を動かすための人的、物的資源と、ナマコの行動調査のために生態学的訓練を積む研究者が必要とする資源とを同列に論じるということは有意味なのだろうか。そしてそれぞれの分野にそれなりの誠実さで取り組もうとしている人々の好奇心のあり方、自然界への向き合い方などを同列に論じることは可能なのだろうか。私は何も、ナマコの生態学の方がヒューマンゲノム・プロジェクトよりも「科学」として本筋だなどという議論に話をもっていきたいわけではない。だが少なくとも同じ「科学」という名辞の中に含まれる無数の研究群が、すべて同一な規定が可能だと思えるような統一性や同質性をもつという想定は、やはり早く捨て去るべきではないだろうか。科学という一つの名辞で規定し尽くせるような、或るまとまりのある知識体系などは実は存在しない。

そうなると、そもそも本章に課題として与えられていた「科学的とは何か」という問題設定自体が、その存立の基盤を問われても仕方がないということにはならないか。科学的というときに、それを、生態学を念頭に置くのか、分子生物学を念頭に置くのか、物理学を念頭に置くのか、数学を念頭に置くのか、あるいはモード論的変換をも組み込んだ現状のことを念頭に置くのかなど、問いかけられた相手がどの水準で考察を進めるかに従って、当然ながら、出てくる回答の様子も違ってくる。確かに実証主義や実在論などの水準にまで抽象化するなら、一定の類型も抽出できるように見える。だが先ほどからの議論が示唆していたのは、まさにその抽象の過程で社会的文脈や政治的文脈を関与的でないとして捨象することは、事態を歪曲に導くということだった。だから自分が一応どの水準に立つのかを明示しない限り、議論をしてもまったく噛み合わずに不毛な消耗感が残るだけである。それらの重要な差異を一気に塗り込めてしまう「科学的」とか、「科学性」とかいう問題の切り取り方自体が、いまや既に無意味になりつつあるのではなかろうか。

だから恐らく以上の錯綜や分節を考慮に入れれば、「科学的とは何か」という問いへの回答として最も正確なものは、次のようなものにならざるをえない。つまり「科学的とは何か」などという問いに正確に答えうる哲学的、または科学的な回答はない。あるのは「科学性」という一様な塗り込めを常に使い続けることによって、何らかの政治的効果を引き出し、それによって自己の権威や権力に利するような言説形成をしようと目論む人間にとって、都合のいい、または都合の悪い回答だけである。つまりいまやそれは、政治的な議論場での問題定式でしかありえないのである。

註

（1）Steven Shapin & Simon Schaffer, *Leviathan and the Air-pump*, Princeton U.P., 1985.

（2）ibid., chap.2.

（3）ibid., chap.3.

（4）ibid., chap.5.

（5）ibid., chap.2, pp.30-38.

（6）ibid., chap.6.

（7）ibid., chap.7.

（8）ibid., chap.7, p.304.

（9）エラストス（Thomas Erastus）は一六世紀のプロテスタント系神学者。教会権力よりも国家権力の方が優位を占めねばならぬというエラストス主義は、一七世紀イギリスに強い影響力をもった。

（10）S.Shapin & S.Schaffer, op.cit., chap.8.

（11）著者たちは自覚的にこの著作をＳＳＫのエクササイズだと述べている。ibid., chap.1, pp.14-15.

（12）リヌス（Franciscus Linus）の funiculus 仮説。トリチェリの大気圧実験で、水銀柱が試験管の途中で止まり、試験管上部には一定の空隙があるという事実を前にしたとき、リヌスはその空隙にはフニクルスという目に見えない糸のようなもの（その実体は希化した水銀）があり、それが試験管面と水銀面の両者の間に架橋されることで水銀柱を一定の高さに保つと考えた。

（13）S.Shapin & S.Schaffer, op.cit., chap.8, pp.343-344.

（14）Margaret C.Jacob, "Reflections on Bruno Latour's Version of the Seventeenth Century", Noretta Koertge ed., *A House Built on Sand*, Oxford U.P., 1998, pp.240-254.

（15）Paul R.Gross & Norman Levitt, *Higher Superstiition*, The Johns Hopkins U.P., 1994.

（16）ibid., chap.3, pp.42-70, esp.pp.63-69.

（17）ibid., chap.6, pp.149-178. なお拙論「サイエンス・ウォーズ」、『現代思想』vol.26, no.8, 1998, pp.16-42. 特にその第三節を参照されたい（その後「サイエンス・ウォーズ』に前篇・後篇ともに収録された)。

(18) Michael Gibbons et al.eds., *The New Production of Knowledge*, Sage Publ., 1994. 小林信一監訳『現代社会と知の創造』丸善、一九九七。

第三章　場の自律性と社会力学

第一節　科学の場

隠岐さや香の「ブルデューの科学論[1]」にもある通り、ブルデュー（Pierre Bourdieu）には自然科学を直接の材料にした論攷はほとんどないといっていいくらいに少ない。その中では一九七六年に公表された「科学の場[2]」という論文、そして一九九七年春の講演を小冊子に纏めた『科学の社会的効用[3]』という本は数少ない例外である。七〇年代半ばの「科学の場」の方は、クーン（Thomas Kuhn）、ブルア（David Bloor）、ズッカーマン（Harriet Zuckerman）らへの明示的言及からも明らかなように、クーン以降の新科学哲学、コロンビア学派のズッカーマン、そしてちょうどその頃から独自色を出そうとしており、その後いわゆるエジンバラ学派の領袖となるブルアという、広義の科学社会学にとっていずれも重要な潮流をカヴァーするような視座をもっていたことが推察される。だがその時点でブルアをエジンバラ学派、つまり「科学知識の社会学[4]」（ＳＳＫ）との関連で位置づけることには若干無理があるし、ブルデュー自身、ＳＳＫを念頭に置いた上でブルアの評価をしているという気配はない。クーンはパラダイム論絡みであまりに有名なので別として、この三人の中で、その引用が開示する最も示唆的な特徴を担った人物はズッカーマンだと考えられる。マートン（Robert Merton）を首領として構成されたコロンビア学派の膨大な仕事を、一言で纏め上げるのが難しいのは自明なことだ。それでも敢えて、その概略的特徴を簡潔に述べるなら、コロンビア学派は、科学者の行動様式や報償体系、評価システム、階層形成などに関する社会学的な分析を一九五〇年代半ばくらいから活発に行っていた。例えば彼らは、科学者集団内部での、より大きな名声を勝ち取る個人またはグループと、そうではないグループとの間の階層形成のメカニズムの描出を執拗に行った。ズッカーマンはその後『科学エリート』[5]という本を公刊しているが、それも階層形成論の文脈の中に位置づけられるものである。

ところで、ブルデューがこの「科学の場」を書くに当たって「科学社会学」の仕事として最も強く念頭に置いていたのが、その種の階層形成論だったというのは、その記述の概要から明らかに見て取れる。ブルデューは、科学者が、科学者集団の内部でどのように自分の価値を差異化または卓越化し、凡庸な科学者から自己を引き離していくのか、その様式を探ろうとかなりの紙数を費やしていた。いわゆる「科学者共同体」というイメージが与える牧歌的で友好的なニュアンスは、科学者相互の激しい競争という実態の陰で周辺に追いやられる。科学者もまた、階層形成を自発的に企図し、そのための合理的行動をとる。

だが、科学者集団がもつ、集団としての特徴がないわけではない。そこで彼は、その後何度も立ち返り、他の社会セクターを分析するときにも盛んに使用することになる概念、この論文の題名を作ってもいる、場（champ）という概念に目を向ける。これはこの論文だけのことではなく、時期的には二〇年もたった後で行われた講演『科学の社会的効用』でも鍵概念の一つとなっている重要概念だ。また周知のように、他の社会セクターに目を向けるなら、この概念を基軸にして特殊な文学、芸術論を作り上げたのが『芸術の規則』[6]に他ならない。そこでは、フロベール（Gustave Flaubert）の『感情教育』などを題材にして、文学における場の成り立ちが綿密に記載されていた。だから、場という概念については、この個別論文を離れた集中的な検討が必要である。

だが、科学についてはどうだろうか。先の「科学の場」でも、『科学の社会的効用』でも、実は『芸術の規則』でのような犀利で綿密な分析が行われているわけではなく、むしろ抽象的規定のままに留まっているという感は否めない。だが、とにかく、科学の場の内部にいる人間の特徴として、彼が取り上げる主要な論点は何なのだろうか。

「科学の場」で簡単に触れられていることを、分かりやすく敷衍しながら述べ直してみよう。[7]科学者が或る個別の問題に興味をもつとき、その興味をもつというのはどういうことなのだろうか。普通の語感では、興味をもつという心理の源泉は、その人間に内発的なものであり、その意味で、誰の強制があるわけでもない自由なもののはずである。或る個別問題が、或る科学者に〈面白さ〉を感じさせてくれる。経済的恩恵の可能性などとはとりあえず関係なく、その面白さこそが、〈自然界の謎〉を解明するというような類型的起因として纏め上げられる心理的駆動の元になっているはずである。だが、もしそうなら、その問題を長らく追求してきて解決も間近というとき、他の研究者によってその解決策が有名雑誌に公表されてしまったときに感じる衝撃と落胆は、どう説明したらいいのか。その問題を解くという意味に限るなら、若干後れを取ったこと自体からくるダメージはないはずである。〈自然界の謎〉を解くのが興味の中心なら、誰かがその謎の一端をほぐしてくれたという事実は、むしろ歓迎されるはずだ。にも拘わらず、多くの場合、そのニュースは個別研究者に落胆をもって迎えられる。それは、その探求が〈自然界の謎の解明〉というような大枠の規範と個人の内発的企図との関係によってではなく、同時代の類似領域の他の研究者群とその個人との関係によって駆動されているものだということを、図らずも明らかにする。研究者は、或る時点でその領域にとって系列的な微小問題を爆発的にそれから出現させることが可能かもしれないような、先端的で起動的な問題に目を付け、それを解決しようとする。その興味のありようは、個人の自由というよりは、帰属集団の集合的目標との関係に、より強く規定されている。例えば一八九〇年代なら未知の細菌探しに夢中になることは象徴的権威に即したものであり、それは一九二〇年代にホルモン探しに興じることや、一九六〇年代初頭にＤＮＡの機能解明に邁進することと同様の価値をもつものだった。だが、それは逆にいうなら、一九六〇年代に細菌探しに集中することがありうるとすれば、それは一八九〇年代のそれとは違う意味づけ、違うリンクの可能性があるときに初めて存在しうるということを意味している。研究者は、何らかの問題をいつでもどこでも自由に選択しているわけではない。

帰属集団が欲するように、自分の興味の方向を変え、それをやがて自分が最初から興味をもっていたかのように感じて、寝食を忘れて集中することができるような個人、それがその集団にとっての好ましい個人である。そして見事に集団の期待に答えるような成果を出せる個人は、その集団の中での象徴的権威を身に付けることになる。

これとの関連で、『科学の社会的効用』で説かれている興味深い論点がある。それは、科学者の行動に絡む特殊な利益関心のあり方をめぐるものだ。[8] 科学者が、自分が人生を賭けている科学に対して尊敬や信仰心を抱き、その成熟のために邁進するというとき、しかも「何が面白いのか」という、本来最も個人的起源に根ざすはずのものにさえ、科学の公共的規範を内在化させているという事態をみるとき、そこには明らかに或る種の無償性、或る種の脱利益関心性があるように思える。それは「脱利益追求的な利益関心」(intérêt désintéressé) だ。ところが、やがてそれが「脱利益関心性への利益関心」(intérêt au désintéressement) に姿を変える。つまり目先の私利には構わずに、帰属集団が与える問題に一心不乱に集中し、そこで優れた成果を挙げるということこそが、結果的には集団内部での、その個人にとっての利益になるということである。その利益関心は、少なくとも一次的には尊敬や畏敬に関係するものであり、金銭的報酬ではない。だが事実上は、そのような尊敬をかちえ、さらにはノーベル賞などの報償をもらう個人は、金銭的報酬の形としてもその象徴財を受け取るということになる。儲けようとは思わない、という気持ちこそが、その人間に儲けをもたらしてくれるというわけである。

帰属集団の暗黙の要請に対応して興味をもつようにさせられてしまったにも拘わらず、あたかも最初から自分が興味をもっているかのようにして、精力的にその問題を追求するということ。また、金儲けなどは頭の片隅にもなく、特定問題の解明のための研鑽を積むことが、結局は名声と経済的報酬に繋がるということ。このいずれもが、科学という場の特徴であるといわれるとき、そこにいくつもの逆説が織り込まれていることに、読者はすぐに気づくに違いない。「場」という多少とも空間的な概念は、特定の纏まりを含意する。その纏まりに明確な境界線があるときには自律性が高まり、それほど明確な境界線がないときには、自律性は相対的に低いものになる。そして自律性が語られるときには、その場内部でしか通用しない規範や行動様式、評価システムや価値観が成立しているということが意味されている。

ところがブルデュー自身、折に触れて何度も繰り返しているように、それが文学であれ、宗教であれ、またここでの主題の科学であれ、「場の自律性」が語られるとしても、それは多くの限定条件つきのかろうじてのもの、なのである。「場の自律性」を視覚的に理解するとき、境界線を引いてみれば分かり易いわけだが、境界線があるとき、そこには内と外とができあがる。ところで、先の興味の問題も、利益関心の問題も、普通の意味での内、外の二元論が成立しないということを意味するものだった。まず、常識的には「内」なる興味は、実は最初は「外」から与えられ、それがいつの間にか内のものとして個人に受容されるようになるということがあった。その場合の「外」は、一見、同一領域の他の研究者という意味では内部といっていいように思えるが、例えば細菌探しに熱中するのは、事実上は多くの細菌感染者がいるからという境界外部での事件を反映させているわけだから、やはり境界外部の文脈を引き摺り込んでいる。

次に、自然界の謎の解明という「内」なる問題設定を成功裏に解決した人物には、最初は同僚の評価や尊敬という内なる報償が与えられ、それがほぼ同期的に金銭的報酬や社会的名声という「外」の世界に繋がっていくということがあった。この二つは、こうして境界線崩しを内包する意味を最初からもっていた。それを場の特性として挙げているということは、場という社会空間によって内外の区別をすると同時に、その特性自体が内外の区別をなし崩しにするだけのダイナミズムを孕んでいるということを示唆していた。[9]

そしてこの事実は、科学史学的、または科学論史的にみても興味深い、さらにもう一つの問題へとわれわれを導くことになる。

第二節　モード2論との対峙の中で

『科学の社会的効用』の冒頭で触れられている重要な論点がある。それは、科学史学で一時期重要な二項対立として機能したインターナル・アプローチとエクスターナル・アプローチを巡るものだ。それはまさに、科学の内と外に関するものなのだが、ブルデューは極めて明確に、その伝統的な二項対立を瓦解させるために自分は場の概念を作った、と述べている。[10] インターナル・アプローチとは、科学を対象化するとき、その科学内部で作動している或る個別概念の歴史的変遷を探ったり、他の概念群との関係を見ながら理論内での機能的価値を純粋に概念的に分析するなどという方法のことを指す。具体的には主にフランス系の科学認識論（épistémologie）がその代表格と見做されてきた。例えばバシュラール（Gaston Bachelard）、カンギレム（Georges Canguilhem）、ダゴニェ（François Dagognet）などという人々の仕事である。[11] 一方、エクスターナル・アプローチとは、通常、科学社会学派と呼ばれるものにほぼ相当する。具体的にはマートンやズッカーマンたちのことを考えればいい。ところで、実は『科学の社会的効用』が話された一九九七年の時点を、より大局的に世界的視点から見てみるなら、わざわざその両者を重要な二項対立として挙げるということには、若干の違和感がある。確かに片方がまさにフランス系のものなので、無理もないともいえるのだが、少なくともより客観的に見るなら、いわゆるインターナル・アプローチが、科学史学でわざわざ重要な二大世界の一つだと名指されうるほどの影響力があったのは一九七〇年代前半くらいまでなのである。その後、それはむしろ周辺的な研究領域となり、逆にそれまでエクスターナル・アプローチとして総称されていたものが、コロンビア学派やＳＳＫなどに分岐していくことになる。論争点は、内か外か、ではなく、「科学の外」というときに、それは何を意味するのか、科学の外からの科学の説明づけの根拠と限界はどこか、などといった問題構制（プロブレマティク）に移動していく。だから、ブルデューのこの二項対立への言及は、それによってわざわざ彼が何を言いたかったのかを、斟酌しながら定位しなければならない。なぜなら上記の世界的趨勢くらい、彼が知らなかったはずはないからである。

それは、同じ『科学の社会的効用』の他の部分を読んでみれば、徐々に明らかになるように思える。そもそも、この本の題名について考えてみよう。科学の「社会的効用」についての問いかけをするということ自体が、「科学の外」を極めて強く意識したものではないか。繰り返すなら、「科学の場」を公表した一九七六年から二〇年あまりの間に、科学論は大きくエクスターナル派にシフトし、純粋に概念分析的なものは、科学哲学などの特殊領域を除けば成立しにくくなっている。その中での発言である。まずいえるのは、彼が「ショートの誤謬」[12]（l'erreur du court-circuit）

と呼ぶもの、例えば一つの場がそれに従って機能する法則を、外的な社会法則に還元してしまうような立場、エクスターナル・アプローチがともすれば陥る危険性を抱えている立場から、ブルデューが距離を取ろうとするということだ。それは、ちょうど或る時代の思想内容を、その時代の支配的生産システムで説明づけようとするようなことを、科学的認識の説明づけに使うようなタイプの考え方のことだ。さて、そこでこの本の他の部分を見渡してみると、注目すべき二つの事実に行き当たる。

まず、ブルデューがかなり執拗に「現代科学社会学のシニシズム」を槍玉に挙げているという事実である。「科学者共同体」の共同性が実はそれほど有効なものではなく、科学者たちは互いの激しい競争の中で象徴的権威を獲得するために激しく争っている、という指摘なら、従来の科学社会学の中にも存在していた。だがここで彼が主として念頭に置いているのは、「科学の場」と『科学の社会的効用』を挟む二〇年の間にまさに台頭してきた重要な業績の一画、特にラトゥール（Bruno Latour）の議論のことである。[13] ラトゥールは大著『科学が作られているとき』の中で、科学者が自分の着想や理論を如何にして他の科学者たちに納得させるか、その技法をこと細かく論じていた。そこに描かれているのは、科学者を孤立した求道者としてみるロマン主義的科学者像のほぼ対極に位置する、シニカルで政治的技巧にかまけるマキャベリズム的科学者像だった。それをブルデューは批判しているのだ。

二つ目の論点は、より微妙なものである。ブルデューはこの講演の中で、従来の基礎科学と応用科学という二分法は、現在あまり意味をもたなくなりつつある、と述べている。この問題は先のインターナル・アプローチとエクスターナル・アプローチとは、似て非なる問題関心に基づいたもののはずだが、彼はインターナル・エクスターナルの二分法を廃棄するために場概念を作ったと述べた直後に、「純粋科学」と「何かに従属した科学」という二元論から自己を解放する必要がある、とあたかも両者を連続的に捉えているかのように語っているのだ。[14]そして実はそのことも、現代科学論的にいうなら、或る動向の存在をブルデューが念頭に置いて述べていることを示唆している。一九九〇年代前半から、科学論には或る有力な動向が出現した。それは、一九七〇年代半ば以降のバイオテクノロジーの劇的な展開などを主として背景としながら、純粋な理論的関心に基づく基礎科学を枢軸として考える従来型の科学像を積極的に解体し、むしろ同時代の社会的、産業的要望に対応するように科学を変えるべきだとする考え方である。それは普通、モード2論と呼ばれる。[15]ブルデューはモード2論という言葉こそ出していないが、基礎科学と応用科学の二分法を脱出すべきだと述べているとき、それを見据えていたのは間違いない。ただし、それはモード2論を最新流行のものとして受容するというのではなく、むしろモード2論とほぼ重なり合う話題を取り上げながら、なおかつそのモード2論を骨抜きにし、普通の意味でいう、より「古典的な発想」に現代的武装をさせるために、である。

モード2論は、同時代の産業的要請に応じられない「基礎」科学などは周辺化しろ、と叫ぶ。また大学だけに研究を任せておくのをやめ、企業の研究所、官庁、大学が三者の相互連携を強め、人的交流や組織的流動化の果てに、研究拠点が社会全体に散在するようにしろ、という。そこには、科学的活動を随時第三者が評価するようなシステムを作り上げろ、という考え方が並行して存在している。それを一言で、「市場による科学的知識の席巻」と述べてしまうのは、さすがに単純過ぎるが、モード2論がその傾向に隣接したものだというのは、間違いない。

それに対してブルデューは反旗を翻すのである。例えば彼はいう、科学が社会との接点を積極的に求めようとして、「社会に役立つスタンス」を取ろうとするとき、それは実は、本当に社会に役立ち、顧客の要望に応えるためなどというよりは、科学内部での正当性の鎧を身に纏い易くするためにそうするのだ、と。つまりここでの科学者の眼差しは、「外」を見ているようでいて、やはり「内」を向いている。つまり他の研究者群よりも有利な研究活動をするために外を向いているような顔をすること、それが社会に役立つスタンスの実状なのだ、というのである。[16] 応用科学への接近、それは科学者の、科学者集団を標的とした卓越化（distinction）の手法なのだ。一見、これはラトゥール的マキャベリズムに見えなくもない。だが、それはモード2論の産業的枠組みに科学的営為が吸収されることへの、かろうじての抵抗なのであり、マキャベリズムが含意する周到さや安寧さがない。そして、議論は何重もの折り重ねの中で展開されるために、緊張した読破を試みないと、彼の真意を逃しかねない。

理論的言説にはむしろそぐわない或る種の切迫性がときどき顔を出す中で、ブルデューはより直截に、こう吐露する。科学性を進歩させるためには、その自律性を高めなければならない、と。[17] モード2論と一見重なるとはいっても、その違いは明瞭である。さらに彼はいう、科学者は自らの自律性を擁護するために集団的に闘争する必要がある、と。モード2論風に、第三者評価機関によって科学者を評価するというのも、どうか。例えばサイエントメトリーなどの、一見客観的な評価手法を使えば一定の客観性は担保される、と考える向きもあるが、ブルデューはそれをはっきりと否定する。例えば行政機関が正当な評価を下すことなど、できるはずはない。第一、サイエントメトリーを導入しようとする当の人々は、自分たちをその評価対象から外している。評価機関の評価は、いったい誰が客観的に行うのか。その種の社会行為から蜜を吸い取るのは政治家の顔色を窺う凡庸な研究者、または科学者というよりは科学的企業家だけなのだ、などなど。[18]ここに溢れているのは、極めて古典的な「科学の自律性」擁護のトーンである。

もちろん、ブルデューとて、現代科学の現状を見れば、それが例えば資金的に極めて密接に国家に連接しているということを失念していたわけではない。だが、その事態を彼は次のように表現する。科学的場がもつ大きな逆説は、その自律性が国家によって財政を支えられているという事実から来る。それは特殊な依存関係なのだが、その関係があるおかげで、科学は市場からの直接的介入を避けることができる、と。[19]もちろん、依存していることに変わりはないわけで、国策が変わればその自律性さえ危ういものになる可能性はある。だが〈知識の公共性〉を具現するために国家から大量の資金提供を受け、その代わりに個別企業とは異なる規範を自らに課すという考え方は、一九世紀以来連綿と練り上げられてきた古典的着想であるのは間違いない。彼は、それを、その危うさ共々、改めて確認するのだ。

以上の議論は、本章第一節で検討した場概念の或る種の曖昧性、つまり内外を決定すると同時にそれをなし崩しにするようなダイナミズムを、結局は内側の統合性を重視する形で否定し、「自律的で中立的な科学的知識生産」という極めて古典的な描像に後退してしまっているような印象を与えるかもしれない。敢えていうなら、その印象はそれほど的外れではない。だが、この議論をしながら、ブルデューは自分の場概念の枢要部分が事実上瓦解した、とは考えていなかっただろう。むしろ、言表や言説がいつ、誰によって、何に向けて発せられたものなのか、その言明の文脈構造全体を考慮に入れなければ、如何なる言明にも正確な機能は特定できないと見做す考え方に即するなら、ブルデューが一九九七年の時点で、若干内向きの統合性重視の形で場概念を収束させようとしていたのは、ラトゥール的なマキャベリズムや一九九〇年代のモード2論などの諸潮流が、従来の古典的科学がもつ「直接的利益関心からの超脱性」をあまりに侵食し、ほぼ不可逆的に破壊してしまう恐れがあると感じ、それに対して何らかの社会的バランスをとる必要があると考えていたからではないだろうか。[20]

それはちょうど、コレージュ・ド・フランス就任以降の彼の履歴の中で、サルトル（Jean-Paul Sartre）風の「全体的知識人」の成立不可能性を熟知していたにも拘わらず、[21]社会的弱者擁護のための多様なアンガジュマンの姿勢を敢えて取ろうとしたブルデューの姿と重なるものがある。それをあまりに古典的なものとして揶揄するのは容易い。「古典性」を旧弊なものとして放擲し、最新の思想や社会動向の刷新的な雰囲気に包み込まれることを、思想の任務と感じられるような幸せな時代に、ブルデューは生きていなかった。そして恐らくはわれわれも、また。ブルデューが最後の日々を過ごし、われわれがなおも生きるこの時代は、思想にとっては或る種の崩壊感覚を抱えた危機の時代なのだろう。それを敏感に感じ取ったブルデューは、「科学的知識の自律性」という、極めて古典的な理念をもう一度顕揚しようとした。バイオテクノロジーやコンピュータ・サイエンスが驀進し、技術的成果と科学的知識との境界がますます混沌としてくるこの時代にあって、その理念はあまりに空虚に響くのだろうか。それとも、その理念を理念と感じさせるだけの内実が、むしろその対蹠点のような現実社会の中から透視されてくるのだろうか。この問いかけに対する明確な答えは、まだ当分出せそうもない。

第三節　反射性の地獄

私は、この小さなエッセイをここで終えるべきなのかもしれない。だが、如何にモード2論的な文脈に危機感を感じ、敢えて古典的スタンスを擁護した立論に自らを賭けたとはいえ、もしただそれだけなら、それなりの安寧さをもってしまいかねないブルデューの学問的営為には、実はこの科学論的言説だけに限ることなく、より広範な眼差しを向ければただちに明らかになる或る種の居心地の悪さがある。ブルデューを読むたびに、私は密かにそう感じている。それは、彼の犀利な視線が顕わにする対象の構造が、場合によってはそんなことを開示されない方が良かったのではないか、と当の対象に思わせてしまうような可能性を引き摺っているということ、そしてその視線を向けるブルデュー自身が、その危険性を熟知しており、そのことで自分の学問的営為自体の有意味性そのものを自ら遡及的に割り引かねばならないと感じざるをえないという事実である。これほど犀利な視線で対象を抉る（えぐ）ブルデューは、その返す刀で自分の当の眼差しをも抉らざるをえない。この厄介な問題を人は、「学問的」な中立さで、ごく簡単に「反射性」（reflexivity）

の問題と呼ぶ。reflexion、それは反射であり、内省である。内省が内省を呼び、それが一次的分析対象に跳ね返されるとき、まるで合わせ鏡で遠く小さくなった鏡像のように、対象は明晰な「手鏡」からは逃れだしてしまう。

例えば、こういうことだ。或る一つの社会に複数の階層が既に存在し、その下層に位置する階層からみれば多くの不平等や行動抑制があるように思えるとき、それがなぜそうなってしまっているのか、その原因を探ろうとする。もしそれが、破廉恥な「特権階級」の思想統制や暴力的弾圧に起因することが分かれば、少なくともその特権階級に帰属していない人間たちは正当な怒りに駆られ、何らかの手段に訴えてその状態を改善しようとするだろう。だが、いまその階層生成が、確かに上からの維持的補強はあるとはいえ、それだけではなく「中層」や「下層」の人々自身が自ら進んでその状態を維持させているという事実が、膨大な調査の果てに顕わになったとしよう。もしその情報開示が特権階級の人々だけに対して行われるのなら、特権階級の中でも「良心的」な人々はほっとするかもしれない。「いい思い」をしているのは、なにも自分たちが積極的にその種の搾取装置を作動させ続けているからだけではない、という可能性が、そこに垣間見られるからだ。

だが、その種の情報開示が、必ずしも特権階級だけが聞けるセミナーでというようにではなく、書籍のように、原則的には誰にでもアクセスしうる形で社会空間に投げ出されれば、どのような効果を生み出すだろうか。中層や下層の人々は、その分析を読んで、不平等や行動抑制は、もしそれが不平等や行動抑制としてしか感じられないなら、確かにそれから逃れようとしただろうが、実はそうは感じておらず、或る種の感受性をもつ人間から見れば不平等や行動抑制でしかないものを、それなりの平等や自由として享受しており、いわば自ら進んで、そのそれなりの平等や自由を手に入れようとするのだ、と納得することになるのか。それは他者に強制されているわけではなく、自分で良いと思って選択しているのだから、仮にそれが誰かから見れば「歪んだ自由」にしか見えなくても、当人は自由そのものを享受していると思っているのだから、それで良いということになるのだろうか。

だが、それはおかしい。「第三者なら不平等や行動抑制としか感じないであろうものを」という中空的で俯瞰的な眼差しからの規定が行われ、それに対する批判的内省が行われた途端、「にも拘わらずそれは私には自由そのものだ」という判断がそのまま成立し続けることは、極めて困難になると考えざるをえない。「美しく青きドナウ」を聴くのが大好きで、休日にはインゲンマメの大食い競争で友人と楽しむといった趣味を、ごく当然のように生きてきた或る人物の耳に、お前の趣味は如何にも下層階級の人物らしいものだ、お前が自ら進んで好んでいるものは、実はお前の環境的位置がお前にそう思わせているものなのだ、という囁きが聞こえてきたとき、その人物はどう感じるのだろうか。それは愛するものを汚されたという怒りか、それとも愛していたつもりが、実はそう思わされていただけであり、しかも下層の悪趣味の具現のようなものだと自覚した果ての屈辱感なのか。

いずれにしろ、「趣味形成の存在被拘束性」を自覚したからといって、ただちに例えばバッハを愛聴しようとは思いにくいような人々にとって、ブルデューの分析は、何かプラスの意味をもつのだろうか。

そしてその作業をしながら、その意味を考えて、上記のような当然の陥穽に思い至り、さりとて作業自体を中断することもなくそのまま公刊してしまう自分自身について、ブルデューはどのような自己評価を下すのだろうか。

この社会体の解析自体がもたらす、当該対象の対象自体に対する反射性と、その作業を行う自分自身に対する反射性、という二重の反射性の問題は、ブルデューの仕事全体を縦糸のように貫くライト・モチーフなのだ。

本章の主題との関連でいうなら、例えばこういうことになる。もし、社会への応用的企図を当初から組み込んだような実験計画を立てることが、実は社会への外的眼差しではなく、研究者集団内部でのより卓越した地位獲得のための一種のポーズなのだというような認識自体が、科学者集団に或る程度知られてしまったとする。その場合、応用科学に力点を置こうとする意見は、或る反射的な汚辱を抱え込むことにはならないだろうか。本当に社会還元を望んでいるのか、それともブルデューを読んで触発され、社会還元を声高に叫んだ方が、同業者内部での権力闘争に有利だからそうしているのか、その立論を拝聴する他者はもちろん、下手をすれば当人でさえ、そのどちらがより根元的な心理的駆動因なのかが分からなくなってしまうはずである。そんな、或る種の混沌状態を、ブルデューはもたらすことを望んでいたのか。それとも、ブルデューのその分析を科学者全員が読むとは考えにくいので、ブルデューを読んでその〈戦略〉を身に付けるに至った科学者が、他の科学者と比べて一定の「卓越化」をもつに至る、その過程そのものも、ブルデューは二次的調査項目として想定していたのだろうか。あるいはまた、「謙虚なシニシズム」によって、自分の分析がそれほどの実効性を所詮はもつわけはない、と端から高を括っていたのだろうか。

もっとも、反射性は、常に否定的含意しかもたないというわけではない。例えばフォークナー(William Faulkner)の「エミリーへの薔薇」が、探偵小説仕立ての筋の中で、読解過程に反射性を自ら組み込んだ構造になっているというような分析は、反射性を巧みに用いた興味深い視点を投げ出している。[22]また、自らが高名なアカデミシャンでありながら、「ホモ・アカデミクス」の対象化をするという行為は、まさに反射性そのものを一冊の主題にしているともいえるではないか。ブルデューの仕事が、実に多様な場面で、多様な意味あいとともに、この合わせ鏡的な知的アクロバットを抱え込んでいたというのは、間違いないように思える。

その反射性の射程を、現代の自然科学の分析の過程で充分に考え抜いたという痕跡は、残念ながらブルデューにはない。「科学の場」の終結近くで「科学社会学という一種の社会学」がもつ、社会科学としての特性画定について、若干混乱した、またあまりに短い省察の素描が行われている程度だ。[23]自然科学だけではなく、社会科学にまで話を広げてしまえば、話の収拾がつかなくなるのは当然で、そのための気力も、そして恐らくは自然科学を的確に論じきるための具体的知識も、それほど持ち合わせてはいなかったのだろう。

いずれにせよ、鋭さが与える爽快感の陰に、この何とも後味の悪い苦さを伴う困惑の葉脈。これこそが、私にとってのブルデュー・ワールドの透視画なのである。

註

（1）隠岐さや香「ブルデューの科学論」、『ブルデューを読む』情況出版、二〇〇一年二月、pp.104-119.

（2）Pierre Bourdieu, "Le Champ Scientifique", *Actes de la Recherche en Sciences Sociales*, juin 1976, no.2/3, 2e année, pp.88-104. 以下、CSと略記。

（3）Pierre Bourdieu, *Les Usages Sociaux de la Science*, Institut National de la Recherche Agronomique, 1997. Une conférence-débat organisée par le groupe Science en questions, INRA, 11 mars 1997. 以下、USSと略記。

（4）Sociology of Scientific Knowledge. ちょうど一九七〇年代初頭くらいからその胎動を見せ始めていた、科学社会学派の或る種の動向。コロンビア学派が、科学者の評価体制や報償体系、業績の先取権争いのような行動様式の分析を中心としており、その意味であくまでも科学者を対象にした社会学的分析に留まったのに対して、科学的知識そのものの内実にまで踏み込み、その中に社会的文脈の痕跡を探ろうとした流派。一九八〇年代には最盛期を迎えた。詳しくは拙著『サイエンス・ウォーズ』や『科学論の現在』を参照されたい。

（5）ハリエット・ズッカーマン『科学エリート』金子務監訳、玉川大学出版部、一九八〇。

（6）ピエール・ブルデュー『芸術の規則』石井洋二郎訳、藤原書店、I、一九九五：II、一九九六。

（7）cf. CS, pp.90-91.

（8）USS, pp.23-24.

（9）場のもつ、この内外をめぐる逆説的性格は、なにも科学の場だけに限られる特徴ではない。例えば『芸術の規則』I、第I部での議論を想起しよう。作者の「主観的意図」のような内的成分の代表格のようなものでさえ、作者が住み着く位置空間（周辺的、近傍的な外部）を客観的に再構成することによってのみ、それに到達できるのだ、とブルデューは力説している（cf. I、p.144）。

（10）USS, pp.13-14.
（11）詳しくは、拙著『フランス科学認識論の系譜』（勁草書房、一九九四）を参照されたい。またブルデューがエピステモロジーに深い造詣をもっていたのは明らかである。例えば次の文献を参照。ブルデュー他編『社会学者のメチエ』田原音和・水島和則訳、藤原書店、一九九四：田原音和『科学的知の社会学』藤原書店、一九九三。
（12）USS, p.23.
（13）cf. USS, pp.30-31, pp.42-43.
（14）USS, P.15.
（15）cf. マイケル・ギボンズ他編『現代社会と知の創造』小林信一監訳、丸善、一九九七。
（16）USS, p.40.
（17）USS, p.36.
（18）USS, pp.53-57.
（19）USS, p.48.
（20）隠岐さや香は前掲論文の中で、その理由を、新自由主義に対する対抗のためと見ている。これは興味深い論点であり、しかもモード2論が事実上、グローバリゼーションや新自由主義と密接なリンクをもつものだということを考えれば、私の論点とも重なるものである。ただ、いうまでもないことながら、ブルデューとグローバリゼーションや新自由主義との関係という論点は、別個の論考の主題になるべきものである。
（21）cf. ブルデュー『芸術の規則』Ⅱ、第Ⅱ部、pp.56-62.
（22）ブルデュー『芸術の規則』Ⅱ、第Ⅲ部、3。
（23）CS, pp.103-104.

第四章　エピステモロジーに政治性はあるのか

第一節　現状診断：閉塞

主知主義的で、一見極めてアカデミック。新カント派的な、一種世情からは超脱したような雰囲気を抱えるエピステモロジーに〈政治性〉などはありうるのだろうか。あるいは、この種の議論の定型に従い、一見〈政治性〉などもたないというその風貌こそが、隠れた利益関心の表明、隠れた権力集団との野合（やごう）を示す、それに固有の〈政治性〉の表現なのだと述べ立てるべきなのか。

この問題設定は、それほど無意味だとは思わない。科学についてのメタ省察的な学問と、政治的言説――この両者に或る種の繋（つな）がりを認めるという作業は、一見自明的ではないゆえに、逆に固有の問題設定になりうる。そもそも、エピステモロジーが主に関心の中心に置いてきた〈科学〉の性格自体が、特に二〇世紀半ば頃から変わり始めたという背景的事実がある。〈自然界の客観的構造の解明〉という目的設定自体にはそれほどのブレはないにしても、その研究体制が、孤立した個人の自発的探究によってというよりは、巨大装置を必須とする研究や、集団的探究によってなされるという方向にシフトしていったというのが、その変貌を象徴する事実だ。例えば、素粒子研究の〈可能性の条件〉がシンクロトロンのような巨大装置や集団的研究体制と不即不離だというのは当然で、その意味では物理学こそがこの趨勢（すうせい）を代表する科学だというのは、誰もが首肯（しゅこう）するはずである。だが、実は単に物理学だけの話ではない。産業社会の現代化に貢献し続ける化学も、分子生物学やバイオテクノロジーに象徴される刷新的雰囲気の中で急速な成長を続ける医学・生物学も、特に一九九〇年代以降、日常生活を激変させたコンピュータ関連科学の総体も、巨大化し集団化するというこの趨勢に従うものだというのは、いまや明らかなのだ。

　現代科学の最大の特徴を探ろうとするとき、「それは客観的で体系的だ」云々という知識内容に関わる性質を前面に出すだけでは不充分だ。それと同時に、「それは集団的な知識だ」という、知識生産体制に関わる性質に触れなければならない。そして後者の点にこそ科学の種別的特性が潜むと主張することさえできる。〈集団的知識生産体制〉という場合、例えば英米文学も、それなりに複数の研究者が研究を続けているのだから団体的で集団的だろうと反論しようとしたとしても、その統合性や体系性、高度の蓄積性の点で、科学と英米文学とでは、その集団性の性格は、やはり位相を異にすると述べ続けることができる。

　そして、科学が勝（すぐ）れて集団的なとき、それを鼓舞するにしても批判するにしても、その行為は集団的対象への価値評価になるので、そのままほぼ必然的に政治的なものになる。現代社会において、内外を問わず、科学についてなんらかの判断を下そうとする場合、その当該の判断は広義の政治的判断であらざるをえないのだ。[1]ただ、科学者が内部から科学について何かを述べるということには、それに固有のさまざまな興味や問題点がありうるが、私自身は科学者ではないので、以下ではその言説空間への関与はやめにする。そして科学者以外の人間が、科学という集団的知識について、なんらかの評価や判断を下す場合に領域を限定する。そしてそれを便宜的に〈科学論〉と呼び、特に現代から近未来にかけての科学を対象とするそれを〈現代科学論〉と呼ぶことにする。

ところで、普通エピステモロジーは〈科学哲学的な科学史〉として、個別科学の具体的概念史を辿りながらそれに哲学的反省を加えるという作業を主に行ってきたと考えられている。そして、それは大枠ではその通りである。だが、だとするなら、それは科学政治学や科学社会学に比べると、〈政治性〉の度合が少ないと見做されても仕方ないのではなかろうか。

確かに、「科学政治学や科学社会学ほどに直接的な政治性はもたない」と述べるのが、順当な判断のはずだ。科学政治学はともかく、科学社会学、つまり科学史上のエクスターナル・アプローチは、エピステモロジーにとっては近親憎悪に近い論敵としての位置づけを長く与えられてきたからだ。エピステモロジーはまず何よりもインターナル・アプローチとして自認し続けてきた。(2)その意味では、〈エピステモロジーの政治性〉などは、仮に存在したとしても、迂遠で胡乱なもの、極めて間接的なものだと述べて構わない。

と、ここで私が述べた判断こそが、〈エピステモロジーの政治性〉という主題にとって、まず一次的に与えられる回答なのである。冒頭に掲げた問いかけ、「エピステモロジーに政治性などはあるのか」という問いには、まず最初に、直接的探究の対象として、〈政治的なもの〉が追究されることはあまりないと答えざるをえない。現代科学がもつ特性は、〈科学の概念史的分析〉共々、科学政策の分析や、産業連関の分析などと両面作戦的に遂行し続けなければ到底把握できないという意味で、しかもとりわけ後者こそが現代科学の特徴を際立たせるという意味で、古典的スタンスに留まる限りでのエピステモロジーは、自ら〈現代科学論〉からは退却しているようなところがある。その〈エピステモロジーの欠落部分〉が、社会的で政治的な問題構制（プロブレマティク）だということ自体が、冒頭に述べたような意味での〈ノンポリの政治性〉さながらの欺瞞性を露わにしているという可能性さえある。

その観点から見るなら、エピステモロジーは、自己の最大の特徴そのものを超克しない限り、現代社会への実質的貢献は難しいという結論さえ、出てきそうな雰囲気だ。[3]

他方、〈現代科学論〉なるものも、少なくとも我が国の場合、充分な成長を遂げているとはいえない。そもそも巨大な研究者集団を形成している社会学が、それに見合うだけの〈科学社会学〉的成果を挙げているとはいいにくい。また〈科学政治学〉も、管見（かんけん）による限り独立した学問分野として成長しているという風姿（ふうし）はない。

その一方で流通しているのは、例えばノーベル賞を日本の科学者が受賞したときなどに特に目にする「資源のない日本が生き残るには科学技術しかない」云々の、主として産業社会の順調な成長祈願論と合体した科学技術創造立国論か、〈科学と社会〉の円満な融和を説く一種の理科教育、いわゆるＳＴＳ（科学技術社会論）くらいのものなのだ。ちなみに、諸外国では本来、批判的市民運動や科学社会学的研究伝統を背景に置いたものであるにも拘わらず、我が国のＳＴＳは、ほぼもっぱら啓蒙的色彩を主導的なものとし、事実上、科学技術創造立国論の最新ヴァージョンのようなものになりつつある。〈科学と社会〉の〈界面〉での調整を専門とする人々は、本当に〈市民の味方〉なのだろうか。彼らの作業は、結局、集団性という権力的特性を抱える科学技術者の耳に響きの良い〈調整〉にシフトせざるをえない。それが社会の〈力学〉というものなのだ。科学者集団に対して、いくら〈双方向性〉をいっても、あるいは抽象的で分散した〈市民〉を対峙させたとしても、それは深化の可能性の薄い理論的装置に過ぎない。

もちろん、〈科学技術創造立国論〉も〈科学的知識の啓蒙〉も、一定の社会的意味をもつというのは当たり前の話だ。科学リテラシーが高いのに越したことはなく、科学技術に無知な人は、その無知に付け込まれ、無知を利用される可能性さえあるからだ。しかし、ＳＴＳ風の議論を述べ立て続ける限りでは、現状の円滑な継続というテクノクラート的問題構制と事実上は合体し、融合することを意味するだけだ。それでは、先に定義したような意味での〈科学論〉、つまり科学者以外の人間がわざわざ議論を作るだけの必要性も根拠もないということになる。啓蒙は、本来緻密で正確な知識を前提とする。ということはつまり、最も優れた啓蒙は、科学論者ではなく、科学者が行うべきものだというのは自明のことだからである。

要するに、我が国で、本当の意味での〈科学技術批判〉を行おうとすれば、それがどれほど難しいかということを、我が国の現状はあからさまに晒しているのである。なお、この場合の〈批判〉とは哲学的な批判のことだ。つまり、「悪口を言う」ということではなく、物事の成立する論理空間や思考空間の境域の限界に触れようと試みること、当該の思考空間の内部にいる人に、作業の対象が必当然的な存在自体の写しなのではなく、それなりの〈文法〉の元に構成されたものであり、その〈外部〉がありうるのだというのを自覚させることである。〈限界〉や〈境界〉に触れることなく、ただ内部で巧みに游ぐに終始しているだけでは、とても批判的思考は醸成されない。科学技術を対象にした場合、その意味での哲学的批判が、残念ながら現在極めて困難な状況にある。

　そして、遺憾ながらエピステモロジーもまた、その現状を打開するほどの利点をもっているとはいえない。しかもそれは、二重の意味においてである。まず先に述べたような（少なくとも一次的には）ノンポリ的性格という内在的理由によって。次に、その主知主義的雰囲気のためか、我が国の知的風土に馴染みにくいという外在的理由によって。

　だから少なくとも概略的には、エピステモロジーも含めて、われわれが現在手にしている〈知的カード〉を見る限り、批判的成分を含んだ〈科学社会学〉や〈科学政治学〉、恐らくは本当の意味での〈現代科学論〉が成熟していくという見通しは、暗く逼塞しているといわざるをえない。まるで、〈科学技術創造立国論〉に保護してもらいながら、産業社会をなんとか刷新し、自己保存的に行動調整していく以外、われわれの生きる道はないとでもいうかのように。その立論構造の〈文法〉に従うなら、つまり広義の権力論の文法に従うなら、今後数十年に亘って科学技術の先端で生き続けること、ほとんどそれのみが国家の帰趨を決めるものだという発想が浮上し、しかも、それのみが唯一可能な、近未来構築のための社会的解であるかのようだ。だがその構想は、違う文脈からのより冷徹で現実的な判断、つまり「中国のような巨大国家がすぐ傍にある日本が、今後数十年もトップランナーでいられるはずはない」という判断によって水をかけられる。より現実的、かつより冷静になれば、単に〈科学技術的イノベーション〉という価値軸だけを至高の単一軸として国家運営をしようとする場合、不可能とはいえないまでも、非常に難しいというのは、かなり蓋然性の高い判断ではなかろうか。もちろん、政治的不安因子を幾つも抱えているので確実なことはいえないが、桁違いの人的資源、逞しい上昇意識、激しい競争的エートスの中で、中国（やインド）の科学技術への世界的貢献度が漸増し、やがては日本を抜き去るだろうと予想することは、素人の戯言ではない。今後数十年のアジア文化圏の覇権は、徐々に中国とインドにシフトしていくだろうと普通に予想されるとき、〈科学技術創造立国〉こそが自明の遂行目標だという立論しか立てられない国は、まさにその単一軸で敗北し続けることによって、やがては〈二流の科学技術国〉としての自分を見出すことになるだろう。そして、それが単一軸だという自認をし続けてきたというまさにその理由によって、日本は一挙に自信を失い、目標設定に今更のような懐疑をもちながらも、手遅れのような状態で、ゆっくりと衰退していくだろう。

もちろん、こうはいいながらも、例えばノーベル賞受賞者が偉くないとは思わない。だが、受賞後直ちに当人、またはマスコミなどの口から流通する言葉が「日本は科学技術でしか食べていけない」云々の類いの話でしかないというのに繰り返し立ち会うとき、私はむしろ脱力感と諦念に似た気持ちに襲われるのだ。

そもそも、なぜ上記のようにしか考えられないのだろうか。他の考え方はないのか。例えばあのイギリスが、一九世紀末の巨大植民地国家から比べれば、世界的覇権を大幅に喪失した現在においてもなお、世界的にみて重要な文化国家であり続けているという事実を想起してほしい。何も現代のイギリス人が科学技術のことは意に介さないなどといっているわけではない。また彼らにも、彼らに固有のいろいろな社会問題があるというのも当然だ。にも拘わらず、イギリスは現在でも重要な国だ。それは恐らく、彼らの自己理解が、われわれがそうであるほどには単一次元に縮退的に依拠したものではないからだろう。そして実は、われわれもまた、何も科学技術創造立国論を遵奉（じゅんぽう）するだけで生きているわけではないという当たり前の事実を、より明確に意識すべきなのだ。より広く素直にわれわれの文化を見通せば、現在でも既にわれわれは多くの素晴らしいものを沢山もっている。われわれは既にいろいろな場面で優れた達成を実現している〈日本の文化〉を、より積極的に保護育成し、各自、自分ができることを通して自国の文化的成熟のために努力すべきなのだ。〈科学技術〉は文化の一員であるに過ぎない（重要な一員だというのは間違いないが）。そしてもしそのような多層的で多次元的な自己理解をすることができるようになれば、仮に近未来に、例えば科学技術では中国に押され気味という状態が続いたとしても、「われわれの作業は何も科学技術だけではない」という当然の自己認識の下、各自がそれぞれのやり方で文化的作業を遂行し続けることができる。それは国家の衰退ではなく、むしろそれなりのスタイルに基づいた国家の成熟なのである。

　何も〈批判的な科学論〉が現状の趨勢を押しとどめるだけの潜在力をもつはずだなどと主張するつもりはない。だが、〈批判的科学論〉がもちうる一つの可能性が、従来型の産業社会の延命を当然の前提とする発想とは一線を画するという重要な特徴を浮き彫りにしうる限り、それは、迂回的に日本文化や日本社会に対する、より多層的な自己認識の活性化の契機にはなりうる。実は、科学論なるものも、より大枠の文化論の中に位置づけられない限り、その重要任務を自ら放擲し忘却するという誤謬に陥る可能性が高い。現代科学への理論的省察は、結局、それが〈現代社会論〉や〈現代文化論〉の一種になるとき、ようやくその任務を全うしうるのだ。

第二節　〈他性〉に留まるエピステモロジー

さて、この大枠の見通しを述べた後では、今更「エピステモロジーは政治的特性を獲得しうるか」とか、「エピステモロジーが〈じり貧〉に陥らずに刷新的性格を取り戻すにはどうしたらいいか」などというような問題設定をするのは、些末なことだとさえいいたい気持ちに駆られる。エピステモロジーそのものをどう再構築していくかなどは、所詮はフランス人の課題なのであり、或る意味、われわれは、それを外野から見守っていればいいだけだ。私はほぼ三〇年近くもエピステモロジーにそれなりに関わってきたが、一般的にいって、エピステモロジーが我が国に根づくのは困難だろうと予測している。一九八〇年代後半から九〇年代半ば頃まで、〈フランス現代思想〉なるものが我が国での流行期を迎えていた時にも、一度として、エピステモロジー自体が流行したことはなかった。それは渋く、二次的で、一部のプロが時々参照するという程度のものでしかなかった。エピステモロジーとの因縁浅からぬミシェル・フーコー（Michel Foucault）が、〈フランス現代思想〉の寵児の一人として、我が国でも大流行したという事実があるにも拘わらず、である。

エピステモロジーには或る種の〈他性〉が宿っており、それが我が国の知識界に一種齟齬的な感覚、どこかカサカサとした感覚を与え続けている。或る意味でそれは、〈知性〉や〈理性〉と呼ばれるものに対するフランス人の感覚の特徴を顕在化させたものだともいえ、もし〈思想史〉の任務が、簡単に分かってしまうものよりも、なかなか分かりにくいものに接近することにこそあると考えることができるとすれば、エピステモロジーは、われわれにとって、格好の思想史的材料になりうる。だが現実は、なかなかそうは行かない。理論的言説を構築しようとするときでさえ、人はウェットな嗜好の成分をどこかに潜ませているもので、どこかで感動したり、感激したりという瞬間がないと、研究者でさえ、なかなかその対象に関わり続けることができない。

一つ、つまらない告白をしよう。一応、「エピステモロジーの専門家」としての社会的顔を備えている私だが、その私でもエピステモロジー関係の論文を書かねばならない場合、実際に書き始める瞬間を迎えるその時まで、可能な限りいろいろな雑用を自ら迎え入れている。心理的障壁がとても高いのだ。相当の努力の末に、ようやく仕事に取りかかろうという気持ちになる。それに、以下で扱う代表的エピステモローグの一人、ジョルジュ・カンギレム（Georges Canguilhem）は、知的経歴という点でいうなら私にとっては最重要の人物の一人で、彼の著作を読解するために私は本当に多くの時間を費やしてきた。にも拘わらず、私はほとんど一度として〈彼のファン〉であったという記憶はない。彼は、〈魅了される〉という形容がなされるには、恐らくあまり相応しくない研究者なのだ。彼に対する畏敬はあっても、愛着はない。[4] そしてこのように述べることは、なんら〈カンギレム・ワールド〉への危害にはならない。彼はそういうタイプの研究者なのだ。

ともあれ、前提的注釈はこれくらいにして、以下の部分では、いままで簡単に確認してきたエピステモロジーの〈基本的ノンポリ性〉を前提としながらも、カンギレムが、彼なりのスタイルで結果的に一種の政治的言説空間との関わりをもったという事例を、具体的に二つ挙げることにしよう。というのも、それらはエピステモロジーなりの、間接的で理論的な政治性へのアプローチだと理解しうるものだからだ。

第三節 〈ミクロな政治性〉の効力

(A) 行動主義への攻撃

カンギレムは一九五六年の年末に、心理学を主題にした「心理学とは何か」という講演をしている。それは現在、『科学史・科学哲学研究』に収録されており、日本語でも読むことができる。(5)その講演のことを少し考え直してみよう。

話の全体的な流れは、心理学が「厳密さのない哲学に、要請のない倫理学と統制のない医学を混ぜたもの」だという印象を与えるという判断によっても予兆されるような、批判的トーンに貫かれている。とはいえ、話の前半七〇%前後の部分は、比較的大人しい。事実上、それはカンギレムなりの心理学史の回顧に過ぎないからだ。もっとも、その心理学史は網羅的なものではない。また時代ごとに単調で等配分な記載を試みたものでもなく、幾つかの屈折点が別格風に割り振られている。例えばデカルトの『精神指導の規則』（執筆は一六二八）、特にその第一二規則で提案されているような手法が想起される。そこでデカルトは、色などの感覚的所与がもつ質的差異を幾何学的形象の差異に還元することを提案する。幾何学的形の方がより客観化可能で明瞭だからだ。そしてその流れを素直に追跡するなら、心的事象の曖昧な内容を可能な限り外在化し、客観化するという研究動向が数珠つなぎのように出てくる。一九世紀の半ば頃、グスタフ・フェヒナー（Gustav Fechner）が唱えた「精神物理学」などは、デカルト的な流れの敷衍（ふえん）に他ならない。それはその後、〈心理事象の科学化〉という心理学全体の総体的目標にフィットする発想として、現在でもその本質を保持したまま生き続けている。

他方でカンギレムは、カントの『自然科学の形而上学的原理』（一七八六）に触れ、そこでカントが心理学について下した留保的判断を想起している。それは、科学の超越論的条件になるはずの当のもの——この場合、いわゆる〈統覚〉の基体——を科学の対象にすることはできないという趣旨の留保だ。その意味で、科学的心理学は不可能なのだ、とカントは考えた。さらにカンギレムは、メーヌ・ド・ビラン（Maine de Biran）の内省的な心理分析とその系列の流れを〈親密感覚の科学〉と名づけて、その射程を簡単に探っている。注意や習慣などという概念は、哲学にも心理学にも一定の居場所をもち、それぞれの領域で分析されていく。

この辺りまでの話なら、一九世紀終盤近く、ヴント（Wilhelm Wundt）やティチェナー（Edward Titchener）らを胎動期として始まった実験心理学、つまり現代のわれわれがイメージする心理学と連続的な学問構想を手に入れるまでの心理学の歴史、言い換えるなら〈前・心理学〉の歴史の通覧としては、比較的順当で普通のものだ。それは特筆性に欠けるとさえいえるくらいで、もしこの辺りで講演が終わっていたなら、聴衆も大した感銘は受けなかったはずだ。

しかし、この「心理学とは何か」の真骨頂は、最後の三〇％前後、カンギレムが〈反応と行動の科学としての心理学〉と呼ぶ流れ、つまり講演時点からみて同時代性の高い、いわゆる行動主義（behaviorism）の心理学を念頭に置いた、彼の記載と判断の中にある。以下、カンギレムの意図を歪曲しない程度に私なりの換骨奪胎（かんこつだったい）も含めて、彼による行動主義心理学の評価のありさまを再確認しておこう。

カンギレムは、行動主義が成立するための社会的・経済的・思想的前提についてごく簡単に触れた後で、一つ、より踏み込んだ指摘をしている。行動主義的心理学は、それがそもそも成立する契機となる根本的関心、その設立理念を反省的には対象化しないという特徴をもつというのだ。それが自らを「能力・反応・行動の客観的科学」として定位するとき、それに携わる当の心理学者たちは、自分たちの作業を同時代の社会的・歴史的状況と関連づけて位置づけるという作業には全く無頓着なままに留まる。それはあたかも、心理学者が、何の道具であるかは意に介さず、自ら進んで道具のような役目を果たすとでもいうかのようだ。道具は、何かの役に立つものである。役に立つこと、つまり効用・功利は、ヒューム（David Hume）のように人間性を人工物を作る能力の中に見るとか、百科全書派のように人間を道具製作者として見るという発想と繋がるものだ。だが、それと近接した立ち位置にあるにも拘わらず、「行動の生物学的心理学」つまり行動主義は、人間にとって何が役に立つのかという広義の功利主義の後にやってきて、〈人間自体の功利性〉という発想をそこにこっそり招き入れることになった。「人間にとってそれが役立つのか」という問いから、「その人間は何の役に立つのか」という問いへの密かな横滑りである。生産の歩留まりの研究や訓練への適応の研究などは、どれもが或る暗黙の要請を付き従えている。つまり人間は道具であるということ、人間の使命は自分の場所で、しっかり自分の仕事をやるということである。

確かに、心理学者たちが〈心の客観的認識〉に到達しようとする気持ちはとても強く真摯なものだったのは間違いない。だが、他の人間たちの中にいて、人間を道具として扱うという野心をもつ心理学者、しかもその自分自身もまた一種の道具だということを自認する心理学者は、いったい何によって衝き動かされているのか。魂という言葉が人を浮き足立たせ、意識という言葉が微苦笑を誘うような心理学。その潮流の中にいる心理学者は多くの場合、職業的実践を並行して行い、多様な場面で適応不全な症状を示す人間たちをなんとか正常化しようと試みる。その際、心理学者はほぼ必然的に評価対象よりも上位の立ち位置にあり、自分は人間を管理・統制することが可能なはずだという前提に支えられている。だが、その自己省察的成分の欠如のために、当の心理学者たちを管理・統制する者への反省の糸口が見つからない。心理学者が一種の管理者だとして、では、その管理者を管理する人は誰なのか。〈至高権力〉からは目を逸らし、患者様の逸脱行動と見做しうる行動をする弱者の前で、一種の中間管理者としての自認と矜持を持ち続けようとする心理学者の、心理学者としての使命感は一体どこから来るのか。

〈哲学からの離脱〉を誇り、〈知恵〉ではなく、〈巧妙さ〉を競いあうようなエートスの中で生きる心理学者。根源や原理への問いかけを胡乱なものとして扱い、作動空間での巧妙かつ円滑な作動継続をもっぱら行おうとする心理学者。カンギレムは、その描像を或る象徴的な〈散策の選択〉によって締めくくっている。哲学者は、行動主義の心理学者にこう忠告することができる。ソルボンヌ大学を出てサン・ジャック通りに身を置いたとき、人はその坂を登ることもできれば降りることもできる。登ればパンテオンに近づき、降りれば警視庁に近づくのだ、と。パンテオン、つまり〈哲学〉を象徴する建物か、警視庁、つまり〈管理・統制〉を維持する建物か。心理学者が内省の契機を放棄したままに留まり、一種の中間管理者であり続けるのか、それとも、ときどき全行為を振り返り、自らの作動様式の境界に触れる努力をするのか。つまり哲学的批判を試みる心理学者たりえるのか――カンギレムは、そのように問いかけてこの講演を終えるのだ。

彼らしい抑制の利いた語り口とはいえ、それが同時代の行動主義への精一杯の攻撃的評価だというのは明らかで、その場の聴衆には、行動主義が当時支配的な心理学だっただけに、一層強烈な印象を与えただろう。フランス国内の当事者、つまり当時の心理学者たちにどの程度の影響を与えたのか、それは別個に調査しなければならない[6]。だが、他方でそれを聴いた哲学者たちは、カンギレムの心理学に対する否定的評価に深い感銘を受けたということが分かっている。その影響はその後も継続し、例えば一九九〇年代になってもなお、〈心の哲学〉をフランスに積極的に導入する若手の哲学者、パスカル・アンジェルがその『哲学と心理学』[7]（一九九六）の冒頭部分で、かなりの頁数を割いてカンギレムのこの破壊的判断に触れている程だ。カンギレムがいわば分断したこの二つの研究領域（つまり哲学と心理学）を再統合する努力をすべきではないかというのが、アンジェルの主旨である。

そもそも、アンジェルの評言に依るまでもなく、現時点から見るなら、カンギレムのこの議論には若干の留保が必要だ。というのも、この講演がなされた一九五六年は二〇世紀の心理学史にとってもやや微妙な年代だからだ。ジョン・ワトソン（John B.Watson）は、一九五八年まで存命だったとはいえ、心理学者としての彼の仕事は一九二〇年代初頭には早々に終了していた。他方で、行動主義の大物の一人、バラス・スキナー（Burrhus Skinner）は一九五三年に『科学と人間行動』を著し、その後も行動主義の原則に基づく著作を書き続ける。スキナーは攻撃的で極端なスタンスをとり、しかも長く生きたので、その影響力は一九七〇年代に入っても、そう簡単には衰えなかった。その意味では、カンギレムのこの講演は、行動主義が依然として心理学内部の枢軸的研究動向であり続けていた頃になされたものだとみて問題ない。ただ、なぜ私が、一九五六年が「微妙な年代だ」と述べたのかというと、その数年後の一九六〇年代に入ると、心理学は普通、一言で〈認知革命〉と呼ばれる大きな変貌を遂げることになるからだ。認知革命は、まさに心理学が認知科学へと変わっていくために行われた、基礎的発想や研究方法の大きな転換点を指し示していた。認知科学を重要な潮流として含むようになった心理学を、あるいは心理学を源流の一つとしながらも、その後独立の総合的科学として発達していく認知科学を、行動主義的潮流と合体させたり、端的に両者を同一視したりするというのは無理な話だ。だから、カンギレムのこの批判は、その意味で現在ではやや時代遅れ的な色彩を帯びている。

ともあれ、「全く時代遅れで、そこから学びとるべきものはない」とまではいえないというのが、私の議論の眼目なのだ。認知科学が、その研究対象についても研究手法においても、行動主義ほどに狭隘な自己制限をすることはなく、より柔軟に精神活動の内的肌理にまで到達しようと多様な試みをしているのは、私のような外部観察者にも、それなりに感じ取ることができる。またそれに関連する学問分野も多岐に亘っているというのは周知の事実である（それは端的に或る種の哲学も併合しているほどだ）。ただ、カンギレムが行動主義に激烈な批判を加えたその様式を前にして、その内実自体の古さは傍らに置いて、その学問的姿勢に着目し続けるなら、それは図らずも、〈哲学〉という、古くからあるとはいえ近年一層それ独自の問題提示をしにくくなっている学問に、にも拘わらず、そこには依然として不可還元的な機能があるという事実に目を開かせてくれるのである。やはり哲学には、私が先に〈哲学的批判〉と述べたような意味での、境界付近での限界体験に誘うという重要な任務がある。その限界体験は、或る領域内部のギリギリの境界で行われる場合と、領域外部から接近し、その輪郭付近で行われる場合の両方を含んでいる。カンギレム講演は、行動主義華やかなりし頃に、行動主義の無自覚な迎合主義と管理心性を剔抉してみせることで、哲学的批判の一つの例証を提示するものだった。行動主義が、当時の教育工学や産業心理学など、社会空間の幅広い場面で大きな影響をもっていたことを考えるなら、それへの激烈な攻撃は〈哲学的批判〉であるに留まらず、一種政治的な批判でもありえていた。というのもそれは、単なるテクスト注釈には留まらず、無自覚な管理心性に、その心性にとっては不愉快な注釈を加えることで、そこに一瞬、作動の淀みを与えるものだからだ。管理社会の円滑な遂行に携わる者たちに、それが自ら思うほど必当然的なものでも純公益的なものでもないという診断を下すのは、一つの政治的行為なのだ。それが的確な場合、関係者たちの覚醒や改善への動きのきっかけになり、それが的確ではない場合、その政治的行為をした当人、この場合ならカンギレムが逆に批判され、嘲弄(ちょうろう)され、信用を落とすということになる。どちらの場合でも、それが一つの政治的行為であることに変わりはない。

先に私は、エピステモロジーは科学政治学でも科学社会学でもない、といった。だが、よりミクロな眼差しを注ぐなら、エピステモロジーには、渋く目立たない形でとはいえ、それなりの政治的コミットがあると述べても構わないのではないか、そして、カンギレムのこの行動主義批判はその好例なのではないかと考えている。

次にもう一つの具体例を挙げることにしよう。

(B) 社会の自己調節は存在するのか

カンギレムの論集『医学について』に収められた「有機体と社会における調節の問題」[8]という論攷(ろんこう)に注目してみる。

まず話の起点は、今更のような印象を与える或る古い学説への言及から始まる。それは社会有機体論である。社会有機体論とは、特に一九世紀終盤に一時期盛んに称揚(しょうよう)されていたもので、一言でいうなら社会を一つの有機体に喩(たと)えるという議論だ。例えば道路は血管で、国会は脳だなどというように。ただここでは、もう少し特定的な事例、危機という概念に眼差しが注がれる。ところで、社会的意味でも頻用される危機（crisis）という言葉は医学的起源をもつ概念だというのは、有名な事実だ。或る病に冒された体が回復するか悪化するかの瀬戸際にあるとき、それはcrisisの中にある。その言葉を原義として、社会が混乱に突き進むか、秩序を取り戻すかの瀬戸際にあるとき、それはcrisisの中にあるといわれることになる。そしてこのように社会を有機体に準える発想は、ちょうど生物が一つの纏まりをもちながら生きているように、社会全体が多少とも一つの運命共同体として存在するという含意を一次的にもつので、暗黙の内に、その後コミュニタリアニズムと呼ばれる政治哲学と通底する因子をもっていた。

ところでカンギレムは社会有機体論に触れながら、比喩の方向が〈社会→有機体〉ではなく、〈有機体→社会〉という事例の存在も喚起している。(9) 既にクロトンのアルクメオン(Alcméon de Croton)という、紀元前五世紀に活躍したピュタゴラス派の哲学者は、病気によって体に擾乱が起こるとき、それを〈叛乱〉と捉えていたという。それに従うなら、健康な有機体は平和状態にあり、病気に罹ると叛乱や戦争が起こるということになる。そもそも比喩とは、本来関係がないように見える異質なものを近づけ、そこに隠れた類似性を発見することなのだから、片方がもう片方によって準えられたとき、そしてその比喩が言語空間に或る程度沈澱したとき、どちらかのみが起点となって、反対方向からの喩えは起こらないということはほぼありえない。「AはBのようだ」という発想に人が馴染むなら、当然「BはAのようだ」という発想も出てくる。事実、別にアルクメオンが存在したからではなく、有機体を社会のように語るという様式はその後何度も出現することになった。一九世紀科学界の大立て者の一人、あのエルンスト・ヘッケル(Ernst Haeckel)も、細胞の国家とか、細胞共和国というような言い方をしていたという。

もちろん、カンギレムの目的は、この古くからある〈有機体と社会の意味的交流〉の再確認をすることにあるわけではない。彼は次のように話を進めていく。社会を有機体に準えるというこの比喩が面白くなる場面、それは社会が或る困難に打ちのめされており、その状況をなんとかしようと思うときなのだ。つまり社会が〈危機〉にあるとき、まさにその crisis という言葉の源泉を照らすかのように「社会への投薬」(la médication sociale) や「社会の治療」(la thérapeutique sociale) が問題になる。

ところが、まさにその時点で、本来比喩で結ばれていたはずの社会と有機体との違いが露わになる。有機体が特異なのは、それがその存在の事実的在り方と理想的状態の間、つまり存在と規範との間に明確な違いをもたないからだ。或る有機体が存在しているとすると、それはまさに、当該の有機体が存在できるということを意味している。それが存在するというだけで、まさにそのことによって、(死なずにいられるのだから) その存在は或る理想を実現している。その存在の規範は、それが存在するという事実自体の中に与えられている。[10]

その構図がある場合、〈治療〉という目標設定の中に曖昧さはない。病人にとっての理想、病人にとっての到達目標は、ごく普通に日々の生活を送っている普通の健康な人間そのものだ。もちろん、病気のより細かな性質の見極めや、健康に戻るための薬の処方の仕方など、技術的場面では多くの選択と議論がありうる。だが、有機体の理想・規範は根本的な疑問に付されることはない。なぜなら、有機体の理想とは (存在する限りでの) 当の有機体それ自体だからだ。

ところが、社会が問題になる場合には、話はまるで違ってくる。なぜなら、その場合、議論になるのは、まさにそれにとっての規範のあり方、規範の射程、その具体的内容などだからである。

このことは次のようにも言い換えられる。有機体の目的性は有機体自体の内部にある。だから回復すべき理想は、有機体自体である。他方、社会の目的性はなんら自明なものではなく、人間存在にとって主要な〈問題〉であり続ける。人間が社会を作り始めて以来、社会の理想については無数の人間たちが議論をしてきた。だが、社会悪の性質については比較的合意を見出しやすい一方で、その〈治療薬〉については、なかなか意見が纏まらない。そのため、正義に悖ることが行われるとき、それを終わらせるための処方は一つには収斂しない。有機体の領域では、器官や器具の使用法や効用は明らかだ。有機体にとって曖昧に留まるのは、秩序ではなく無秩序の性質の方だ。ところがその反対に、社会にとっては正常よりも、無秩序、濫用、悪の方が明らかなのだ。子供の過剰労働、無気力な官僚制、アルコール中毒、売春、恣意的介入をする警察など、多くの事象が、われわれの目には端的に〈社会悪〉として現れる。ところが、悪については合意する人間たちが、その改善策や改革については意見を異にするのだ。なぜなら〈社会の生命〉は、それ自身にとって内在的なものではないからだ。

以上のようにして、カンギレムは、社会有機体論などの古典的修辞ではほぼ無反省に連続させられていた社会と有機体とを対比させてみる。

そして、そこで彼は議論をもう一歩進めるために〈調節〉(régulation) という概念を導入する。生きた有機体に固有なことは、それが勝れて〈全体〉として生きているということだ。それが可能なのは、有機体の中に調節機構の総体が存在するからだ。その総体があるおかげで、有機体の統合性が保持される。ところで、この〈有機的調節〉という概念は比較的新しい概念だ。それが明示的に登場するのは一九世紀半ば、クロード・ベルナール（Claude Bernard）の生理学と共にである。ただ、もしそれが「生物は、それが世界の中で生きる際には多くのダメージや逸脱を経験せざるをえないが、それでもそれらの危害や逸脱を訂正し補償するメカニズムをもっている」という事態を主に意味するのだとすれば、それは〈治癒力を内在させる自然〉というヒポクラテス（Hippocrate）的発想を連続的に現代化したものに他ならないともいえる。

ともあれ、有機的調節のことを簡単な例で見ようと思うなら、例えば変温動物と恒温動物のことを考えてみればよい。前者は自分で体温を安定的に保つことができず、環境の気温に従属する。ところが後者は環境との偏差を補塡するための調節機構をもつので、体温を一定に保つことができる。一般に、有機体は安定性と変化という二つの事象間に存在する矛盾を解決して生きていかねばならない。それはウォルター・キャノン（Walter Cannon）以来、「ホメオスタシス」（homeostasis）という概念で呼ばれるものに関わっている。ホメオスタシスとは、有機体を取り巻く環境因子の変化にも拘わらず、有機体内部の状態が一定に保たれるという事態を指すための言葉である。そしてそのホメオスタシスは、ベルナールの「内部環境」（milieu intérieur）概念の発展形だともいえる。

ベルナールの貢献は、有機体には内部環境があり、そのおかげで外部からの一定の自律性を保つことができるという論点、そして内部環境を生み出すのは有機体自身だという論点の中にあった。具体的には、その調節は神経系と内分泌系によって行われる。その後、このベルナールなりの調節概念は、発生（生物）学や再生研究によって違う方向から肉付けされることになる。発生（生物）学は、ウニ卵の発生初期にそれを二つに割っても、若干小さな個体が正常に発達することを示した。それは例えばイモリの再生現象共々、有機体内部に潜む複雑な調節機構の存在を改めて人々に意識させるものだった。卵の質料的条件がほぼ半分になっても、そして四肢の一部が欠損しても、それを補塡しようとするメカニズムが存在するのだ。

キャノンがホメオスタシス概念を明示した著作に『からだの知恵』[11]（一九三二）という題名をつけたのは、その意味でなかなか巧みなものだった。そもそも〈知恵〉（sagesse）とは、古代から節度、統御、自制に導くもので、人間を逸脱や極端な放埓（ほうらつ）から守ってくれるものだった。それは、〈行き過ぎ〉があれば、その行き過ぎを制御し、元の方向に戻らせるという意味を含んでいたのである。

ところでキャノンは、その本の最後の辺りで、生物学的ホメオスタシスと並んで、社会的なホメオスタシスのことに触れている。彼がいう「社会的ホメオスタシス」とは、ちょうど血中の糖やカルシウム・イオン濃度が通常状態からぶれるとき、そのブレを補塡するための調節が働くのと同じように、社会でなんらかの無秩序が生起するとき、それを補塡する調節機構があるかどうかを問いかけるものだ。その問いへの前提的判断として彼は、或る複雑な系が一定の恒常性をもって存在しているという事実自体が、そこには既に（既知、未知を問わず）なんらかの調節機構があることを示唆すると述べる。つまり、キャノンは、社会的調整なるものが存在するということを前提としている。そしてそれは国家レベルでも同様である。だから、国家内部で一つの傾向が他を圧倒し尽くして巨大な力をもち、その結果、全体的効果としてなんらかの無秩序が発現するに至るなどという事態は、稀にしか起こらないと彼は考える。なぜなら、その傾向が或る方向に社会を引き摺ろうとすると、同じ社会の内部からは、早速それに拮抗し、対抗する傾向が出現するからだ。

カンギレムは、キャノンのこの「社会的ホメオスタシス」は、化学平衡を論じた〈ルシャトリエの原理〉[12]の拡張版に見えると附言しつつ、この文脈でベルクソン（Henri Bergson）の『道徳と宗教の二源泉』（一九三二）に触れている。この本は時代的にも『からだの知恵』とほぼ同じ頃に出版されている。資料の博捜と図抜けた博識で知られるベルクソンは、ほぼ同時代のキャノンのこの議論を知っていたはずだという推定をしながら、カンギレムは『二源泉』第四章でのベルクソンの議論をこの文脈で喚起する。ベルクソンは、文化の中で異なる傾向が二つに分かれるというのはよくあることであり、一度それらが二つに分かれると、それぞれの傾向は、一種の破局的状態になるギリギリのところまで突き進む嫌いがあると指摘する。そして彼は、前者を「二分法の法則」（Loi de dichotomie）、後者を「二重狂乱の法則」（Loi de double frénésie）と呼ぶ。ただ、化学平衡的なもの、またはキャノン的な「社会的ホメオスタシス」のように、単に機械的往復や振り子的揺れを繰り返すというのではなく、人間社会の場合、いわば〈行きの経験〉は記憶となって残るので、〈帰りの経験〉は単純な戻しではない、とベルクソンは付け加える。それは振り子というよりは螺旋的な軌跡を描くのだ。[13]カンギレムは、ベルクソンのこの一見抽象的な議論の中に、深い社会的含意と哲学的洞察を見て取るのである。

そしてそれを押さえた上でカンギレムは、この論攷の最終局面に突入する。そこで改めて彼は、社会を有機体のようなものだと見做すことが、適切かどうかと問い直すのだ。それにはっきりと否定的回答を与えるために、である。

まず、カンギレムは組織（organisation）と有機体（organisme）の混同を戒める。社会が組織化されているからといって、それが有機的だということにはならない。むしろ社会での組織は、有機的組織というよりは、配置（agencement）のオーダーに帰属するものだ。有機体が有機体なのは、それが全体性という形式の下に固有の目的性をもつからだ。ところが、社会はそれに固有の目的性をもたない。社会は目的というよりは、一つの手段だ。それは有機体というよりは機械や道具の性質を抱えもつ。

とにかく、社会は有機体ではない。しかも、それは調節を積極的に必要としている。調節（régulation）のない社会はなく、規則（régle）のない社会はない。しかし、社会に自己調節機能などは備わっていない。調節は常に外から社会に加えられるものなのであり、その分、社会は常に際どく不安定なものに過ぎない。だから、こう問いかけることも不条理ではない。社会が正常状態にあるというとき、それは秩序や調和の中にあるというよりは、無秩序や危機の中にあるということではないのか（つまり社会が危機状態にあるというその様態こそが、社会にとっては普通なのだということ）。ここで「社会の正常状態」という言葉で意味されるのは、機械としての社会、道具としての社会がもつ状態のことだ。社会は、まさに自己調節という特殊な装置をもたないために、常に不調で出来損ないの道具なのだ。

だから、社会的生にとっての至高の調節、つまり正義は、たとえそれが制度的に具体化されたものであろうとも、社会自体によって作られた装置だという体裁をとらない。正義は、どこか他のところから来るしかない。正義は社会的制度ではありえない。[14] 正義は社会そのものに生来的に備わるものではない。正義は、他のいろいろな社会制度と同じ位相にある一つの制度によっては行使されない。だから〈有機的知恵〉[15]があるようには、〈社会的知恵〉はない。[16] 目を備えた種の一員として生まれてくる生物個体は、物を見るためには格別の知恵をもつ必要はない。目があれば、見えるのだ。ところが社会の場合にはそうは行かない。「社会が賢い」、「社会が正しい」という事態は、目をもつ生物が（光があれば）努力無しに物を見ることができるのとは違い、そのようにならなければならない状態のことを指している。社会は正しくあるのではなく、（うまくいけば）正しくなることができる。

自然発生的な社会正義などは存在しない。実は、「社会の通常状態は無秩序で危機の中にある」という事態の客観的な徴表(ちょうひょう)は、「社会はほとんど周期的に英雄の出現を待望する」という事実の中に反映されている。知恵と英雄的態度（héroïsme）との間には、無視できない違いがある。知恵があるところでは英雄的態度などは必要とされず、英雄的態度が出現するのは、まさに（社会には）知恵がなかったからなのだ。社会的知恵や社会的ホメオスタシスは存在しないので、社会は頻繁に（或いはほとんど常に）危機状態に陥っている。そのとき、ベルクソンがいうところの「英雄の呼びかけ」（l'appel du héros）が到来する余地が生まれる。[17] ここでの英雄とは、或る問いかけが湧き上がることに目をつぶらず、その問いへの解決を見出そうする人のことだ。もちろんその人は、その解決を、或る極限状態、或る危機的状態の中においてしか見つけられない。社会が頻繁に危機状態にあるということは、〈社会の自己調節〉などは存在せず、ときどき例外的存在の出現によって調節してもらうしかないという事態を意味するものなのである。

――以上が「有機体と社会における調節の問題」という論攷の本質的内容である。幾つもの洞察が含まれた、全体として興味深い論攷だといえるが、逆にいうならカンギレムの主張に寄り添おうとすると、幾つか気になる政治的含意が湧出してくる。特に最後の方で述べられた部分について、そういえる。

例えば「生物の体とは違って、社会には自己調節機構などはなく、そのため社会は絶えず危機状態の中にあらざるをえない」という趣旨の判断は、どういう含意を孕むのか。社会が危機、つまり crisis の状態にあるというのは、より悪い方かより増しな方のどちらに転ぶか、ギリギリの地点にあるということだ。社会にとっての善悪（倫理的意味ではない）が、微妙な判断の違いによって反転するような状態。没落するか、立ち直るか、そのギリギリの状態。社会の〈正常状態〉とは実はその種の危機状態なのだということは、安定状態は一種の例外に過ぎないということを意味する。そしてその描像は、社会が漸次、経済的発展を続けたり、大多数の救済が完遂される方向に進んだり、ユートピアに近づいたりというような幾つもの発展的社会観を間接的に否定するものでもある。それはコンドルセ（marquis de Condorcet）的でも、マルクス（Karl Marx）的でもない。この社会観は、社会的知恵の否定や、社会に固有の目的性の否定というカンギレムの判断に繋がる。われわれの社会は、どこに行くのか、その方向が予め決められているどころではない。絶えず絶壁や暗闇と接しながら、かろうじて進む社会。そんな社会観だ。

ただ、その危機からの脱出のためには〈英雄〉が求められるという判断は、どういう意味なのか。この場合、〈英雄〉とはいっても、普通の、戦場で多大の戦果を挙げた人、国家の命運に関わる大事件を巧みに切り抜けるのに貢献した人という意味に比べれば、より広い意味で使われている。英雄とは、或る独創的な問いを立て、それに解決の糸口を与えた人なのだ。またそれはあくまでも非宗教的言説空間での議論に留まるはずで、さもなければ、カンギレムの議論は、イエスやムハンマド、釈迦などの宗教的天才がときどき出現して、社会の危機を救ってくれるというような話になってしまう。

ただ、そうはいっても、「社会が自己調節機構をもたず、局面局面で、天才的英雄という外在的調節の助けを借りる」という判断は、どうも危険な含意を引き摺り過ぎているようにみえる。到来する〈英雄〉がヒッピアス（Hippias）やヒトラー（Adolf Hitler）ではないという保証が、前もって与えられているはずはないからだ。また、それは通常の民主主義社会についてわれわれが抱くイメージに信頼を置かないという意味ももつ。なぜなら、民主主義社会こそは、少なくとも理論的には最も多元的で分散的な自己調節装置の集合体だろうから。他方で、「社会の至高の規範の一つ、つまり正義は、自動的に生起するどころか、絶えざる努力によって獲得しようとし続けられねばならない」という判断は、社会構成員が理論的には最大限に社会参加をし、正義なら正義という社会的価値を構成しようと努力するという民主主義社会の理想像に触れるものでもある。だから、カンギレムの議論は、民主主義を貶下（へんげ）し軽視しているようにも聞こえるし、鼓舞し激励しているようにも聞こえる。

このように、一見、内部環境やホメオスタシス、ウニの調節卵の話など、生物学史・生理学史の地味で非政治的な議論に終始しているようにみえる論攷の中にも、より注意深い眼差しを注ぐなら、それ自体浮動的で吟味を要する幾つもの政治的含意が隠されていることが分かる。エピステモロジーがもちうる〈政治性〉とは、ミクロな概念図の中で作動する間接的で隠伏（いんぷく）的なものだということか。〈間接性〉の程度を緩くとれば、どんなものでも政治的ということになりかねない議論だとはいえ、とにかく〈エピステモロジーの政治性〉という問題設定に対して参照しうる仕事として、この論攷を引用した所以（ゆえん）としておく。

第四節　〈政治性〉の明示的彫琢のために

最後に、〈エピステモロジーの政治性〉を巡るこの小論に、結論めいた見通しを付け加えておこう。〈エピステモロジーの政治性〉とはいっても、ここではカンギレムのみを扱っただけに過ぎない。とはいえ彼は代表的なエピステモローグなので、それなりの例証的価値はある。ただここでは彼の〈行動主義批判〉と〈社会の自己調節否定論〉という二つの具体例に触れただけだ。政治性という点から切り取るなら、前者の方がより直截（ちょくせつ）的な政治性を備えている。ただ、後者を論じた最後で述べたような間接的なスタイルのそれも含めれば、カンギレムの他の仕事にも、それなりの政治性はあるだろう。

ただ、やはりそれも程度問題である。彼の〈行動主義批判〉は、同時代にまだ強い影響力をもっていた行動主義に対峙したもので、彼自身の矜持と危険を込めた一つの政治的行為だった。この種の作業は彼にとっては例外的なものだとは必ずしもいえない。例えば一九八〇年には「脳と思考」[18]という有名な論文を公表している。そこで彼は、やはりちょうど行動主義の時のように、当時重要性を増しつつあった神経生理学や精神薬理学が、思考の主体性や自律性設定という古典的問題構制を瓦解せしめるという可能性を見据え、なおかつ、安易な拡張的唯物論を批判しつつ、哲学固有の立ち位置を強調しようとしていた。それもまた〈脳への自然主義〉に対する彼の全存在を賭けた政治的行為だった。

とはいえ、やはり彼の作業全体を見渡すと、この種の政治的コミットメントは、例外とはいわずともマイナーなものに留まっているというのは否定しがたい。一七世紀の反射概念論にしろ、一八世紀終盤から一九世紀初頭にかけての興奮性概念論にしろ、カンギレムが最も時間をかけて行った作業は、やはり専門家集団内部でやりとりされる緻密な概念史を主調とするものであり、そこに〈政治性〉を見て取ろうとしても、それは何重もの緩衝剤にくるまれたものであるに過ぎない。しかも、本章冒頭で述べたように、とりわけ二〇世紀半ば以降、科学自体の性格が重要な局面で変わっているという事実――つまり、集団的知識体制という制度の完全な確立、科学政策を濃密に反映させる科学政治学的特性の膨張、より頻繁で多様な技術との融合による産業社会への直接的波及効果の増大など――は、当然ながら、その歴史的限定からはこぼれ落ちてしまう。

だから、いま現在、恐らくはこういえる。エピステモロジーは〈科学的概念の内在的分析〉を行使した重要な潮流として、一定の歴史的地歩を築いてきた。その特徴の確立期においてカンギレムが果たした役割は極めて大きく、その作業がもつ独自の価値は揺るがない。とはいえ、科学技術の波及効果がこれだけ日常的に重要になった今日、エピステモロジー的な自己限定では、あまりに微温的に過ぎる。エピステモロジーは、時には知的足枷（あしかせ）にさえなる慎重さを脱却し、より大胆に、自らの矜持と危険を自覚しつつ、科学政治学的分析に乗りだし、同時代への政治的効果や提言的機能により積極的に関わるべきだ。エピステモロジーがより興味深いものになるために、それは自らの内在的特性の一つを放棄しなければならない。それは科学技術の現状への敏感な対応を条件とした、〈内在性〉概念のいま一度の再検討になるはずだ。その再検討を通して行われるはずの幾つかの自己刷新の果てに、エピステモロジーがどこかに四散してしまったとしても、それはそれでいい。なぜなら、〈自己保存〉がそれなりに重要なのは、それが、いざというときに〈自己放棄〉をすることができるからこそだからである。

註

（1）ただ、このようにいってしまうと、「科学について任意のことを述べても、それは政治的だ」という、あまりに一般的で内容希薄なものになる危険性がある。だからこれは前提的な判断として議論の遠景に置くだけにしておき、以下では、それを前提にしながらも、より細かく、区別的・弁別的なニュアンスを探っていこう。

（2）エピステモロジーの本質は、科学的概念の内容を緻密に分析することによって〈科学性〉の本質に到達すること、しかもそれを純粋に人工的な論理空間の中でではなく、実際の個別科学の史的展開の中から探るということにある、と多くのエピステモローグは考えてきた。彼らにとって、エクスターナル・アプローチなどは、いわば〈骨抜きにされたマルクス主義〉に過ぎなかった。

（3）本章を最後まで読めば、より複雑な条理に沿って展開されているということが分かるとは思うが、事実、これがこの小論のほぼ最終的な結論になる。

（4）他方、代表的エピステモローグの一人、ガストン・バシュラール（Gaston Bachelard）には私は愛着を感じている。もっとも、それはバシュラールがそうとうおかしなエピステモローグだからである。

（5）Georges Canguilhem, "Qu'est-ce que la psychologie?", Conférence donnée au Collège philosophique, le 18 décembre 1956. この講演は *Revue de Métaphysique et de Morale*（1958, 1）に最初に公刊され、その後、以下の文献に収録された。Idem, *Etudes d'Histoire et de Philosophie des Sciences*, Paris, J.Vrin, Cinquième édition augmentée, 1983, pp.365-381. 金森修監訳『科学史・科学哲学研究』（法政大学出版局、一九九一、pp.430-451）。

（6）また、カンギレムによるここでの行動主義への一般的評価、つまりそれを中間管理者の無自覚な自己肯定と現状肯定の科学に過ぎないとする判断自体の是非については、この文脈で掘り下げて議論しようとは思わない。それを繊細かつ正確に議論するためには、当時の心理学史への沈潜と俯瞰的調査が必要だからである。

（7）Pascal Engel, *Philosophie et Psychologie*, Paris, Gallimard, 1996.

（8）Georges Canguilhem, "Le Problème des régulations dans l'organisme et dans la société", *Ecrits sur la Médecine*, Paris, Seuil, 2002, pp.101-125. この論文の初出は以下の通り。*Cahiers de l'Alliance Israélite Universelle*, no.92, sept-oct 1955, pp.64-73. だから、時期的には先の「心理学とは何か」とほぼ同じ頃に書かれたものだ。当時のカンギレムは五〇歳を少し過ぎた頃、学者としては脂の乗り切った頃だった。

（9）より分かりやすくいうなら、社会を有機体に準えるのではなく、有機体を社会に準（なぞら）えて説明するということ。

（10）ここでカンギレムがそのことに触れているわけではないが、この主張は、私に次のような敷衍を許す。もしいま或る〈障害〉を抱えた人がいるとして、それが〈障害〉である以上、なんらかの意味で健常者よりは生存に不利な条件をもつという事実があるにも拘わらず、その人はその〈障害〉と共に生きているわけだ。ということは、生きているのだから、それは既に固有の存在であり、固有の規範を表現しているのである。存在と規範がなし崩しにほぼ合体的に現れるということは、生物としての人間にとって、規範が複数個存在し、しかもそれらは（或る程度まで）融通無碍なものだということを表現するものになる。

（11）Walter Cannon, *The Wisdom of the Body*, New York: Norton, 1932.『からだの知恵』舘鄰・舘澄江訳、講談社、一九八一。

（12）フランスの化学者ルシャトリエ（Henry Louis Le Chatelier, 1850-1936）が、一八八四年に発表した化学平衡に関する原理。平衡状態にある反応系に或る変化が生じた場合、その系は、その変化を相殺する方向に動くというもの。

（13）Cf. Henri Bergson, *Les Deux Sources de la Morale et de la Religion*, Chap. IV, pp.1225-1231, *Œuvres*, Paris, P.U.F. 1970. なお、岩波文庫版（『道徳と宗教の二源泉』改訳版、平山高次訳、一九七七）では、pp.358-368 の辺り。平山は「二分法の法則」を「対生の法則」と訳しているが、私はその訳語を変えた。

（14）例えば最高裁判所を筆頭に制度的に構成される司法権も、正義を自己調節的に具体化することが物質的・制度的・客観的に保証されているわけではない。その意味で、〈正義の制度〉などは存在しない。

（15）キャノンなら「からだの知恵」と呼んだようなもの。

（16）この判断によって間接的に、キャノンの「社会的ホメオスタシス」論は否定されている。「この辺でやめておこう」というような知恵的な成分は、社会自体の中にはない。

（17）Cf. Henri Bergson, ibid., p.1003. 平山訳、p.42.

（18）Georges Canguilhem, « Le cerveau et la pensée », *Prospective et Santé*, no. 14, été 1980, pp.81-98.

第二部　認識と実在

第二部　序

第二部に収録された六つの論攷の中では、第五章が他の五つとはかなり離れた時期に書かれている。それが公表されたのは一九九四年、つまりもう二〇年以上も前のことだ。他方で、残りの五つはすべて二〇〇八年以降に出されている。

それでも第五章はここに組み込む意味があると私には思えた。それは一見、〈大学論〉という、発表雑誌の特集テーマに合わせたものであるようで、事実上はフーコー（Michel Foucault）独特の真理観を前面に押し出したものだ。その真理観は普通の実在論的なものとは大いに趣を異にするものだが、それを現時点でいかにも〈ポストモダニズム〉的なものだとして切って捨てるのではなく、それに固有の利点があるという可能性に賭けてみたい。そこでは、「勝者の儀式的規定が生み出す効果」として〈真理〉を捉えるという、その後物議を醸すことになる真理観が明確に提示されている。また、〈学問の裁判モデル〉〈学問の戦争モデル〉〈学問の演劇モデル〉という三重のモデルも、真理観の複層化を顕揚するには巧みなモデルだ。ただ、それを知識一般（政治や芸術、歴史など）に関わるものとするなら、或る意味で自明性が高いところを、〈科学的認識〉でさえ、多少とも裁判・戦争・演劇での〈真理生産〉と交差する可能性があるというのを示唆することが、ここでの議論のポイントである。

次の第六章は二〇〇八年に公表されたもの、つまり第五章とは一〇年以上も間が空いている。自分自身はあまり意識していなかったが、第五章を書いた時点での問題意識が潜在的に私の中に残っていたようで、それがいわば熟成されて、より理論的自覚を高めた上で執筆されたものだ。それは第五章風のフーコーの真理観をさらに敷衍するものであり、この第二部全体を理論的に支える論攷にもなっている。その意味では、この二つの章が第二部の中核的部分を構成する。第六章でも、フーコーの或るテクストを議論の起爆剤にしている。「認識は知るべき世界とは似ていない」という趣旨の、一見不可解なフーコーの言葉の含意を掘り下げること。それを目指し、日常生活レベルでも〈存在措定の拡張〉を意識的に実践し、その過程で〈一義的実在〉というのは事実上人工的な極限概念だという結論に到達する。他方で、にも拘わらず〈客観性〉概念を完全に無意味化するというのではない。むしろ、〈客観性〉は、実在論的世界観が保証してくれる、最終的には異論が収斂する準拠対象との合致度によってではなく、論争空間での異論群が実現する説得性の巧拙の中で決まる何かになる。〈客観性の政治学〉という発想の浮上である。そして、〈存在措定の拡張〉による膨満した存在論と、〈客観性の政治学〉による複層化した認識論をベースに、それを科学思想史の場面でも適用すると、どのような地平が見えてくるのか、それを探ることが論攷後半の目的になっている。

第七章は、第六章の系のような位置づけを成す小規模なエッセイだ。他方で、第八章は、類似の発想に基づき、人間の想像世界が織りなす意味の綾が、生命倫理学のような実務的性格の強い学問においてさえ、或る程度の有意味性を発揮するはずだという見通しの下に構想された論攷である。

以上、第五章から第八章までの四つの章は、複層化された真理観がもちうる世界拡張の様子をデッサンしようとした、理論的性格の強い論攷群として纏めることができる。他方で、残る二つの章は、以上の四つとは若干趣を異にしている。

第九章は、〈客観性の政治学〉風の拡張された真理観などをベースにしていることは確かながら、そこにもう一つ、やはりフーコー的起源をもつ生政治（biopolitique）的視点を交差させた時に見えてくる世界を描こうとする。より具体的には、人間存在を、存在の安定性（種の生物学的同一性）に基礎づけられた幾何学的輪郭に囲繞（いにょう）されたものと捉えるのではなく、多様な差別や弁別によって互いを「人間と見做す」「人間とは見做さない」云々という力動的同一化・差異化の相関項として見るという視点を導入する。その際、〈人間圏〉は安定的自同性を失う。特にその境界付近では〈人間内への招き入れ〉と同時に〈人間外への弾き出し〉という隠微な往復運動が繰り広げられる。この論攷は、その近辺に住みつくはずの〈境界人間〉についての、若干不穏な分析なのだ。その際、相手をなんらかの形で亜人化するための傾性として〈ゴーレム因子〉を導入する。ただ、最後の方では、〈人間圏〉への参入許可と排除の根拠になっていたはずの中心・周辺という概念自体が自壊していく様子が辿られる。そして、この種の幾分不謹慎な人間像の描写をすることで、悪や差別、陋劣（ろうれつ）や愚鈍性さえも包み込む〈人間的なるもの〉への沈潜を許す〈人文学的視点の設定〉の重要性に触れて論攷を終えている。

第一〇章は、やや特異な存在論的風景を示す。存在と認識との関係を実在論的世界観から解放させようとしてきた私の眼差しは、現在誕生しつつあり、近未来には一層重要かつ問題的なものになりうる生物学の一分野、〈合成生物学〉に向かう。そこでは、生物という存在の本質に接近しようとする通常の生物学的視点が、一種の越境行為を行う様子が浮き彫りになる。生物という存在を記述し、そのメカニズムを理解するという行為を突き抜けて、或る種の生物学的営為は、生物という存在を作るという方向に向かいつつある。在るものを記述し理解することから、それを合成することへ。ただし、その場合、橋や芸術作品を作るというのとは本性的に違う世界が拓ける。なぜなら、生物は一度作って環境内に放出してやれば、その自律的生命活動によって人間の完全制御を逃れる可能性が高いからだ。神の位置に立とうとする合成生物学者は、あっという間に被造物の反乱という憂き目に会う可能性がある。実はここでも背景には〈生政治〉学的問題設定があるのだが、本章では、事実上、合成生物学は〈生政治〉という程のレベルにまで到達することはなく、いわば前・政治的段階において、健全な抑制や制動的ベクトルによって自己の研究計画全体を調整するだろうという見通しが与えられている。人類史の来歴を反省すれば、若干楽観的な予測だともいえるが、もしこれが踏み外されれば文字通り破局的な未来像にも繋がり兼ねないので、そこに〈人間の叡智〉を見て取ろうとする私の願いが組み込まれている。

第五章　真理生産の法廷・戦場・劇場

第一節　反抗児の凡庸さ

ミシェル・フーコー（Michel Foucault）が世界中の人々から惜しまれつつ亡くなってからもう十年になる。その仕事を受け継ぎ、拡大させ、増幅させるという作業は現在でも着々と進行中であり、フーコー研究だけを専ら行っている人でも、関連文献を網羅的に読破したと豪語できる人の数はそう多くはないだろう。本章では彼の多様な仕事の中から、独特の意味あいをもつ彼の真理観に主に着目し、その周辺の問題にも眼を向けながらその含意を分析してみたい。それは同時に、今回（『情況』一九九四年六月号）の特集テーマである〈大学〉という制度とも交錯するので、まず初めにそれに関係することから話を始める。もっとも本章の主要な性格を大学論と規定することは難しく、その意味でこれは直接の大学論というよりも、大学という制度を触媒にしたフーコーという装置の活性化と言い換えてもいいのかもしれない。

さて、文学、絵画などの領域についても折に触れて鋭利な発言を続けていたフーコーではあったが、またその活躍時期によって自らの問題系の中心を微妙にずらし、その意味づけをその時期ごとに〈換言〉し続けていた彼ではあったが、[1]とりあえず私は、その学問的生涯全体に亘る主要な問題系は、精神病理学や犯罪学などの学問体系の疑似根拠性を告発し、特にそれらの知識体系が或る特定社会の利益関心を代表する〈権力〉機構とどのような関係を保っているのかを分析することにあったと理解している。かの有名な〈権力と知〉の問題系を、それ以前並びにそれ以降の彼の問題構制群の中で特に重視するという、それ自体よく見受けられる見解に原則的に与するのである。

その彼にとって、精神病院、警察、監獄などの制度が告発や糾弾の対象になったのは見やすい道理だったが、その割には、社会的規範の次世代への継承の代表的空間であるはずの大学自体に対する分析を、彼はそれほど主題的には取り上げなかった。確かに、例えば〈権力と知〉の問題系上、少なくとも量的には最大の業績である『監獄の誕生』[2]において、その後半部分が、単に監獄だけに留まらずに学校、修道院、兵舎などの管理統制技術の錬磨の史的回顧に当てられていたという事実はある。だがそこでも、特に大学について議論が集中していたということはない。社会統制の告発家としての彼の眼は、とりわけ精神異常者や犯罪者の方に向いていた。彼自らが述べているように、「社会のなかでなにが肯定、評価されているのではなく、なにが拒否、疎外されているのかをみる」[3]ことが彼の主要な問題関心だったのであり、その意味で彼の研究が社会の〈影〉の部分への光の照射を中心としていたというのは、とりあえず否定しがたい。[4]

高等教育という〈光〉の分析をしようとする場合、彼はインタヴューなどでそれを行うことが多く、しかもそこでの表現は、必ずしも「フーコーならでは」という鋭さや独自性を見せるものではない。例えばフーコーは、まだ一九六八年の衝撃が消滅していない一九七一年、ちょうどアメリカで最初の本格的な教育的活動を始めるその頃に、その地での或るインタヴュー[5]の中で、「学生と黒人を同一視するという論攷が数年前に存在したが、それについてはどう思うか」と問われて、それに直接に答えることには躊躇しながらも、学生は大学という枠組みでそもそも空間的に包囲されているし、彼ら自身の問題性とは直接の関係をもたないアカデミックな問題を上から教え込まれているという意味でも排斥されている、と述べる。そして「大学は、そんな学生が社会から隔離されるための排除空間であると同時に、そこで数年間の訓練をすることで学生を無害化するという意味で、統合の機関でもある」という趣旨の発言をする。その観点からいうなら、彼自身続けるように「先生が国家の代表の一部であるということは確か」だろう。あるいはまた、別のインタヴュー[6]の中で対話者に「あなたの考えではわれわれの教育体系は真の知を伝達するというよりも、或る適当な社会規範に従って良いと悪いとを弁別するのに役立つというわけですね」と問われて、「アカデミックな知識は或る種の政治的な順応性をもつ」と受けている。そして対話者の「社会は全体を構成する。だからそれは自己保存を追求するのだから、本質的に抑圧的だ」というかなり粗雑な言葉にも快く同調して、だからこそ一九六八年五月の運動の意味は大きい、と結ぶ。

何も私は、これらの言葉が社会批判的なスタンスをとろうとする論者の定型に完全に合致するものであり、その意味で独創性に欠け、むしろそれは当時の学生運動の雰囲気に安易に迎合したものだなどと断言するつもりはない。また、その議論をより内在的にみて、フーコーの「大学とは社会統制上、完全に権力側の代理機関であり、そこで学生は社会の自由空間から排除され、真の知識から疎外され、順応的な人間に洗脳される」云々という議論が、全く根拠を欠いた囈語（げいご）だと言い切るつもりもない。だがそれにしても、である。そこに見られる〈抑圧と反抗の二元論〉は、批判理論的にはあまりに図式的で、あまりに単純なのではないか。権威を振りかざす学者と、無垢な学生との対決。そこには社会構成員のほとんど漫画的な分割がある。第一、自らのあの高名な〈権力と知〉という問題構制の目標は、この種の権力批判理論の不充分さを確認しながら、権力自体のより生産的な側面に注目し、さらには権力がより汎在的なあり方をしており、いったいどちらが受益者で、どちらが被害者なのかは明瞭には分断できないという複雑な社会力学の剔抉をすることにあったのではないか。

その意味では、上記二つのインタヴューの中に、フーコーには珍しい失言や、対話者に対する追従の匂いを嗅ぎ取ろうとすることもあながち不可能ではない。いずれにせよ、精神病院や監獄に対してはあれほど綿密で複雑な社会理論を構成できる彼が、こと大学に関しては、それほど踏み込んだ議論をしていないということは、とりあえずいえそうだ。(7)

そしてフーコーが、社会の中で知や規範として提示されるものが客観性や永遠性の風貌を随伴している場合、その客観性や永遠性が実は特定の利益集団の利益関心の変装に過ぎず、しかも場合によってはその利益集団自体がその歪曲を意識さえしていないという可能性の認識をしていく中でも、つまり文化の無意識的な拘束構造を明示化しようという大プログラムを遂行していく中でも、いま問題にした或る種の図式性が時に顔を出し、そのためにプログラム自体の堅牢さに若干の罅が入るということも起こっている。

その象徴的な事例として、いま大学自体からは離れて、一九七〇年代の初めにフーコーがそのために多くの時間を割いたＧＩＰと、[8] その運動の周辺の委細顚末を想起してみよう。その際、フーコー自身からは少し離れて、その頃の彼の活動との交差の中で一時期浮上してきた或る犯罪者の仕事にも注目してみる必要がある。

周知のようにフーコーは、自らがコレージュ・ド・フランスで教鞭をとるようになるのと相前後して、それまでの比較的平穏な学究的生活だけに専念することはやめて、活発な社会活動もするようになる。ＧＩＰは一九七一年に作られた、同時代の監獄における囚人の処遇などを具体的に調査する集団であり、フーコー自らが送られてくる資料の整理などに関わりながら、囚人や刑務官の待遇改善のために積極的な活動をした。[9] だが、彼がセルジュ・リヴロゼ（Serge Livrozet）という犯罪者の著作に序文を書いたとき、そして私がその本文と序文という二つの文章を読み比べてみるとき、そこに私は或る種の乖離、つまりフーコーの意図と、その実際の効果との間の或る不幸な乖離の存在に気づかないではいられない。フーコーはリヴロゼの『監獄から反抗へ』[10] の序文で、犯罪者が自ら犯した犯罪のことを後で懐古的に回想し、それを手記として纏めるという事態のもつ意味に注目しようとする。フーコーはいう、その古典的な例としてはラスネール（Pierre François Lacenaire）の場合がある。ラスネールの回想録は、彼が入獄中に書かれ、処刑の直前に出版されたものであり、それは当時、大衆の間で成功をかちえた。その時期はちょうど犯罪学が形成されつつあった頃に当たり、また警察小説や犯罪小説が出現し始めていた頃でもあった。ところで、その回想録は検閲を経ているという事実は忘れられてはならない。どこが削除されたのかは正確には分からないとはいえ、出版社は削除部分に適当な印を付けていたので、だいたいの見当は付く。そこでは、殺人を含めた多くの犯罪がそのまま語られているのに、犯罪と関係する政治、国家、宗教、経済などにラスネールが自らの見解を述べた部分はすべて削除されているのだ。つまり検閲の対象は犯罪という実践ではなく、犯罪理論の方であった。ラスネールが生きた時代は、殺人者が自分の殺人を思い出すことを許した。だが犯罪者が自分の犯罪について考察し、犯罪のもつ政治的意味について考察することを許さなかった。そしてその空白の場所を充填するのが犯罪学、社会学、犯罪心理学などの学問だった。そう述べた後でフーコーは、このリヴロゼの本が、ラスネールの検閲部分に相当する仕事の現代的な継承、つまり一つの犯罪政治学であると規定するのである。[11] だが、その後で開陳されるリヴロゼの回顧録は、フーコーの、期待を抱かせる紹介文に見合うだけの内容をもっていただろうか。

そもそもの最初から、リヴロゼはいわばフーコー的な紹介を破壊する内容の宣言をする。リヴロゼにとって、非行や犯罪のことを個人的体験を通してではなく、いつも知的な意味合いでのみ述懐する人は、苛立ちの対象でしかない。彼はいう、分析の専門家たちに本当のことが分かるはずはない。[12] 私は犯罪者なのであって、判事や精神病理学者ではない。現在の法律は金持ちにいいように作られていて、貧乏人にはどうしようもない、という認識に到達したとき、このやるせない気持ちこそが大多数の非行の原因となる。[13] 犯罪者が犯罪者であるのは、充分な教育を受けなかったか、人並み外れて洞察力が優れているために居たたまれなかったかのどちらかだ。制度に反対する泥棒、それこそが私の興味をひく唯一のものであり、彼らは定型的で馴致的な教育を受けてこなかったからこそ、普通とは違う社会観を身に付けることができたのである。[14] そう述べた後でリヴロゼは、自らの貧しい生い立ち、偶然の小さな盗みから始まり、自らの状況を打開する必要があると感じた度ごとに犯した犯罪に対する自己正当化の議論を積み重ねていく。そして最後に彼はこう述べる、「たとえ寓話がなんと言おうとも、この葦の世界にあって、小さなそよ風にさえ折れて曲がったまま生き延びるよりは、堅い樫の木として生きて、折れて死んだ方がまだましなのだ[15]」。

どうか注意してほしい。ここで私がいいたいのは、フーコーの強固な理論的意識に比べて、リヴロゼの記述は理屈好きの犯罪者の笑止な自己正当化以外の何物でもないなどということではない。もしそう断言したとすれば、それはそれで、不幸な身の上の人々に対する傲慢な裁定以上のものではないだろう。私がいいたいのは、社会の中で或る不遇な状況にある人間が、社会全体を相手取ってそれに対する抵抗または反抗というスタンスの議論をしようとするときに、その種の言説は否応もなく紋切り型となり、それに固有の凡庸さを直ちに身に付けてしまうという事態に、われわれは注目すべきだということなのだ。そして残念ながらリヴロゼの本も、その定型から免れているとは言い難い。

もっとも、忘れないでおこう。フーコー自身も、本章冒頭で引用したインタヴューでのような、単純な反抗児のラプソディーにいつも酔いしれていたわけではない。『監獄の誕生』第四部第二章でのフーコーの深いアイロニー、それは、監獄制度の整備にも拘わらず一向に減少しない犯罪者や、矯正機構として存在していたはずの監獄がむしろ累犯の存在確率をたかめる違法行為の伝達空間になっているという事実の確認を前にして、それを当該制度の端的な破綻として捉えるのではなく、むしろその暗黙の戦略として捉えるというところにあった。[16] つまり監獄は、従順な一般市民を作り出す教育機関としてではなく、適当量の違法行為実行者をそれとして特定し、彼らをそのアウトロー的な社会機能に束縛するための迂回路として把握されるのである。そして社会は、その逸脱性の中でも比較的無害な矮小化された悪を非行として規定する。その事態をフーコーは〈監獄の成功〉という皮肉な仮説として提示している。社会は、犯罪を矮小化し、それなりに馴致するために犯罪者を積極的に利用する。その象徴的な例としてフーコーは密偵の原型ヴィドック（Eugène François Vidocq）と、まさにあのラスネールの二人を引用している。このような着想下にあっては、〈抑圧と反抗の二元論〉が全く成立しえないというのは自明である。そしてこの時期のフーコーは、先のインタヴューをむしろ例外として、〈権力と知〉との複雑な相関を、抵抗や反抗という隠喩に頼ることなしに記述していくことになる。

ここまで私が述べてきたことは、大学論というテーマには間接的にしか関わらない単なる否定的留保に過ぎない。だがそれは、反抗というほとんど審美的でさえあり、完全な理論化が難しい或る行為を不用意に理論内で機能させてしまうと、その理論が直ちに図式化するという事態を確認するためには、必要な回り道だった。

だが、そろそろそこからは立ち去ろう。次に私は、視点を変えて、フーコーの真理観がもつ特徴、並びにその理論的波及効果について、二、三の確認をしておきたいと思う。

第二節 〈真理の生産〉というモデル

フーコーには「狂人の家」というかなり分かりにくい文章がある。[17] もともとその論攷は、いわゆる反精神医学運動の中心人物の一人として名高いイタリアのフランコ・バザーリア（Franco Basaglia）を中心に編纂された論文集の一部として公表されたものだ。そこには、フーコー以外には、レイン（Ronald Laing）やサズ（Thomas Szasz）などの反精神医学運動の重鎮の論文や、スキナー（Burrhus Skinner）の極端な環境決定論とオペラント条件付けを中心とした功利的な動機論を執拗に攻撃したチョムスキー（Noam Chomsky）の高名な論文などが収録されている。[18] そして当然ながら、フーコーの場合にも、編者の問題構制に見合う形で精神医学論を軸とした叙述内容になっている。だがここでむしろ注目したいのは、その精神医学論のいわば長い序論を構成すると考えられる部分である。[19] なぜならそこには単なる精神医学論としての枠組みには収まらない、より広範な射程をもつフーコー独特の真理論が展開されているからだ。いまその骨子を提示してみよう。

まずは疑問視されるべき通常の真理観がある。それは、或る真理がわれわれとは無関係に既に存在し、それがわれわれの眼からは隠された状態にあって、後はただ適当な視座や角度から、また場合によっては適当な器具の援助をえて、その真理を見出しさえすればいい、という考え方である。それは伝統的な真理の定義、つまり〈知性と物との一致〉という考え方と連続的な、合致や模写をその真理追求活動の目標地点に定める。

　それに対して、ここにより深い吟味が必要な新しい真理観がある。その第二の真理観によれば、真理は、われわれがそこにあるだろうと想定した場所、われわれが虎視眈々とそれを捉えようとしている場所で、いつも出会えるとは限らないものであり、それはむしろ思いがけない時にきらめく一瞬の閃光に似ている。それは或る地理学的な地点において、既にあったものとして暴かれるのではなく、なんらかの状況内で不意に生産される。その事態を象徴的に表現する事例、それは病気進行における発作の存在論、または中世における神明裁判である。いま後者を例にとろう。被告を、例えばその手を火にかけるなどというなんらかの試練にかけたり、被告と原告とを裁判関係者の見ている前で決闘させたりする神明裁判は、当該の係争の論点において、本当は過去に何が起きたのかを知ろうとするための、現在から見れば不合理な手法に過ぎないと断定することは、間違いである。それは、神が裁判進行過程の或る時点で当事者二人のいったいどちらに援護を加えるかを見るためのものだった。そうなると裁判官は、隠れた真理を発見するための探求者というよりも、真理がそこで生産されるところの儀式的な形態を正当なものとして位置づける人、その意味で真理生産を組織立てる媒介者という機能を担う。つまり、真理とは勝者の儀式的規定が生み出す効果なのである。[20]

　この第二の真理観に従う限り、真理とは存在するものの秩序に属しているのではなく、起こるものの秩序に属している。つまりそれは事件として捉えられる。真理は確認されるのではなく、惹起される。真理は器具の媒介によって与えられるのではなく、儀式によって扇動される。真理は狡智によって引きつけられ、人々はそれを、機会を捉えて把持しようとする。そしてその把持は、方法というよりは戦略に従うものだ。真理に捉えられた個人に起こる事件の中で、その事件と個人との関係は、認識主体と客体との関係ではなく、より曖昧で可逆的な関係、つまり権力関係である。

そう述べてフーコーは、伝統的な合致や模写、あるいは確認の真理観に対して、事件、儀式、試しとしての真理観を提示し、西洋文明の時代によってその両者の浮沈を統制する幾つかの異なる〈真理のテクノロジー〉があったと主張する。そして西洋史における中世以来の真理の生産様態に関して、三つの指標を提示する。[21]

①司法空間における神明裁判的な試しの手法からは離れた、より客観的な調査方法の一般化と確立。つまり司法における真理確定の儀式的性格から行政的性格への主調音の移行。

②司法的手続きが自然の調査を可能にするようなテクノロジーを背景として、より一層具体的になった時代。そのテクノロジーとは、もはや真理の場所を評定し、その生産の瞬間を急がせ熟成させるような器具の技術ではなく、真理をいついかなる場所でも捉えることを可能にするような器具の技術だった。それが実現されたのは大航海時代にほぼ相当する。船という無限に流動するものを前にして、航海者は或る瞬間に自分がどこにいるのかを正確に認識しなければならない。かくして、旅行は真理のテクノロジーの中に普遍性を導入したのである。

③一八世紀末期、化学と電気学とが現象を生産することを可能にした時代。実験による現象の

生産は、試しによる真理の生産とは対蹠点にある。なぜならそれは反復可能、統御可能、確認可能、測定可能だからである。実験室内で現象を生産するということは、儀式的に真理の事件を惹起することとは全く異なる。それは、その入り口が普遍的であるような技術を介して真理を確認する手段である。それ以降、真理の生産は、あらゆる認識主体にとって確認可能な現象の生産という形態をとるようになる。そしてそれは社会的にも大きな結果をもたらす。つまり国家形態をとる政治権力の出現、地球規模における商業の拡大、生産技術の大型化、主体・客体という二元論的規範の確定などである。

こう述べた後でフーコーは、概略的にいって〈試しとしての真理〉から〈確認としての真理〉への移行が、真理の歴史の中で最も重要な移行だとしている。

だがこの〈確認としての真理〉という真理観は、従来の合致や接近の真理観と、それほど違わない内実をもつものに見える以上、フーコーの史的回顧は結局のところ、古来は存在した儀式的真理観がより常識的な真理観に侵犯されていくという、敗北史観の確認に留まるのだろうか。そこでフーコーは、真理のテクノロジーを巡る史的力線をより複雑なものにするために、病院という場所がもつ曖昧性を引き合いに出す。[22] とりわけ一八世紀の病院は、隠れた真理の確認をすべき場所なのか、生産すべき真理の試しの場所なのかが充分には同定できない、本質的な両義性を担うところだ。病院は病気の分類の場所であると同時に、普通なら雑多な現象を示すはずの病気を、いわばその実体の純粋さのままに現出させようとする場所でもある。つまりそれは、種の同定観察のための植物学的空間であると同時に、病理的実体の錬磨のための錬金術的空間でもあった。

そこから次のような問題が出て来た。

①治療は病気の廃絶を目指す。だが治療が合理的なものになるためには、或る程度病気が進行しなければならないのではないか。疾病分類学者に見られた、早期治療に対する逆説的な躊躇。

②病気は本源的に複雑なものか、それとも、或る根元的な病気があり、その派生態が現象しているだけなのか。ブルセ（François Broussais）の一元論的病因論。

③正常な病気とは何か。その進行を通常通りに経過する病気とは何か。それは死をもたらす病気なのか、自発的に治る病気なのか。生と死を巡るビシャ（Xavier Bichat）の省察。

だが、この両義的な真理性もパストゥール（Louis Pasteur）医学によって大幅に単純化された、とフーコーは述べる。それは病院を観察や診断の場所にし、医学的な介入はより直接的なものになった。試しの機能は消滅可能となり、それは証明に姿を変えた。いまもし医者の民俗認識論を試みたとすると、恐らくパストゥール革命は、医学が儀式的生産の中でもっていた古くからの要素を医者から奪ったものだと位置づけられるはずだ。そう述べて、やはりフーコーは、儀式的真理生産の縮退過程を跡づけるのである。

以上が「狂人の家」の序論の骨子である。それをみると、フーコーは自らが注目しようとしていた儀式的真理生産が、より通常の客観化可能な模写的真理に徐々に征服されていく過程を、あたかも満足げに述懐しているようにもみえる。だがこの論文の論理力線はもっと複雑である。なぜならその本論にあたる精神病理学論ではそれは再度逆転され、むしろ一九世紀に精神病が精神病理学の枠内で定位され、精神科医がそれを統括する際に、精神科医と患者との間で作動する真理は、まさに生産された真理、儀式化された真理に帰属するものであり、しかもそれは他の領域では類を見ないほどに肥大化したそれであったという指摘がなされているからだ。(23) その後の反精神医学を巡る分析は、本章の論点とはもはや二次的な関与性しかもたないので詳論は避ける。

ともかくここでわれわれは、フーコーが問題にしようとしていた真理観、儀式としての真理、発見ではなく生産されるものとしての真理という真理観のもつ射程の大きさに、深く注目しておくべきだろう。そして私はその代表的な形象を、フーコーの例証に即しながら、裁判や精神病院で行われる真理生産の中に見て取りたいと思う。裁判官が被告の運命を決めるとき、あるいは精神科医が患者の狂気を評定するとき、そこには、隠れた罪や狂気をそのまま白日の下に晒すという暴露的な運動よりは、有罪でも無罪でもない或る人物や、正常でも異常でもない或る人物に対して、突然の事故のように生起する〈闇〉の色彩を塗り込めるという運動がある。そしてその背景には、客観的な反映論では到底汲み尽くしえない複雑な政治的、文化的、心理的状況が絡みついているのである。(24) その文脈内での〈真理〉とは、複雑極まりない状況を一言で要約するために誂(あつら)えられた、規約的で思惟経済的な概念に過ぎない。

いま「狂人の家」から離れて、より一般的にこの観点からフーコーの業績を鳥瞰するならばどうだろうか。するとわれわれには、〈真理の生産〉という観点は、具体的な議論が若干その抽象度をあげ、方法論や世界観的な位相にまで話が及ぶたびに、再三フーコーによって表明されていたものだということが分かる。(25) また「狂人の家」を熟読した後のわれわれにとって、「大切なことは真理と反真理との分割線を見極めることではなくて、それ自体は真でも偽でもない言説の内部にどのようにして真理としての効果が生じてくるかを歴史的に見極めることである」という言葉や、「真理とは言語表現の生産、法則、配分、流通、機能に合わせて調整が行われる、手続きの集合である」などという表現も、もはやそれほど奇異には響かない。[26] 繰り返しにはなるが敢えて再確認しておけば、この〈真理の生産〉モデルをどの程度理解するかに従って、彼の言説概念、権力概念、主体概念など、〈フーコー・ワールド〉の筋目を統べる重要な概念群の理解水準が決まるといっても過言ではない。

そしてもう一つ、ここで確認しておくべきことがある。それは、以上のような特異な真理観は、西洋思想史上全く弧絶したものではなく、その背景にはニーチェ（Friedrich Nietzsche）の影響が決定的なものとしてあるという点だ。フーコーをニーチェ哲学の現代的読解として捉えるという見方は、より強く主張されてよい。事実、フーコー自身、自分が言葉の深い意味でのニーチェ主義者だということを再三表明していた。[27] いま本章の文脈から述べ直すなら、フーコーの〈真理の生産〉モデルに対するニーチェの影響をより具体的に評定するためには、フーコーがニーチェの真理・認識観をどのように把握していたのかを知ることが重要になる。われわれは彼の或る年度におけるコレージュ・ド・フランスでの講義レジュメによってその概要を手短に知ることができるので、以下にその記述を列挙してみよう。それは一九七〇年から七一年にかけての「知への意志」と題された講義の部分である。[28] 認識主体を中心とした認識論から、無定型で匿名の〈知への意志〉（volonté de savoir）を中心とした認識論へ、さらには〈言説実践〉（pratiques discursives）という概念を軸とした思想史の書き換えを構想していたポスト『知の考古学』[29] 期の彼は、〈知への意志〉

の具体的モデルになりうる思想家としてプラトンやスピノザ（Baruch de Spinoza）など、何人かの学者の名前を挙げる。その際特記すべきなのは、アリストテレスとニーチェとを対比的に取り上げているという点だ。そしてフーコーは主に『悦ばしき知』を念頭に置きながら、ニーチェの認識観を次のように特徴づける。

①認識とは、それとは全く違う何か、つまり本能、衝動、欲望、恐怖、占有意志の戯れなどがその背後に隠れている、或る一つの〈発明〉である。認識が或る瞬間に生起するのは、それらが互いに闘争する劇場の上においてである。

②認識は、それらの調和や幸福な均衡の効果としてではなく、それらの憎悪、怪しげで暫定的な妥協、いつでも破られうる脆(もろ)い契約の効果として生産される。認識は恒常的な能力ではなく、或る一つの事件、少なくとも一連の諸事件である。

③認識は常に隷従的、依存的で、しかも打算的である。

④認識が〈真理の認識〉として自己を提示するのは、真理と虚偽とを措定するように何度もセットされる、一次的な歪曲の戯れによって、それが真理を生産するからである。

ここで表明されたニーチェの認識観が、ニーチェ読解としてどの程度の妥当性をもつかという問題は、本章の関与するところではない。問題は、ニーチェが本当は何を述べたのかを知ることではなく、フーコーがニーチェをどのように読んだかを知ることである。[30] そして上記のような要約が先に私が問題にした〈真理の生産〉モデルと大枠で重なり合うということは、もはや明らかだ。フーコーは、ニーチェを格好の援護材料として使いながら、自ら、思想史を、永遠の人間性や永続的価値への漸近的接近や模写のための営為としてではなく、背後に常に特定の認識関心を潜ませた僭称的小真理群の闘争の場として把握するのである。その場合、伝統的哲学が好んで準拠中心とした超越論的認識主観は、その射程を大幅に削減されるに至る。先にも述べたように、この〈真理の生産〉モデルが一挙にかつ永遠に、模写モデルを埋葬することはないとはいえ（それどころか、模写モデルが多くの領域を席捲し尽くしている）、少なくとも、より常識的な後者を鵜呑みにすることへの重大な異議申し立てとして、フーコーのこの理論的作業は、重要な意味をもつと考えてよい。

第三節　学問と、法廷・戦場・劇場という空間の交差

さて私は、大学という制度を話のきっかけとしているとはいえ、そのもの自体とは直接の関係をもたない議論を中心に、本章を進めてきた。だがフーコーが提示している真理観は、諸学の学問内的な言説構制の観点からではなく、その形式的な振る舞いの観点から検討されるとき、その斬新さを明瞭に主張できるだけの起爆力を備えている。そしてそれは大学という制度とも無関係なものではない。先にも述べたように、フーコーは真理のことを「勝者の儀式的規定が生み出す効果」であると規定していたが、その際彼が神明裁判を例として取り上げながら議論を作ろうとしていたというのは忘れられてはならない。そこには〈学問の裁判モデル〉があるといえる。つまり、学問の成果を、合致的真理観に基づく発見と見做すのではなく、生産的真理観に基づく発明、

言い換えれば検事と弁護士、さらには証人などの多くの人間たちが言葉を介しながら闘争しあい、最後には被告に有罪か無罪かを割り振る一連の行為をモデルとした真理観に基づく、一種の仮構と見做すのである。学問は公判にかけられ、真理という生か、非真理という死を告げられる。

ところで、裁判は、微妙な戦略の交差する特殊な場所であるわけだが、その戦略性という性格により強く注目するなら、この考え方は同時に〈学問の戦争モデル〉にもなりうる。その場合、最も好意的には〈真理追求の場〉として把握されることもありうる大学は、真理獲得のための方法的習練の実験室というよりも、真理奪取のための戦略的行動の戦場ということになる。その際、学者は、真理という戦場を機動的に貫通する軍曹になる。そのとき、他の学者たちとの間で繰り広げられる理論闘争は、文字通りの意味での闘争になる。勝った方が隠れた真理を見つけたのではなく、負けた方が間違った方法に盲従したのでもない。ただ、学者間での説得、示唆、誇張、示威、罵倒などの効果が、より成功裏に作動したとき、それを成しえた当の学者は、他の学者たちに「あの人は真理を見つけたのだ」と評されるのだ。ちなみに、このタイプの発想には、どうしても或る種のシニシズムが付きまとうが、それは〈真理の生産〉モデルを採用する人間が必然的に担わなければならない特性なのだろう。(31)

また、その闘争は、同時に演劇でもある。〈学問の演劇モデル〉だ。その場合、大学は真理演出のための技巧的錬磨が行われる劇場になる。そして学者は、真理という舞台を精一杯煌(きら)びやかにするために意を尽くす演出家になる。学者は巧みに弁護し、巧みに示威すると共に、巧みに演出もする。説得された他の学者や学生たちは、敗訴し、潰走すると共に、感動もする。学者は証拠を突きつけ、奇襲し、暗転を使う。学者は反対尋問をし、搦め手から突入し、効果音を鳴り響かせる。言説の場面は、突如としてその風景を変え、演じる面々もその面持ちを変える。学者は武器であると同時に、声にもなる。そんな真理生産の場面において、いったい誰が〈反抗〉などを口にできようか。反抗という概念が暗に想定する一方向性（強い父親、権威のある先生）は、ここではなんら通用しない。それどころか、学者は学生たちの前で、自らの演出がどの程度の効果をあげるかを知るために、そして自らの真理生産が学生たちにも生きられるものであるかどうかを知るために、必死の形相で、学生と同じ時間を流れ、同じ空間を満たそうとする。学生の感動と、学者の場所の設定とは、両者がともに参与する共同の活動なのであり、そこには決まった台本はあっても、決まった演出効果はない。

大学という制度が可能的に含むこのような裁定・闘争・演出効果の剔出は、確かに幾分理念的であり過ぎるのかもしれない。無気力や退屈が巣くう現実の大学、さらには利益誘導と見返りの保証によってプログラム化される現実の大学の姿と、その種の真理生産の緊張した形姿とは、あまりに乖離が大き過ぎると感じる人も多いだろう。だが、理念もまた、一つの演出効果なのであり、それが功を奏するかどうかは、結局それを見る観衆・読者の一人ひとりに委ねられている。そして、もし理念がどこかに特権的に存在しうるとするなら、それがもし大学という場所ではないとするなら、いったいどこにそれを探せばいいのか分からないという気持ちを、私は依然としてもっている。

大学という制度を、裁判、戦争、演劇という真理モデルと重ね合わせること。それは大学人の端くれである私の単なるナルシシズムに過ぎないどころか、そこで開陳される〈真理〉が、実に際どい存在性格しかもたないものだということの自覚化以外の何ものでもない。なぜならその三つの空間は、被告人に明るい未来を与え、祖国の勝利をもたらし、人々に歓喜を与える場所であると同時に、被告人を牢獄に閉じ込め、兵士を無惨に殺し、観客の残酷な失笑を買う場所でもあるからだ。

註

（1）フーコー的な換言作業については次の拙論を参照せよ。「M・フーコーのトポグラフィー」、筑波大学『言語文化論集』第三六号、一九九二年、pp.17-33.（その後『フランス科学認識論の系譜』勁草書房、一九九四に収録された）。

（2）M.Foucault, *Surveiller et Punir*, Paris, Gallimard, 1975:『監獄の誕生』田村俶訳、新潮社、一九七七。

（3）フーコー「狂気と社会」、『みすず』一九七〇年一二月号、pp.16-23 からの引用。

（4）ミシェル・ペロはやはりフーコーの仕事を、「社会の機能を、社会が周辺部と見做す部分から研究すること」と規定し、それを「影の教え」と呼んでいる。Michelle Perrot, "La leçon des ténèbres, Michel Foucault et la prison", *Actes*, été 1986,, no.54, pp.74-79.

（5）"A conversation with Michel Foucault", *Partisan Review*, Vol.38, no.2, 1971, pp.192-201.

（6）"Revolutionary action: Until now", *C'est demain la veille*, éd. par Michel-Antoine Burnier, Paris, Seuil, 1973, pp.19-43.

（7）もっとも議論により公平を期すために付言しておけば、先に引用した第一番目のインタヴューの中でフーコーは教育法についてより具体的に触れながら、自分はゼミ形式よりも講義形式の方を好むと述べている。それは一見逆説的に響く。だが彼にとって、ゼミに参加する学生は、先生が考えるように考える。つまりより自発的な風貌を帯びた知識伝達形式であるはずのゼミの方が誘導的である。それに対して、講義の場合、彼は、自分が自分の作品を試行錯誤しながら提示する芸術家のようなものだ、と述べている。思考の揺れ、反復、後退などの実際の流れが、講義の中においてこそ、より明確に学生のまえに晒されるというのである。これは彼の教育観の一端を明らかにするものとして、銘記するに値する。

（8）ＧＩＰとは「監獄に関する情報集団」（Groupe d'Information sur les Prisons）の略。

（9）ＧＩＰ生誕時の宣言には、その目標が明瞭に表明されている。"Création d'un Groupe d'Information sur les Prisons", *Esprit*, no.401,1971, pp.531-532.

（10）Serge Livrozet, *De la prison à la révolte*, Mercure de France, 1973.

（11）ibid., pp.7-14.

（12）ibid., pp.17-18.

（13）ibid., p.26.

（14）ibid., p.32.

（15）ibid., p.220.

（16）上掲書、特に翻訳書で pp.270-275.

（17）Michel Foucault, "La maison des fous", *Les criminels de paix*, sous la dir. de Franco Basaglia et Franca Basaglia, Paris, P.U.F.,1980, pp.145-160.

（18）チョムスキーの論文は次の通り。Noam Chomsky, "Psychologie et idéologie", pp.197-252.

（19）M.Foucault, op.cit., pp.145-152.

（20）ibid., pp.145-146.

（21）ibid., pp.148-149.

（22）ibid., pp.150-152.

（23）ibid., pp.152-155.

（24）もちろん、これは単純化された言表である。司法的裁定や精神病理学的断定には、より伝統的な真理観に帰属する如何なる合致的真理も関与していないという一般的言明をすることなど、誰にもできるわけはない。この部分の私の文章は厳密に文脈拘束的に読まれるべきであり、それを無視することは真理の生産という興味深い観点を全く無視するのと同じくらいに一面的であり、そうすることはフーコー評価に関して言えば贔屓の引き倒し以外のなにものでもない。だから、真理観の若干の浮動性を楯にとってフーコーを〈非合理主義者〉と規定するという、英語系文献によく見られる判断ほど、凡庸なものはない。

（25）例えば次の文献をみよ。

"Non au sexe roi", *Le nouvel observateur*, 12 mars 1977:「セックスと権力」、『ミシェル・フーコー』、桑田禮彰他編集、新評論、一九八四年、pp.46-71.

"Table ronde du 20 mai 1978, Débat avec Michel Foucault", M.Perrot et al., *L'impossible prison*, Paris, Seuil, 1980, pp.40-56:「歴史と権力」、『ミシェル・フーコー』上掲書、pp.142-163.

"Two lectures", *Power/Knowledge, selected interviews & other writings 1972-1977*, ed. by Colin Gordon , New York , Pantheon books, 1980,pp.78-108, esp. the second lecture.

（26）"Vérité et pouvoir", *L'Arc*, no.70, 1977:「真理と権力」、上掲書、pp.72-98. sur p.84 et p.97.

（27）例えば次の文献をみよ。

"Dialogue avec Raymond Bellour", *Les lettres françaises*, mars 1966 et juin 1967; R.Bellour, *Le livre des autres*, U.G.E.,coll.10/18,1978:「レーモン・ベルールとの対話」、『構造主義との対話』古田幸男・川中子弘訳、日本ブリタニカ、一九八〇、pp.93-133.

"Nietzsche, Freud, Marx", *Nietzsche, Cahiers de Royaumont*, Philosophie IV, 1967, pp.183-192.

M.Foucault and N.Chomsky, "Human nature: justice versus power", *Reflexive Water, the basic concerns of mankind*, ed.by F.Elders,London, A condor book, Souvenir Press, 1974, pp.133-197.

"Entretien sur la prison", *Magazine littéraire*, no.101, juin 1975, pp.27-33:「権力の戯れ」、『エピステーメー』一九七七年一二月号、pp.26-41.

"Questions on geography", *Power/Knowledge*, op.cit., pp.63-77.

"Two lectures", *Power/Knowledge*, op.cit., pp.78-108.

"Space, knowledge and power", *Skyline*, 1982:「空間・知そして権力」、『現代思想』一九八四年一〇月号、pp.84-97.

"Le sexe comme une morale", *Nouvel Observateur*, 1984,6/28-7/5:「ひとつのモラルとしての性」、『現代思想』一九八四年一〇月号、pp.104-113.

また次の文献も参考になる。Luc Ferry, Alain Renaut, *La Pensée 68, Essai sur l'anti-humanisme contemporain*, Paris, Gallimard,1985, pp.105-164.

（28）M.Foucault, *Résumé des cours 1970-1982*, Paris, 8 rue Garancière, pp.7-16.

（29）M.Foucault, *L'Archéologie du savoir*, Paris, Gallimard, 1969 :『知の考古学』中村雄二郎訳、河出書房新社、改訂新版、一九八一。

（30）念のために述べておけば、そもそも「本当は何を述べたのか」という問いかけ自体が、模写的真理観に基づいた問題設定である。

（31）例えばフーコーがチョムスキーと対話するとき、社会的な正義感と普遍的な人間性への信頼を滔々と述べるチョムスキーに対して、フーコーは距離を置き、困惑を隠さない。M.Foucault and N.Chomsky, op.cit. だがそのフーコーをみて、より深く当惑するのは当のチョムスキーの方である。

第六章　〈認識の非自然性〉を頌(たた)えて

テアイテトス：おそらくは、何かそのような結合の仕方で、〈あらぬ（ない）もの〉は〈あるもの〉と絡み合わされているのでしょうね——まことに奇妙なことには。
プラトン『ソピステス』240C（藤沢令夫訳）

第一節　客観性の政治学

もう何年にもなるだろうか。私は、このところ、自らの中で〈存在措定の拡張〉に歯止めをかける常識的軌範(きはん)を放棄し、軛(くびき)の解除をするということをときどき意識的に行っている。ごく普通に存在を示す「……がある」という言葉の意味を、「何か違う＊＊でもあるかもしれない」、「きっとあるに違いない」、「ひょっとするとあるかもしれない」、「あってほしい」、「一瞬、あると思った」、「かつて、一時期あった」、「誰かがあると言った」などという、それぞれ微妙に異なるニュアンスを備えた様相の海の中に溺れさせてしまおうという努力だ。「……がある」を「……である」の断定性から乖離させ、遁走させると同時に、存在位相の全域に茫洋とした暈(かさ)をかけるということだ。もちろん、そうはいっても、自動車が高速で近づいてくるという「……がある」がある場合、それをその種の諸様相の一種にしてしまえば、直接に命に関わるということはある。そのような場合には、やむをえず常識的な軌範に従う。だが、逆にいうなら、生命を直接脅かすものは避け、無関係な他人への直接の危害になるようなことは避けるなどというように、幾つかの最低限の留保条件をつけた上でなら、「……がある」を、可能な限り諸様相の中に放り投げ、存在と非存在との狭間の往復を何度も行うようにするのだ。それをすると、ほんの一、二キロの散歩でも、幻覚の方向に若干ずれた〈奔馬のような知覚〉が出現し、面白さでやみつきになる。なにしろ真冬でも誰も見たことのない真っ青な薔薇や、銀色の薔薇で囲まれた庭が姿を現すのだから。

もっとも、繰り返すなら、それは延命などの基底条件は忘れないという醒めた幻覚惹起であり、幻覚と知覚との暫定的弁別は事実上、同時に作動している。その意味では、それは擬似的な幻覚だ。ともあれ、それは、いま「擬似的な幻覚」と便宜上私が呼んだ判断をする審級が、それを行いつつある私自身とは乖離していなければならないというもう一つの限定条件がなければ、実際には惹起しえない幻覚であり、その意味でなら、やはり擬似的幻覚を味わう瞬間の私は、それをあたかも本当の幻覚であるかのように生き続けている。〈客観的弁別〉をするために顔を出す上空飛行的な審級は、延命という限界点に触れない限り、事実上は眠っている。それは、幾つかの条件設定を最終的には忘れないという意味では理性的な幻覚惹起だが、理性的であろうがなかろうが、それが一種の幻覚惹起になっているのは確かなのだ。

ところで、いましがた私は、この種の〈存在措定の拡張〉を、意識的にやっていると書いた。それではまるで、私だけの奇矯で特殊な訓練のように響くかもしれない。だが、実は、程度の差はあれ、どんな人でも「……がある」の連鎖だけで経験世界を作っているなどということはない。買い物、商談、スポーツ観戦、子どもの学芸会の鑑賞など、いろいろな場面で、人は存在を、亜存在や未存在、非存在などと混ぜ合わせながら経験している。実際に購入して家に持ち帰ったバックの傍らには、高くて買えなかったもの、危うく買いそうになった偽物などの〈幻影〉が漂っている。サッカーの地元チームを必死に応援している人の眼差しが、科学者の冷静な観察と同じだなどと考える人は誰もいない。勝つと負けるという可能的存在の間を、精一杯の応援歌が埋め尽くし、試合の最後にそのどちらかの「……がある」が成立するときにでさえ、試合中の希求や落胆、熱狂などが虚空に指し示していた「あるかもしれない」が完全に消え去ることはない。

また、読書の場合を考えてみよう。読書の最中、〈存在措定の拡張〉はごく普通に行われているのだ。例えば、小説の一節で「五月中旬の花壇」という表現が作家によって使われたとする。それを読者が目にするとき、読者の誰もが瞬時に色とりどりな花の姿を思い描き、一瞬、その華やかさを書斎の中で懐かしむ。この場合、表現の抽象性と読者のイメージの具体性との間の乖離が〈存在措定の拡張〉を許す主要な根拠なのだと考えることは必ずしも適当ではない。つまり、「五月中旬の花壇」という概念は〈抽象的〉であるに過ぎず、それを読者各自が例えば赤い薔薇や紫の菖蒲（あやめ）などの、より具体的な花で例証的想像をするということだけが問題なのではない。それだけではなく、「五月中旬の花壇」というその表現が、読者各自にとって個別的で特殊な連想の原因となり、それが違う時期の花壇を彷彿とさせるかもしれないし、あるいは花壇そのものではなく、どこかの公園の想像へと繋がり、さらにそれが、そこで出会った人々、そこで別れた人の言葉などへと次々に拡散した心象を生み出す契機にもなるということである。日常的世界での〈存在措定の拡張〉は、実は、読書というありきたりの経験の中で、誰もが普通に実践していることなのだ。例えば小説の一節としてそこに実際に書かれた文字列は、いわば最低限の共通基盤を提供するに過ぎず、その上に構築される目に見えない拡張存在の揺らぎは、誰にも統制できず、誰にも固定できない。「赤いダリアの乱舞」という文字面の記述から出発して、或る人は赤いチューリップに横滑り的な連想をし、或る人は白いダリアを思い描く。連想の境界や限界は、誰にも設定できない。

このようにして、日常生活の多くの場面や読書経験などを通して、人は「……がある」を超えた存在位相の経験を絶えず味わっている。むしろ「……がある」にできる限り密着しようという姿勢を貫くことの方が、日常的世界では少ないとさえいえるかもしれない。例えば、繰り返しにはなるが、或ることが直接に生命的な意味をもつような場合が、それに当たるだろう。山で採ってきたキノコに毒キノコが混ざっていないかどうかという場合、「混ざっていないでほしい」と願って食べても、混ざっている時には混ざっている。その場合の「……がある」は、重大な場合には生と死を分ける切れ目になる。それは、ちょうど先に私が挙げた例、高速の自動車が近づいてくる場合というのと、同じことだ。確かに、延命のために必要なことは沢山あるので、その意味でなら「……がある」の様相にへばり付くように生きなければならない場合は多いともいえる。

だが、事例の種類でいうなら、むしろ少ないということがいいたいのだ。われわれは、日常的に「……がある」を微妙に外れた異・存在群を生み出し、そして自らそれらに触れ、騙され、利用し、遊び合いながら生きている。私が仰々しく述べ立てた〈存在措定の拡張〉なるものも、実は、その意味では平凡な生の事実に他ならない。

日常の知覚的世界の中で、若干の〈理性的〉限定は付けながらも行われる一種の幻覚惹起。その一方で、読書中に誰もが行う存在措定の放埒な流動化。前者は若干特殊で、意識的な操作が入るが、後者は通常ほぼ無意識的、かつ自動的に行われる。その点で違いがあるとはいえ、ポイントは、われわれ人間は、その気になれば、いつでも現前する〈実在〉の世界から若干離れ、知覚的所与を適宜材料にした間接的な構成物を作り出すことができるということの中にある。ところで、この確認は、もし極めて厳格な、または素朴な実証主義的知識観を当然の前提としているのでなければ、日常的直観と連続的に繋がるものであり、その意味ではほぼ自明な確認に過ぎないともいえる。ともあれ、私の一応の専門との兼ね合いからみて、実証主義的知識観はやはり重要なものなので、このほとんど当たり前の確認を最初にしておく必要があった。

ここで、この自明性の領域から若干離れ、似た方向でとはいいながら、視座を微妙に変えた議論を続けてみよう。

一般に、われわれは物の世界と触れあい、物の世界を統括する論理に習熟し、その論理を利用しながら物を統御している。その統御の仕方は、直接的な工学的折衝だけに目をやるなら、物と人体との間の直接的関係が際だっているように見えるかもしれない。だが実際には、その工学的折衝にも必ず、その背景に、どのくらいの重みまでならこの材料が耐えられるのか、なぜこの方向に力を加えると効率的なのか、潤滑剤には何が適当なのかなどの理論的援護が介在している。それは、自然界そのものの直接的作動というよりは、重要な概念群をノード（繋ぎ目）として成立している理論というシステムを介在させている。事実上、われわれと物の世界との間には、膨大で複層的な関係の網を作る概念群が必ず介在している。とはいえ、砂糖を舐めると甘いというような、物と生理系との直接的関係もあるはずだ、と思う読者は多いだろう。確かにそれはその通りだが、その体験が最初の逸話的で散発的な体験から、有意味な経験へと成長していくためには、生理系についての総合的理解や、砂糖という物質の分析的で化学的な理解という背景が徐々に分節されていかなければならない（この場合、体験から経験への成熟は、各個人の水準での生起を問題にしているのではなく、人類の集団的知見という水準を問題にしている）。「砂糖を舐めると甘い」という個別的体験は、集団の中での一貫した感覚的経験として沈澱していく過程で、他の味とのネットワークや、砂糖以外の甘味料のネットワーク、感覚系の生理学などの中に位置づけ直される。その状態になったとき、その個別的体験は、単独の逸話的体験から、その後の生の様式を決める体系的な経験に姿を変える。有意味な経験を物相互間の経験という水準だけに縛ろうとすることは、恐ろしいまでに限定的で貧困な経験観だ。われわれの経験は、単独の物質的体験をいなすようにして、広義の概念群を引き寄せ、その概念群の照り返しの中で沈澱され易いような形で与えられている。初発の体験は、ほぼ必ず広義の概念の濾過を経ながら錬磨され、やがて経験として結晶していく。

先に私が、擬似的幻覚を楽しむ散歩や、文字に触発されるとはいえ、字面からは離れた遊離的イメージの世界について語ったことも、〈概念とセットになった経験世界〉というこの経験観に照らしてみたとき、連続的な収斂を見せるということもできる。まず、論じる順序は逆になるが、読書におけるイメージの膨張の方は、言葉が出発点の体験なのだから、それが〈概念とセットになった経験世界〉の代表的事例の一つだということは自明である。他方、常識的な存在観を諸様相で膨らませるということは、実はそれ自体が可能性・希求・過去想起・伝聞などという概念的導路に導かれた知的な作業でもあった。擬似的幻覚の成立条件に、延命とか、他者危害原則の遵奉などという知的で社会的な規範が作動し続けていたのも、〈擬似的幻覚〉などと一応呼ばれていたという事実にも拘わらず、それが実は知性的な作業なのだということを図らずも露わにしていた。例えば、五月に咲く赤い薔薇を、一月に咲く銀色の薔薇で置き換えるということは、時期や色彩のずらしという操作として、記号学風にいえば範列的関係に相当する項目の移動を行うことでもあった。それが、広義の概念的操作だということは、明らかである。また「Aさんは、あの家の庭には黄色い薔薇があるといっていた」ということを、「実際にその家の庭を見てみたら、そこには白い薔薇しかなかった」という観察事実と重ねる場合、それもまた、Aさんの誤認または虚言に触発されて、一つの可能世界が開示されるということを意味している。可能世界もまた、物質的世界ではなく、概念的な世界である。そして、それが誤認であろうが虚言であろうが、その伝聞を契機に、私はその庭に、違う風にありえただろう風情を一瞬垣間見る。それもまた、一つの楽しみ、存在の異相との交通になる。

ただ、そこで話が終わるわけではなかろう、と多くの人は思うだろう。というのも、直接的に生命的価値をもつ場合以外にも、「……がある」から可能な限り離れないように注意しなければならない重大な場面があるからだ。それは〈客観的知識〉を創り上げなければならない場合、科学的または工学的な分野が問題になる場合である。「ひょっとしたら落ちるかもしれない」という様相が「まず絶対に落ちない」という様相に寄り添っているような場面を好む、そんなエンジニアが作った橋は、誰も渡ろうとは思うまい。或る科学的な仮説を検証しようとしている科学者は、焦燥に満ちた希求の眼差しで「……がある」の位相を覆い尽くしているかもしれない。だが、その夢や願望がどれほど強くても、そのことが、当該の仮説が正しいか正しくないかを決める実質的因果関係に関与しているとは考えられない。「……がある」を決めるのは、その仮説が自然界の構造を写し取っているかいないかの分け目である。個別研究者の〈血の滲むような努力〉は、その人の仮説や研究計画が正しいか正しくないかとは関係がない。少なくとも大部分の科学者は、このように考えているはずである。そして私も、この文脈では、とりあえずそのようにいっておく必要性に駆られている。[1] 逆にいうなら、これは、科学という知的生産様式が、日常的世界で普通に行われている認識観とはあまり連続的なものでなく、〈存在措定の拡張〉や言語的イメージの膨張に抗して〈存在の一義性〉を確保しようとする、むしろ特殊な態度だということを意味している。近代初頭まで科学らしい科学が発達しなかったことに驚いてはならない。むしろ、近代科学の方こそが、存在に対する厳しい剪定を行う、極めて禁欲的で意識的、かつ人工的な知的態度である。ごく普通にしていれば、その種の剪定を行わないという自在さと放埒さをもつことの方が、人間精神の傾性に即した態度なのだ。

＊　＊　＊

その観点から見てみるなら、フーコーのリオデジャネイロ講演「真理と裁判形態[2]」の最初の一節で開陳された一見驚くべき認識観も、それほど驚くべきではないと言い直すべきなのかもしれない。フーコーはそこでニーチェの断片を引きながら、認識一般は〈発明〉されたものだという判断を下す。例えば宗教や詩などの文化的装置になんらかの〈起源〉を求めるのは適切ではない。なぜならそれらはいつかどこかで〈発明〉されたものだからだ。しかもその発明には告白しがたいような何かがついて回っている。そこには或る暗い権力関係が働いている。荘厳というよりは、矮小な印象を与える権力関係が、である。ただ、認識が発明されたものだという判断がもたらすより重要なこと、それは、認識は〈人間性〉の中に刻まれているものでは全くないということだ。何かを知るということは、本能的なものではない。それは闘争と相関的なもの、闘争の結果生起するものだ。だから、そこには危険や偶然がついてまわる。認識は〈自然〉なものではない。

そこからもう一つの帰結が生じる。認識は知るべき世界とは似ていないということだ。認識と、それが知るべき事物との間には、前もっての親和性や類似性などはなんら存在しない。フーコーはニーチェの『悦ばしき知識』第一〇九節を引きながら述べる、法則もなく、秩序も繋がりもないこのカオスのような世界の中で、認識は闘争を続けなければならない。自然が知られるということは、なんら自然的なことではない。認識と、知られる事物との間には、いかなる自然な連続性もない。そこには暴力、支配、権力、侵犯の関係があるだけなのだ。ニーチェ読解がもたらすこの認識観は、認識と事物との間の分断を当然のように認め、さらに両者の合致を保証づけてくれていたはずの神の存在をも真に棚上げするものだった。

認識と認識対象との間の一種の乖離はさらに続く。『悦ばしき知識』第三三三節でのスピノザの警句の引用「嘲笑せず、嘆かず、呪わずに、ただ理解する」から出発して、フーコーはそれが孕む独自の含意に、より強い陰影を与える。ここで理解、つまり認識は、嘲笑・慨嘆・呪詛と対置されている。だがその一方で、認識は後者三つの間の遊技と相克の結果でもあると見做される。ところで、嘲笑・慨嘆・呪詛のいずれもが、認識対象に対する融合ではなく、一種の距離設定を意味するものだ。しかもその距離設定は中立的観察や善意の憧憬であるどころか、憎悪や軽蔑、恐怖などの暗い情念に衝き動かされている。それらの衝動が結果的には静かな調停を受け、なんらかの統一性に到達するからこそ認識が成立すると考えるのは、正確とはいえない。それどころか、それらの情念は互いに対峙しあい、闘争しあう。その一種の戦争状態がもたらす一瞬の均衡から、ちょうど二つの刃（やいば）がぶつかり合うときに出る火花のようにして、認識が成立する。だから、認識の中にあるのは「物と知性との適合」ではなく、距離化と支配の関係なのである……。

この驚くべき認識観がもつ意味を、改めて考えてみよう。より正確にいうなら、フーコーはここに引用した節の最初の方で、真理には二つの歴史、つまり「真理の内的な歴史」と「真理の外的な歴史」とがあり、科学的認識は前者に入るが、ここで主題的に論じられるのは主として後者の方だというニュアンスの論じ方をしている。[3] だがその一方で、「自然が知られるということは、なんら自然的なことではない」という表現も見られる。[4] だから、自然科学的認識と、いま私が取り上げた認識観との関係は、若干曖昧なままに留まる。これは重要な論点なので、また後で触れ直そう。とにかくここでは、こう述べておきたい。自然科学が入ると入らないとに関わらず、認識を写実や接近、適合のタームではなく、戦略、闘争、相克のタームで語るということは、一種の現代的なソフィストたらんとすることを意味している。〈実態〉に即しているかどうかを上空飛行的に確認する審級を立てず、いかにも〈実態〉に即しているという印象を相手に与えることの巧拙に従って、論争が収束する場面を認めるということだ。その場合、〈客観的証拠〉は、それが本当に客観的かどうかというよりも、一連の証拠の提示の仕方、その利用の仕方の中に巧みさがあるかないかの兼ね合いで客観性の程度を獲得する。この構想は、客観性自体を、実在との*合致の程度ではなく、論争集団の中での〈展示〉の相関の中で評定し位置づける、〈客観性の政治学〉*である。客観的知識こそが真理そのものだとする常識的知識観と繋げて考えるなら、このフーコー的な知識観は〈真理の政治学〉だと換言してもいい。

　いまとりあえず、自然科学的知識そのものは傍らに置き、それ以外の多くの領域の知識群をこの〈客観性の政治学〉的枠組みに包摂するとするなら、いったいどうなるのだろうか。そのとき、それらの諸学問は、従来控えめな背景でしかなかったその政治的相貌を前面に押し出した闘争の場になる。ソフィストの敵は他のソフィストたちでもあるが、より重要な敵はソクラテスその人、または真理そのもの、客観性自体という概念になる。それは、「真理とは幻影だ」という単純な主張ではない。そうではなく、真理なるものは、〈実態の正確な写実〉として、誰もが納得する収斂地点を必ずしももたない可能性があるとはっきり意識すること、またはその種の収斂地点は、自然の傾性によってではなく、概念的または社会的な闘争の帰結によってより正確な位置取りができるような類いのものだという認識をもつことを意味している。

この認識観、知識観が、先に私が述べた〈存在措定の拡張〉論（以下、〈拡張論〉と略記）と響応しあうというのは、たやすく理解できるはずだ。存在の姿態が一義性への収斂を目標や前提とするのではなく、むしろ一義性にはなかなか収斂しそうもない地平を開示し、可能な限りその地平に踏みとどまり続けること。〈一義的実在〉という概念が、むしろ人工的で特殊な剪定を経た後の極限概念に過ぎないと考えること。それは、真理をも〈遊技〉の活性剤として扱うという可能性を受容する、特異な決意への同調を促す。

いわゆるポストモダニズムの流行は、既にとうに過ぎ去った。〈思想の流行〉などというものは、多くの迎合的で表面的な追随者を生むだけのものなので、それ自体は別にどうでもいいことだ。ともあれ、フーコーもその一角をなしていた（ともいえる）ポストモダニズムの〈哲学素〉が幾つかある中で、いまでも無意味化していないものがあるとするなら、この〈客観性の政治学〉も、その一つではないかと私は考えている。それが開く知的地平は、何も客観性を否定するものではない。むしろ、客観性こそが、議論の勝敗を決めるものだという通念と、それは少なくとも結果的には合体することが多い。ただ、「客観性は実在を反映しているから重要なのだ」という常識からは離れる場面がわれわれの認識行為の中には予想以上に沢山あるという事態を認めることが、その特徴になる。客観性は、与えられたものに接近するという漸近的な安定性を失い、闘争や戦略の果てにかろうじて獲得されたように見える一瞬の理念のようなものになる。客観性の存在価は流動化し、固体よりは霧のようなものに近づくのである。

さて、いままで軽く触れはしながらも、正面から向き合うことを避けてきた問いがある。それは、「この〈拡張論〉や〈客観性の政治学〉は、自然科学的知識にとって、どのような意味をもつのか」という問いである。この小論の後半部分では、それに私なりの回答を与えてみたいと思う。

第二節 〈根無し草〉としての認識

これまで、存在と非存在との狭間を彷徨(うろつ)くとか、「……がある」を類似の、だが異なるニュアンスを含んだ様相で覆い被せるとか、さんざんそんな話ばかりしてきたので、その流れからいうなら外れた方向に見えるかもしれないが、私はここ数年、若い頃よりも一層自覚的に、自分の専門は〈科学思想史〉だと名乗るようにしてきた。科学思想史は科学史の一種、科学史の下位分類の一つだといえばいえるが、それほど確固とした学問的基盤を備えたものではない。というより、周知のように、その科学史自体、科学という〈客観的知識〉と、歴史的認識という、存在と非存在との閾(しきみ)に住む複雑な認識論や存在論を抱えたものとが合体した、奇妙なキメラのような存在だ。(5) その科学史を一応の背景にして、私の出自が一種の認識論にあるという事実、それに私の生来の資質を勘案して、私の作業は、その科学史一般の中でも、とりわけ理論内容の再構成や主要概念の説明や了解を中軸にしたものだと自己定位する。その場合、私にとっての科学史は、事実上、限りなく一種の哲学、一種の思想史に近いものになる。だから、それを科学思想史と呼ぶのだ。ただ、いましがた私が「外れた方向」だと述べたのは、そのように思想的色彩を強く帯びているとはいえ、過去の科学に関係する知識や思想を対象にするものなのだから、宗教史や政治史などとはやはり異なり、客観的知識の構築をその時代ごとに目標にしてきたはずだという通念と、私のいままでの〈拡張論〉とは、いかにも繋がりが悪いからだ。

一口に科学史や科学思想史といっても、それぞれの論者によってスタンスの違いは当然あるに違いない。私のスタンスは比較的はっきりしている。それは、冒頭から述べてきた〈拡張論〉や〈客観性の政治学〉の考え方を、可能な限り科学思想史にも適用しようというものだ。だから私にとって「外れた方向」は実は存在せず、宗教史や政治史などと科学思想史とをできるだけ接近させてみることが課題になる。

ただ、科学思想史に触れた今の時点で、補足しておいた方がいいことがある。これまで述べてこなかったが、〈拡張論〉での「……である」の複層化は、ただ概念的になされるだけではなく、社会制度的なものや、端的に物質的なものによってもなされる場合がある。例えば幽霊のことを考えてみよう。幽霊は存在するのだろうか。〈拡張論〉を活気づける精神の傾性に触れた上で見てみれば、この問いへの答えは予め与えられているのも同然だ。幽霊は存在するのか。もちろん、存在するに決まっている。それは心の中にしっかりと存在している。暗闇に対するなんとはない恐れ、一人静かにしている時のどこかの不気味な音への恐怖など。だが、幽霊はそのような心理的起源の根拠づけだけから来るものではない。幽霊は既に心の外にも存在している。それは無数の文学作品、絵画、彫刻などの形として物化され、あるいはおばあさんの昔語りの様式の中に確固として存在している。これと同じような意味で〈科学的事実〉なるものも、人間と独立に自然物として存在するとだけ考えるのではないという可能性が透視できる。科学的事実は、それを念頭に置き、それに背反しないように行動調整をする科学者たちの行為の中に、そしてそれに基づいて設計された無数の装置や機械の中にも存在している。この論点をさらに敷衍することは充分興味深いと考えられるが、ここでは話が拡がり過ぎるのを避け、概念としてのそれを中心に考えたい。

　では、科学思想史に積極的に概念上の〈拡張論〉を適用した場合、どのような帰結がもたらされるのだろうか。ただ、その場合、〈拡張論〉を当て嵌めるとはいっても、あくまでも、詩や小説のように最初から自然界の法則や個別事実の記載とは質的に異なるものと一緒くたにすることはしない。過去の科学者が考えた概念や理論に〈拡張論〉を適用するとはいっても、あくまでも、当の科学者は、自分の作業が自然に触れているという意識をもちながら作業していたのでなければならない。事実の意味を水増しさせる〈拡張論〉の眼差しは、あくまでも歴史的に遡及した理論的眼差しなのであり、それが注がれる過去の科学者という当事者たちは、事実を真剣に探究しているという意図をもっていなければならない。その点において、ここでの〈拡張論〉は、自由気ままに応用される前節での疑似幻覚的な散歩などとは、しっかりと区別されている。

　さて、その条件的な差異を認識した上で、〈拡張論〉をそれに適用した場合の最大の帰結は、過去の科学的概念の存在価についての存在論的軌範の解除であろう。常識的には、かつて可燃物に含まれると考えられていたフロギストンは、存在しない。だが〈拡張論〉の地平透視に背中を押されるようにして、私は、こう考える。フロギストンは少なくとも数十年間、一八世紀の一流の化学者たちの頭脳の中に存在していた。彼らはようやくなんらかの質的違いが含まれることに気づいた空気という〈元素〉の挙動を、フロギストンが存在するという仮定に基づいた様式で説明し、それに基づいた研究計画を立て、解釈し続けた。フロギストンは、一連の現象の鎖を何十年もの間、しっかりと繋ぎ続けたのである。同様の意味で、一九世紀後半の変質者、一九世紀終盤から二〇世紀初頭にかけての獲得形質の遺伝性などという概念は、それぞれの時代で存在していた。こんな具体例なら、実は幾らでも挙げることができる。ただ、ちょうど幸福な家庭はどれもが似たりよったりなのに、不幸な人生にはそれぞれの彩りや違いがあるように、〈正解〉は一つなのに誤謬なら幾らでもありうるとするなら、私がここで軌範を解除してしまうということは、むしろ科学史・科学思想史を陳腐化し、せっかく困難な知的努力の果てに自然の法則や秘密を見つけた先人たちの努力を蔑ろにするものではなかろうか、と人は反論するかもしれない。確かに、その反論にも一理ある。にも拘わらず、私はこの〈拡張論型の科学思想史〉を追求し続けようと考える。その含意を掘り下げ、その過程で出て来る人間観や知識観を少しでも明らかにするためにだ。

私のこの考え方の背景には、まず、少なくとも一定程度の緊張と誠実さをもち、或る程度の合理性をもつ思考だとするなら、それが実在論的意味において、自然界の事象と合致するしないに拘わらず、その内容分析をし続けるという決断がある。それなりの理屈が通ってさえいれば、或る理論が指示しようとしている事象は、なんらかの形で存在すると考えるということだ。自然を腑分けする概念には確かに巧拙はあるだろう。だが、仮にそれが拙く、今のわれわれから見ればほとんど馬鹿馬鹿しいようなものでさえ、或る道筋に即して考えられているとき、それに一定の注意を払うのだ。なぜなら、それらはそれに固有の存在相に基づいて、存在しているのだから。

ところで、その注意の払い方にもいろいろなスタイルがありうるだろう。

①まずは、次のようなケース。例えば一八世紀から一九世紀初頭にかけてのヨーロッパ人にとって、熱は不可測秤量体（重さがない特殊な実体）の一種だったが、熱以外に、磁気や電気などもそれに相当すると考えられていた。いま〈拡張論〉をこれに適用する場合、当時の熱論を単に排斥する代わりに、他の不可測秤量体とのネットワークの中でその位置づけをし、そのネットワーク総体が、他の物質群との間にどのような概念的関係をもっていたのかを解明することで、当時の物質界一般に関する一種の自然哲学を浮かび上がらせるという作業が可能になる。少なくとも当時、不可測秤量体は自然界の基本的実体と見做される場合が多かったのだから、尚更そうだ。そしてその概念を起点にして、当時の物質観、並びにそれに思弁が加えられた自然哲学の一つのヴァージョンが浮き彫りにされるとき、それは、当時のヘーゲルやシェリングなど、他の自然哲学との比較研究などに多大の貢献をする可能性をもつのだ。不可測秤量体という概念自体、または熱とその概念との関係性の〈非実在性〉を指摘して、後は全部捨て去るなどというような眼差しと比べて、どちらが生産性をもつといえるだろうか。もちろん、膨大な誤謬理論の海の中にときどき散見される島嶼（とうしょ）のような真理を拾い出し、他のすべてを〈真理に至る道〉にとっての夾雑物だ

と考える立場も可能ではある。それをいま、仮に〈実証主義的科学史観〉と呼ぶとすると、それは、同時代から見て既得理論の理論史を最短コースで繋げるもの、いわば、共時的に存在する理論的構造を過去の時間軸にそのまま投影し、通時性の幻灯を一瞬揺らめかせるようなものに他ならない。それは歴史性を欠いた歴史、科学史の仮面をかぶった科学そのものである。科学者が望むのは最終的にはそれなのかもしれない。だが、科学史家、科学思想史家には、それに固有の任務と興味がある。〈拡張論〉を科学史的な話題にまで敷衍しようとしている私が、この実証主義的科学史観とは相容れない地点を目指しているというのは、贅言を要しないだろう。

②では、次のような事例はどうか。やはり一九世紀初頭、アメリカでのこと。シムズ（John Cleves Symmes Jr.）という人が地球空洞説といういささか奇矯な説を唱えた。このような場合には、同時代の概念的ネットワークの中での定位も一見難しいように見え、この人個人の特殊な心理的特徴や人生の逸話へと眼差しを向けたいという気持ちに駆られる。つまり、これは、①の事例に比較して孤立性・特異体質性の高い奇想的な概念や理論群の位置づけという問題だ。これについては、端的に無視してもいいという考え方に分があるようにも思えるが、それでは〈拡張論〉はあえなく瓦解してしまう。それがどれほど奇怪な〈奇想〉に過ぎないとしても、その理論内部の一貫性や整合性の中から、何かが読み取れるかもしれない。また、地球空洞説という〈理論〉は、実はキルヒャー（Athanasius Kircher）などから始まり、歴史上ところどころで奔出する主題でもある。さらにいうなら、〈拡張論型の科学思想史〉のプログラムを若干壊し、議論の作成者・発話者自身が事実の探究とは考えず、一種の虚構空間を立ち上げようと思っているものもコーパス

〈関与資料体〉に組み込むような場合には、それは事実上、科学思想史を離脱して、〈科学文化論〉とでも呼ぶべきものになる。いまの主題でいうなら、例えばヴェルヌ（Jules Verne）の『地底旅行[6]』のような強力なフィクションが、誰の心にも思い浮かぶ科学文化論の関与対象になるだろう。

まだ幾らでも微妙に性質を異にするケースがあるに違いないが、いまは、ごく簡単にこの二つの事例を挙げるだけで満足しておく。実在論的模写、または実証主義的検証という通常の軌範を解除して、歴史の中に浮上しては消えていった科学的概念群の山に目をやろうとするとき直ちに気づくこと、それは、やるべき作業はまだまだ無数にあるという事実である。いうまでもないが、実証主義的科学史を一定の緻密さをもって書くことの意味を私は何も否定しているわけではない。ただ、私なりの〈拡張論〉的な視座の中で見てみるなら、実証主義は、事実について過度に禁欲的で狭隘な基準を課すものであり、それでは他の無数の可能的歴史記載が抜け落ちてしまう。実証主義は〈客観性の政治学〉の地平の中で弄ばれた方が豊かなものになる。地球空洞説の時に触れたように、場合によっては虚構にまで目を注ぐということになると、膨大な〈言説爆発〉を起こすことは目に見えている。量的には収拾がつかなくなるほど拡散したコーパスになるとはいえ、その種の言説爆発を起こした科学史記載は、実証主義的なそれよりも、遙かに面白いものになるという予想は、私にとってはほぼ確実なものなのだ。

とはいえ、或る教育的な配慮から次のことは付け加えておくべきだろう。実証主義的科学史観を採らないとしても、何もガリレイ（Galileo Galilei）やニュートン（Isaac Newton）などと、先のシムズのような人とを同列に扱えとか、そんな類いの主張をしたいのではない。言説爆発を起こした後の膨大な海のような書籍の中で溺れてしまわないように、まずは比較的伝統的な実証主義的科学史をきちんと読むことから始めるべきだ（もちろん、関連科学の基礎的素養は同時に習得しながら）。そして、その後で、より自由気ままに〈拡張論〉的な科学史・科学思想史の文献を、興味の赴くままに読んでいくのがいい。その手順は踏み外さないようにするべきだ。

　ともあれ、話がここに及べば、恐らくは読者の心に湧き上がってくる問いがあるはずだ。それは、そんな言説爆発を起こした書籍群の中で、過去の科学文献を、しかも実在論的真理性を一応棚上げにするという技巧的手続きまで踏みながら渉猟することで、いったい私は何をしようとしているのかということだ。科学の最新の成果が知りたいのなら科学史は必要ない。また、或る科学の史的履歴を、現状の理論を大前提にして、それに関連することだけを遡及的かつ最短経路で辿るつもりなら、実証主義的科学史が相応しい。〈拡張論〉で言説爆発を起こした科学思想史は、時に科学文化論にも変貌する可能性を帯びているが、その両者は結局、「自然とは何か」という問いかけに相関する回答ではなく、「自然とは何かという問いが与えられたとき、今まで人間はどのような答えを出してきたのか」とか、「自然の実相を探究する知識群としての科学という特殊な知的領域は、どんな想像力の源泉たりえていたのか」というような問いへの回答になる。それは思考についての思考であり、時には自然を対象にした想像力についての思考でもある。つまり或るメタの位相が絡み合う知的な操作だ。それを一言で纏め上げるなら、私が追求する対象は自然そのものではなく、自然の前に佇（たたず）み、あれこれ思考し、あるいは空想する、人間の精神なのだ。人間の精神こそが、学問的存在としての私にとっての〈全世界〉なのである。

この小論では、〈拡張論型の科学思想史〉の具体例を挙げることは、目的とはされていない。例えば拙著『科学的思考の考古学』[7]などは、このような問題意識の下で幾つかの具体事例を挙げている。この第二節の目的は、ただこの研究プログラムの形式的特徴を剔抉し、それを明示すること、そしてその営為が意味する目的論的含意について述べ立てることだけだった。その過程で露わになったのは、いささか拍子抜けするほどに古典的な研究照準設定、つまり人間の精神そのものの掘り下げという目的だった。私にとっての科学思想史は、途中経路や扱う事象の違いは当然あるとはいえ、宗教史、政治史、文学史、社会史などの関心空間と最終的には多くの点で収斂を起こす。その図式の中では、自然は、極言するなら、一種の狂言回し、人間の精神が興奮状態になり、活性化されるための契機を提供してくれる興奮剤のようなものにさえ見えてくる。私にとって、自然ではなく精神こそが、世界の地平を決めるものなのだ。その図柄を描いた後で、今一度自問してみるなら、結局、私は科学思想史という専門領域自体からも、事実上横溢し始めていることに気づかされる。以上のように考えてくるなら、私が〈科学〉思想史家として留まり続ける理由がなくなる、ということである。[8]それが放埓で陳腐な拡散なのか、それなりの拡大的発展なのか、そのどちらなのかは、今後の私の仕事の質が決めるだろう。

しかもその場合、派生的に次の事実が浮き彫りになる。フーコーほどに極端かつ先鋭的に、〈認識と事象との間の断絶〉を言挙げできる自信はない。だが、少なくとも、これまでの議論から、次のようなことがいえるように思うのだ。〈実在の反映〉を最終準拠とする真理観や認識観をとらず、実在ないしは自然自体を精神にとっての活性剤だとするような物の見方をとる場合、認識一般が自然界から見れば一種の根無し草や鬼子(おにご)のようなものになるということだ。普通なら、それを「観念論的な砂上の楼閣」とか、「形而上学的な無駄話」などと呼んで、否定的に判定するに違いない。だがまさに私がいままで論じてきたことは、〈観念論〉や〈形而上学的なるもの〉をむしろ全面的に支持し、そこに、精神の本態の一つを見るという見方に他ならなかった。認識一般が、自然に触れることはもちろん何度もある。だが、それは認識一般が開示する多様な可能性のほんの一部であるに過ぎない。認識一般が自然を横溢することは避けられない。認識は非自然的でもあり、その非自然性の展開の中に逸脱や隘路(あいろ)しか見ようとしないのは、例えば産業社会での機能価とか、或る特定の認識関心に束縛されたものの見方でしかない。自然から離れることを認識にとっての逸脱としてではなく、十全な展開への第一歩と捉えること。人間の脳もまた、自然の進化の所産だとするなら、自然は、脳が自分に背いて、どこか手の届かない知的空間に旅立つことを、実は大目に見てくれている。〈形而上学〉は自然の鬼子であり、同時にその精華なのだ。〈事実〉の追求に生涯を賭けている人から見るなら、私の言葉は文字通りの囈語(げいご)に響くかもしれない。だが、別に事実探究を頭から否定するとか、そんな極論を述べているわけではない。むしろ、〈認識導路の狭軌(きょうき)指定〉をなくもがなの自己限定と捉え、他の可能性への開放性を十全に受け止めたいと述べているだけなのだ。〈概念の縮こまり〉を避け、その能動的な裂開の道案内をすること。この小論は、〈認識一般の非自然性〉を自覚するための、一つの拙い頌歌(しょうか)である。お望みなら、認識論上の反自然主義、または存在論上の反実在論の賛歌と言い換えてもいい。敢えて抽象性の高い記述のままに終始したい。その方が、各自、具体的事実を背景に控えさせている読者にとって、それぞれの場面からの非自然的な展開への応援歌になるのだから。どこにも咲いていない真っ青な薔薇を、一瞬見て取るという、無害で何気ない〈拡張論〉的な幻覚生成は、しかし最終的には、それなりの哲学的射程をもつ、精神の冒険に他ならなかったのである。

註

（1）ただ、このように書いた直後に、私なら、次のように付言することもしないではいられない。実は、物事はそう単純ではなく、この常識的な実証主義的、または客観主義的、実在論的な認識論には、いろいろな角度から一定の留保を加えることができるのだ。そのことを具体的に論じるために、私はかつて『サイエンス・ウォーズ』（東京大学出版会、二〇〇〇）を書いた。一言でいうなら、それはトマス・クーン以降の欧米の科学社会学の業績を通覧しつつ、いわゆる社会構成主義の視点で科学技術を見た場合に、どのようなことがいえるのかを議論したものだった。ただ、『サイエンス・ウォーズ』は、私の筆致に若干の政治的軽率さがあったことも手伝い、一部の科学者たちから強い反発を招いた。ともあれ、その反発の本質は、その類いの政治的稚拙さから来たというよりは、上記のような常識的認識論とは違う議論の構築から来たものだというのは間違いない。ちなみに、その論争のやり取りの中で、私のような話の作り方は、一種の相対主義に堕するものだという判断を何度も耳にした。だが、その〈相対主義〉という形容をいただいた度ごとに、いささか拍子抜けする気持ちを味わったということは、この際白状しておこう。〈相対主義〉が駄目だというのなら、その当のご本人の立場は〈絶対主義〉ということなのだろうか。失礼ながら、後者のような概念が近世政治史以外に有効に機能した例を私は知らない。ところで、もし相対主義批判ということで、科学技術には既に無数回確かめられたことが数多く含まれており、それらのいわば中核部分は、社会構成主義や〈存在措定の拡張〉論では破壊されないということを意味しているのだとするなら、それに対しては、私もその通りだと思うと答えよう。社会構成主義にしろ、〈存在措定の拡張〉論にしろ、もし闘いうる言説空間があるとするなら、それはその〈中核部分〉を離れたいわば周辺部、縁のような場面、暈囲のような広がりの中にこそあるというのは、私にとってはほぼ自明のことなのだ。ただ、中核部分と周辺というのは、それ自体が曖昧な概念なので、その境界線画定を個別事例に即して論じることが、社会構成主義の具体的作業になるといえるだろう。

（2）Michel Foucault, *Dits et Ecrits*, Tome II, Paris, Gallimard, 139. 特に pp.538-553. なお、邦訳は次の通り：『ミシェル・フーコー思考集成』第Ⅴ巻、筑摩書房、二〇〇〇、pp.94-216（西谷修訳）、特に pp.94-111.

（3）Ibid., pp.540-541: 訳書 pp.97-98.

（4）Ibid., p.546: 訳書 p.104.

（5）科学史の学問としての特異性についての分析には、既に多くの蓄積があり、枚挙しようとすれば切りがない。ここでは古典的なものとして、次の二冊を挙げるに留めておく。Hélène Metzger, *La Méthode Philosophique en Histoire des Sciences*, Paris, Fayard, 1987：クーン『本質的緊張』安孫子誠也・佐野正博訳、みすず書房、一九九八。

（6）Jules Verne, *Voyage au Centre de la Terre*, 1864.『地底旅行』朝比奈弘治訳、岩波書店、一九九七。『地底旅行』の度外れた面白さは読んだ人にしか分からない。私は、最初は教養のために読み、二度目は仕事のために、三度目は純粋な楽しみのために読んだ。

（7）金森修『科学的思考の考古学』人文書院、二〇〇四。

（8）思想史家、あるいは文化史の専門家という規定で充分だということである。

第七章　科学と可能的・幻想的世界

第一節　フロギストンと酸素

いま、大きめのビーカーを逆さにして置き直し、その中に炎のついた蠟燭（ろうそく）を立ててみる。誰もが知っているように、美しく揺らめく炎は、やがて静かに消えていく。では、なぜ消えるのだろうか。現代人なら先ず間違いなく、こう答えるはずだ。蠟燭は燃える時に酸素を消費するが、ビーカーの中は少ししか空気が入っていないので、やがて酸素は使い果たされ、そのために炎は消えるのだ、と。

ところで、この現象はヨーロッパでは既に一八世紀には知られていた。当時、一流の化学者たちはこの現象をどのように説明したのだろうか。彼らは、次のように答えたのである。ものにはフロギストンという物質が含まれている。フロギストンが中に沢山入っているとき、それは良く燃え、あまり入っていないときには、少ししか燃えない。例えば炭にはフロギストンが多く含まれているので、炭は赤々と燃える。では、ビーカーの中に入れた蠟燭はなぜ、やがては消えてしまうのだろうか。蠟燭も比較的よく燃える物質なので、蠟燭の中にはかなりのフロギストンが含まれている。蠟燭が燃えるとは、蠟燭の中のフロギストンが次々に外に出て行くことを意味する。

さて、いまの条件を考えよう。普通の状態なら、蠟燭からフロギストンが出て行ったとしても、周囲環境はとても広いので、ただどんどん拡散していくだけだ。だから、蠟燭の中のフロギストンが出切るまで、蠟燭は燃え続ける。しかし、ビーカーの中だということは、周囲の空間がとても狭いということを意味する。例えば砂糖を水に溶かすと、砂糖は最初はどんどん溶けていくが、やがて、どれほどかき混ぜても、それ以上は溶けなくなる。その現象は飽和と呼ばれる。それと類比的なことが、ビーカーの中で起こるのだ。つまり、狭い空間しかないために、蠟燭からどんどん出て行ったフロギストンは、やがてビーカー内部で飽和してしまい、それ以上は出て行けなくなる。だから炎は消える。――彼らはこう答えたのである。

簡単に言い直すなら、こういうことだ。

現代的な理解では、何かを外から取ろうとしても、その何かがなくなるので、消える。一八世紀の理解では、何かが外へ出て行こうとしても、もう出て行く余地がなくなるから、消える。ほとんど正反対のような理解である。では、フロギストンなる物質は、本当に可燃物に含まれているのだろうか（ちなみに、この説が優勢だったとき、酸素という概念は存在していなかった）。もちろん、われわれはそんな物質はそもそも存在しないということを知っている。だから、フロギストン説は、普通の意味では全くの間違いである。しかし、この説は当時何人もの一流の化学者が採用していたもので、正確には一七世紀後半から一八世紀終盤頃までにかけて、百年以上も信じられていたものなのだ。それへの確信が揺らぐ一つのきっかけは、極めて定量的な発想の成熟と連関していた。

もし燃えるものが中のフロギストンをどんどん出していくなら、それは最初よりは軽くなるはずだ。事実、大きな炭も、燃え尽きるとわずかな灰になるので、経験ともよく合致するようにみえる。しかし、例えば或る金属を密閉空間で熱して、それを燃やすとき、その金属の燃えかすは、最初より軽くなっているのだろうか。実は、燃えた金属（金属の酸化物）は、燃える前よりもごく僅かながら重くなっている。これは、フロギストン説に現れた一つの矛盾であった。ちなみに、その種の精妙な定量的知見を組み合わせることでフロギストン説の信憑性にダメージを与え、燃焼現象の本質に肉薄した人の一人が、かの有名なラヴォアジェ（Antoine-Laurent de Lavoisier）だった。フロギストン説は、何も一気に瓦解していったわけではない。しかし、幾つかの矛盾によって徐々に退潮を余儀なくされ、やがては科学よりも科学史で取り上げられる話題として、その身分を変えていったのである。

ところで、歴史をもっとよく調べてみると、フロギストン説が信用を失って酸素概念が採用される前に、酸素はどうやら発見されていたらしいということが分かる。それを示唆するのが、脱フロギストン空気という概念だ。その空気があると、ものからフロギストンが通常よりも一層激しく出てくる、つまり燃えるのである。だから、フロギストンを奪う空気というわけだ。

可燃物を一層激しく燃やす物質、それはまさに酸素ではないか。しかし、この現象を見つけたプリーストリー（Joseph Priestley）という化学者は、酸素の発見者だといえるだろうか。ものがあり、それに対して人間が名前を与える。ものAに、どんな名前が与えられていようが、AはAであることに変わりはないと考えるなら、プリーストリーは、酸素の発見者だといっていい。しかし、「どんな名前が与えられていようと」という留保が、実は単純過ぎるのではないだろうか。Aという名前が与えられるとき、それとは矛盾しないB、C、Dなどの概念が同時並行的に存在していることが通例である。そしてそれらを統合する一つの学説がある。Aを脱フロギストン空気と呼ぶか、酸素と呼ぶかということは、その背景の他の概念群や、それらを説明づける学説とセットで考えなければならないことだ。フロギストンを一層激しく引き出す物質という理解が前提とされている脱フロギストン空気は、その意味で酸素とは全く異なる概念世界に位置づけられる言葉だ、と考える方が適切である。だから、プリーストリーは、酸素の発見者とはいえないのだ。

第二節　物質・非存在・言葉

さて、物質やエネルギーの客観的性質を調べ、それをそのまま記述していくのが科学だと考えても、一見何の問題もないかもしれない。しかし、ここでの「そのまま」とは何を意味するのだろうか。いまの脱フロギストン空気と、酸素とでは、どちらが「そのまま」に近いのか。それとも、そういう問いは無意味なのだろうか。少なくともこの事例では、そういう問いは無意味であろう。フロギストン説を信奉している学者も、酸素など、より現代的な物質論に習熟している学者も、別に文字通りの意味で「そのまま」対象を記述しているなどとはいえないからだ。そもそも酸素を、どのように「そのまま」記述しろというのか。科学は見えないもので満ち溢れている。

確かに、例えばクワガタAのハサミは、クワガタBのハサミよりも平均して＊＊ミリ大きいなどというような記述は比較的「そのまま」性を保っている。しかし、その種の自然誌的で博物学的な内容をもつ科学は、現代ではむしろマイナーだ。現代の科学は、仮に「中立的記述」が一応可能だとしても、中立的記述の位相を遥かに超えた複雑な理論装置と一体化しており、科学者は、その理論的背景と照らし合わせながら、素人ならパッと見てもほとんど訳の分からない情報から、その意味を読み取る。

科学は、目に見えること、あるいは無理矢理（技術的に、装置を介して）目に見えるようにしたことと、それが一定の意味をもつような文脈に置き直す理論や概念群と、セットになって機能している。比較的自然な状態に近い現象を見る時には普通の意味で「経験主義」的に見える科学も、実はより多くの場面では、人間の理論的見通しや概念装置と合体した中でその現象を位置づけるという意味で、「合理主義」的特徴を備えている。自然を漫然と眺めているだけでは、科学にはならない。科学は、自然に対して、人間の精神が何らかの能動的関わり合いをした上で見えてくるものを扱うという意味で、精神的所産と一体化している。確かに、その最終的根拠は、人間の精神の中にではなく、自然自体に内在していると述べるべきなのかもしれない。しかし、ここでの「自然自体への内在」という言葉は、普通思われる以上に技巧的で概念的な発想に支えられて初めて一定の機能を果たすのだから、結局、人間の精神のあり方とセットになっているとしか考えようがない。

チンパンジーのように人間に極めて近い生物でも、例えばＤＮＡのことを理解させようとしても、それは無理というもので、ＤＮＡを遺伝情報の物質的基体と把握する人間の精神と、ＤＮＡの存在とは、やはり相関しあっているとしかいいようがない。存在は、認識と相関し、共に支え合っている。認識とは全く独立した存在があり、それを客観的に記述するのが科学だとする通念は、やはり素朴の感を免れない。「認識とは全く独立した存在」という想定は、われわれの精神がもつ或る種の特性と相関したものだからだ。そして、この発想を「観念論的」云々と名づけて、それで批判した積もりになるとするなら、素朴に素朴を掛け合わせるだけのようなものなのだ。

また、次の論点もある。一般に、認識のためには複雑な言語装置が必須だということは明らかである（フロギストンもＤＮＡも、一種の言語である）。言語活動という不可思議で、際限のない表現可能性をもつ特性は、人間が、人間同士の社会の成り立ちについてだけではなく、人間がそこに住む地球、さらには宇宙をも含めた自然界一般について、複雑で統合的な認識を獲得することを、人間に許した。今になって振り返ってみるなら、フロギストンは、ただ言葉や心象としてしか存在していなかった。しかしそれらは、当時一定の説明能力をもっていた。それは、一つの歴史的事実だ。ただ、それは最終的には、自然界の成り立ちからは若干外れた切り口をしていたという意味で、幻影的なものだった。他方で、フロギストン信奉者たちは、別に自分たちが幻想や幻影を垂れ流していると思っていたわけではない。

人間は、確かに言葉だけによってではないが、言葉を使えばごく簡単に、実在しないものをあれこれと思い描くことができる。黄金の山、龍、幽霊などなど。この場合、黄金の山は、やや知的なゲームから考え出された事例に過ぎないが、他方で、龍や幽霊は、人間の好奇心や不安、恐怖心などと一体的に存在しているものなので、どこからどこまでが幻影で、どこからが実在かなどとは、簡単にはいえない場合が多い。言葉だけによってではないが、われわれの精神は、その種の非実在を無数に生み出しながら、生を紡（つむ）いでいる。

また、それは、意図的に虚構という形をとる場合もある。小説や演劇などを味わうとき、それは自分の実在的な経験とは全く異なるものとして想定されるというよりは、自分の実在的経験と折り重なり、やがては融合してしまう可能的経験として把握されている。文字通りの意味で、単なる事実の連鎖にだけ触れて生き続けている人間など、実はどこにもいない。われわれの生は夢や幻想、思い間違いなどと一体化している。われわれは、それら全部を外縁のように従えながら、断続的に事実に触れ、適宜生き続けている。夢や幻想は、われわれ人間の精神が生み出す誤謬の源泉というよりは、特権的な周辺地帯、それがなければ貧困な一元的生しか得られないことを回避する、豊かな多元的生の発現なのだ。われわれは誰もが多少とも、ロチェスターの愛を希求するジェーン・エアであり、思わせぶりな美禰子（みねこ）に振り回される三四郎なのだ。

確かに、フロギストンは結果的には単なる言葉に過ぎず、逆に、酸素を単なる言葉に過ぎないと考える現代人はいない。繰り返すが、フロギストン論者は小説を読むように自然界に向き合っていたわけではなく、科学者として、自然界を切り取った積もりでいた。フロギストンが歴史の表舞台から退場を余儀なくされたのは、ただ、それがその後の現象系列を説明し続けることに、成功しなかったからである。しかし、最も実在的な対象に密着しながら、その活動を行っていると想定される科学においてさえ、歴史的には無数の「外れた言語や心象」が満ち溢れているということは厳然たる事実であり、フロギストンはその中の単なる一例に過ぎない。

科学は、われわれ人間の精神が自然界を前にして、あれこれ思い描きながら自然界を記述し、それが何度も外れてはときどき当たるという類いの作業だといった方が、実情に近い。実在は幻影そのものではない。しかし、それはあまりに幻影や幻想、奇想や逸脱と絡み合っているので、どこからどこまでが〈実在的な実在〉なのかを問いかけ、それに正確に答えることは、困難極まりないものになる。自然界の成り立ちを思い描いたが、結果的には間違っていたという幻想的理論や幻影的概念は、歴史の基層に大量に沈澱しており、その中から大海の島のように相対的に「成功した事実」が浮かび上がっている。それは別に恥ずべきことではなく、われわれ人間の精神が、実在、可能的存在、端的な非存在という〈存在価の帯〉を往復し、横滑りしながら活動しているという特性を露わにしているだけである。可能的世界に触れること、それは人間精神の特権なのである。

そう考えるなら、科学という作業もまた、非意図的、あるいは端的な意図的意志に基づいた幻想や空想で溢れかえっている他の文化的装置、例えば文学、哲学、芸術などと比べて特異的なものだというよりは、自然界という重しがあるせいで、若干慎重な軌跡を描く精神活動の一つだと見做した方がいいといえる。それらの違いは、質的違いというよりは程度上の差異、遠目で見るならかろうじてその格別性が浮き彫りになる程度のものに過ぎないといえるのだ。科学もまた、可能的世界に触れながらエネルギーを受け取り続けている、人間精神の一つの発現に他ならないのである。

第八章　虚構に照射される生命倫理

はじめに

この章では生命倫理学が学問として体系化されるという正の側面が覆い隠す可能性のある、当該学問の〈事務化〉という趨勢を傍らにみて、医学や医療が孕む倫理的問題群のメタ的考察という本来の任務を、医学や医療を巡る虚構群の中で主題化される問題とリンクさせるという手続きをとってみる。空想や虚構の中にこそ、問題性のより露わな発現があるという可能性を垣間見て、それによって、生命倫理学の語りの様式に、より多層的で複雑な陰影を与えることを試みてみたい。

第一節　事実と虚構との接触

（A）事実と空想の狭間

少し奇妙に響くかもしれないが、次のような言葉から、この小論を始めてみよう。一般的にいうならわれわれ人間は、単に事実だけによって生きているわけではない。〈事実〉が殊更に問題になる時というのは、複数の判断の間に齟齬が生じ、しかもその齟齬が重大な社会的帰結を産み出す可能性があるような場合だ（事故の処理、係争の解決など）。もちろんわれわれは、酸素がないところでは生きていけないし、長期間水を飲まないでは生きていけない云々という、基底的事実の連鎖を背景にもつ生命活動を行っている。それは確かにその通りであり、いうまでもなく、その意味での基底的事実群を軽んじるなどという積もりはない。しかし、われわれが生きる際に、より問題的になる局面というのは、その種のいわば有無をいわせぬ事実群そのものというよりは、より派生的、より中間的、より逸話的な事実とのぶつかり合いが生じる時なのだ。基底的事実群は、まさに〈基底的〉なものとして、むしろ通常の日常生活ではそれほど問題にされない前提条件のようなものとして存在している。われわれが普段、より高い頻度で経験するものは、基底的位相からは離脱した、遥かにとりとめもない事象の揺らめきであり、それらは事実と半事実、半事実と反事実との混合態なのだ。例えば、僅か数百メートルの距離を、町中の雑踏を闊歩する間だけでも、われわれは、すれ違う人々の人柄や職業、見かけた建物の内部、そこにはないが自分が気に懸けている事柄などというように、端的な知覚対象の地平からは大幅にはみ出す事象についての空想や想像を行い、それを適宜目前の知覚対象群と混ぜ合わせながら、並行的に経験している。それらの想像の群れは、狭義の事実とはいえないが、われわれの誰もがほぼ日常的に行っているという意味で〈心象の事実〉ではある。それを、明確に客観化できるだけの手続きがないから、とか、あまりにとりとめがなく捉えようがないから、などという理由づけをすることで、二次的なものだと見做す、とは考えないようにしたいのだ。われわれは、もちろんところどころで事実（らしきもの）に触れながら、それと同時に、想像や空想、とりとめのない無数の想念の中で生き続けている。

（B）事務化された倫理学

さて、こんな話から議論を始めることによって、いったい何がいいたいのかと読者は訝しく思うかもしれないから、あまり抽象的な一般論に拘泥することなく、本章での私の主な目的をここで明示しておく。ただ、直ちに直接的主題に直行する前に、まずは生命倫理学についての一般的な見立てをしてみたい。

生命倫理学は、本来、医療がもつ多様な問題を医療そのものとは異なる観点から対自化し、時には批判して、医療が抱える倫理的諸問題の解決に資するという基本姿勢をもつはずである。ところが、その歴史が長引き、背後に厖大な研究群が残り、制度的整備が進んでいくにつれ、その基本姿勢は徐々に曖昧なものになりつつある。〈医療界の倫理的諸問題の対自化〉という根本課題がある以上、生命倫理学が活動する位相は、医療界の位相とは同一ではないはずである。医療界と生命倫理学は、医療とメタ医療という位置関係に近いものを構成しているはずだ。しかし徐々に生命倫理学は、メタ医療、つまり〈医療についての何か〉というよりは、パラ医療、つまり〈医療の傍らにある何か〉、ないしはサブ医療、つまり〈医療に付き従う何か〉に近づきつつあるという印象がある。医療現場の紛争を予め回避するための一種形式的な手順の総体――それを一応やっておけば、あとは〈生命倫理学的にも妥当〉だというお墨付きをもらい、その後は円滑な医療行為を継続できる、そのために存在する一種社会的な潤滑剤。生命倫理学は、アメリカで誕生してからほぼ四〇年という時間を経て、徐々にそのようなものになりつつある。もちろん、それに固有の技巧性はあるわけで、生命倫理学は、医療が多様な諮問や議論を経て、法律や指針などによる細かい規定という鎧を身につけるのを手伝う。そしてその作業の過程で、生命倫理学自体がその総体の一部として徐々に統合されていく。その意味で、生命倫理学は〈形式化された行為規範〉で医療界を武装するのを補佐する、医療界周辺に住み着く何かになりつつある。それを担う若手は、〈生命倫理学講座〉に所属し、生命倫理学という領域内部での訓練を積んだ〈生命倫理学の専門家〉になっていく。彼らは、事実上、パラ医療の補助的技術者なのである。

社会的な実務としては、確かにそうならざるをえないところがあり、そのこと自体が、即問題になるとは言い難い。しかし、パラ医療とサブ医療が生命倫理学の王道になるとき、もともとそうありえたかもしれない独自のメタ医療は、いつしか、どこかに雲散霧消してしまうとはいえないだろうか。ちょうどアメリカで、一九六〇年代から七〇年代前半にかけて、つまり生命倫理なるものの問題系が社会的にも学問的にも独自性と自律性を手に入れようとしていた時期になされた、いろいろな模索のことを思い出そう。その頃は、医師、社会学者、神学者、哲学者などが、それぞれの立場から自らの学問領域を超えて、医療の倫理問題に接近しようという超領域的な努力をしていた。その後の生命倫理学の発展と拡大は、初期の模索期間がもちえていた多様な可能性を削減し、整序し、或る意味で〈事務化〉してしまった。〈事務化された倫理学〉など、付き合おうとしても、ただ欠伸が出てくるだけである。

(C)フィクションの方へ

以上の見立てがどの程度正鵠を射たものなのかどうか、それは分からない。ともあれ、〈制度化された生命倫理学〉の順調な発展のために、従来の問題系をそのままなぞって技巧性の度合をさらに高めるということを目指すのではなく、少し違った観点からの切り口を作り出してみよう。そのときに利いてくるのが(A)で簡単に触れた人間生活における非事実・準事実の重要性だ。われわれは、事実の連鎖を辿ると同時に、非事実・準事実の暈(かさ)をそれと並行して作動させ、互いを折り重ねるようにして生きている。そのことを、本章全体を貫く、〈生命倫理学のパラ医療化〉、〈生命倫理学の事務化〉からの離脱という問題意識と重ねてみる。すると、生命倫理学の中で従来取り上げられていた多様な問題を、非事実・準事実・半事実などの〈真理の辺縁地帯〉の中で照射し直すという課題が浮上してくる。〈真理の辺縁地帯〉には、文字通り色々なものが住み着いているが、本章では特に、生命倫理学的な問題群がフィクションの中でどのように扱われているのかを見る、という主題設定をする。事務的で実務的なことの方が当然、虚構という〈絵空事〉よりも重要で、ましてや、生命倫理学を問題にしようとする場合に後者に意を注ぐことなどは考えられない、とは思わないという視点の導入である。

事実、とりわけ近年、医学・医療を題材にしたフィクションがそうとう活況を呈している。霧村悠康(ゆうこう)、久坂部羊(よう)、海堂尊(たける)、帚木蓬生(ははきぎほうせい)、高山路爛(ろらん)など、自身医師でありながら、同時に医療問題をフィクションの形で取り上げるというスタイルを取る人々だ。そもそもその主題を医療問題に限らなければ、伝統的に何人もの医師たちが文学的活動によって、その名を歴史に刻んできた。森鷗外、斎藤茂吉、安部公房、藤枝静男、北杜夫、加賀乙彦などのように文学史に確実に名を残す著名な人々だけでなく、渡辺淳一、宮林太郎、南木佳士などのような人々もいる。(1) 天才的な漫画家、手塚治虫も医師の訓練を受けていた。『きりひと讃歌』や『ブラック・ジャック』は、手塚が医学に造詣が深いからこそ描けた漫画だった。また、当人は医師ではないとはいえ二〇〇〇年代に一時期随分話題になった佐藤秀峰の『ブラックジャックによろしく』は、題名から明らかなように〈ブラック・ジャック〉という架空の医師が文化史的に存在していたからこそその足跡を辿りえた、虚構の医療世界だった。『ブラックジャックによろしく』という作品にとって、〈ブラック・ジャック〉という医師は、確かに物理的世界にそのまま存在することはなかったにしても、〈心象の事実〉であると同時に〈文化史の事実〉でもあった。

ここに名前を挙げた人々は、自らの医学的知識を楯に、医師らしい鋭敏な問題意識でテーマ設定をし、巧みな小説を描き上げてきた。そして重要な点は、それらの小説を読む読者であるわれわれも、その種の小説のおかげで、それが文字通りの意味では〈事実〉ではないということは重々承知の上で、医療が孕む諸問題に、より敏感になるということだ。現実には地味で混在した因子が絡み合う物事でも、事実ではなく、想像や虚構がそこに加味されることによって、それらの問題性や特徴がより鮮やかに浮かび上がる——そのような風景が、しばしば見られる。

これらの作家たちの諸作品を個別具体的に分析していくことは、きっと極めて興味深い作業になるに違いない。ただ、この論攷では、それら邦人作家のものではなく、外国の作家を取り上げたい。また、紙数の関係もあるので、多様な医療問題からただ二つの主題だけに絞り、それを巡るフィクションを取り上げる。そして、それらの作品に対して若干の注釈を加えるという体裁を取ることで実質的な作業とする。繰り返すなら、それらが事実ではなくフィクションだということは大前提となっているが、そのフィクションが事実と微妙に接触し、事実が孕む問題性や近未来性をより鋭角的、より露わに表現するという限りにおいて、それらは単なる〈絵空事〉なのではなく、生命倫理学にとっても重要な文化的資料になるのだ。取り上げる二つの主題とは、臓器移植と代理母である。ただ、量的には前者がほぼ七割方を占めている。まずはその臓器移植を巡るフィクションに接近してみよう。アクセス可能性の便を考え、それらいずれもが邦訳のあるものを選択してあるが、括弧内の年数は原著公刊年を表す。

第二節　臓器移植社会の虚構的近未来

具体的には、臓器移植問題を巡る三つのフィクションを取り上げる。

(A) 半ば強制的な臓器提供

まずは、ブラックユーモアが漂うが、全体としてどこか軽い感じを与える一つの作品に眼を向けてみよう。アメリカの現代作家、ジュディ・バドニッツ（Judy Budnitz）の短篇集、『空中スキップ』

（バドニッツ、一九九八）所収の「借り」（一八一‐四九頁）という物語だ。原題は"Guilt"つまり「罪」である。作品の状況設定ははっきりしている。母親（シルヴィ）が心臓発作で倒れ、助かるには心臓移植しかないという状態になったとき、母の姉妹、つまり自分の伯母（フラン、ニーナ）たちから「貴方の心臓を母にあげなさい」としつこく強要されるという話である。伯母たちの要請に、主人公の息子（アーニー）は、でも僕の心臓をあげたら、僕はどうなるの、と抵抗を示す。機械か動物の心臓を使いなさい。シルヴィはあんたを大学にまでやってくれたのよ、いまこそ恩返しの時だ、と伯母たち。父はもう何年も前に死亡している。恋人のマンディに相談すると、自分の心臓を母親にあげるなんて素敵、たった一人のお母さんなんだもの、と後押しされる。アーニー、つまり〈僕〉は大学で文学作品の創作を勉強していた。本当なら、将来何冊もの本を書いて、それで稼いだお金で母親に恩返しをしようと思っていた。だが、どうやら、自分の心臓で今までの借りを返さなければならないらしい。しかし考えようによっては、そちらの方が手っ取り早いともいえる。いま心臓を与えてしまえば、それで貸し借りは無くなり、晴れて自由の身になれるからだ。そう考えて僕は、遂に心臓提供を承諾する。

医師がそのことを母に告げると、母はとても喜んで、お前がそこまでしてくれるとは思っていなかった。お前は本当に世界一の孝行息子。私の育て方は間違っていなかった、お前がそんなに優しい立派な大人に育ってくれたのだから、と涙ぐむ。

そして移植が行われる。手術自体は大成功で、母はすぐに元気を取り戻し、伯母たちも大喜び。僕自身は虚ろでがらんどうのような感覚が残り、重力でベッドに縛り付けられたような状態。母の快復を睨(にら)みながら、医師が嬉しそうに僕に告げる。いま君の心臓を捜している最中だが、なかなか見つからない。少し待ってくれたまえ、と。ところがその内に事態が急変する。母は僕の心臓との間に重大な不適合を起こし、結局それが元で死んでしまう。伯母たちは僕に悪態をつきに来る。自分の母親に不良品を摑(つか)ませるなんて、あんたはとんでもない息子だ、と。そして母が亡くなると、本来なら僕の心臓は僕に返されてもいいはずだったのだが、ちょうどそのとき、可愛い八歳くらいの少女が心臓を必要としていたので、僕の心臓はその子を救うために使われる。医師は僕にそっと告げる、大丈夫、まだもう少し待ってもらっていても構わない、君の体には防腐剤をたっぷり注入してあるから、当分腐ることもないからね……。こうして話が終わる。

もちろん、大枠はまるで非現実的な設定である。にも拘わらず、むしろ問題にすべきなのは、幾つかの点でそれが或る種の現実に触れているという点だ。例えば親子関係が「貸し借り」という経済的関係として捉えられている点。そこまであからさまな形で表現されるのは希とはいえ、われわれの社会でも、子どもに大金を出して例えば大学まで行かせるという場合、親の心の片隅には、ここまでしたのだから老後は少し面倒を見てもらってもいいだろうという気持ちが住み着く。子どもの感謝の念は、普通は自発的なものだが、日常会話での言葉の端々に多少とも強制的な示唆が入る場合があることも無視できない。[2] 或る種の互恵性が見え隠れするという構図は確かに存在するのだ。この掌編は、その事実を、臓器移植という特定の題材を用いて非現実的なまでに誇張したものだ。

しかも、臓器移植が或る程度汎化した社会の中では、〈臓器〉が本当に一種の〈品物〉になるというのは避けようがない。親子間では原則的に愛情に基づいた贈答品、他者間では〈連帯〉や〈命のリレー〉などの概念装置でオブラートに包まれた生物資源、犯罪社会では誘拐した子どもから調達する盗品になる。それによって助かる命がいるというのは紛う方ない事実ながら、どれほど奇麗な言葉を並べ立てようと、われわれ人間がこれまで築いてきた身体についての文化に、重大な毀損が加えられるのは間違いない。改正臓器移植法施行以来、従来よりもそうとう速いペースで移植事例は増大しつつあるが、まだ〈汎化〉とまではいえない。私が述べたような負の効果がじんわりと効いてくるには、まだかなりの時間が必要だ。そして、その効果が誰の目にも明らかになるとき、或る重大な文化的規範にほぼ取り返しのつかないダメージが加えられているという可能性が高い。われわれは或る重要な一歩を踏み出してしまった。まだ、議論は可能で、一種の後戻りも可能ではある。ともあれ、この掌編が醸し出すブラックユーモアが、ブラックユーモアどころか、少なくとも部分的には現実化した近未来社会の、ごく中立的な記述として受け止められるような日が到来しないとも限らないのである。

(B) 臓器製造工場

次にアメリカの弁護士スティーヴン・カーナル(Stephen Kanar)の『Jファクター』(カーナル、二〇〇〇)をみる。このかなり浩瀚な小説の具体的な粗筋をそのまま説明しても、大した意味はない。話の作り方としては、或る種の犯罪絡みの事件を、主人公が一つひとつ解明していくというサスペンスタッチのものになっている。それはそれでいいのだが、この小説が私の注意を引くのは、その基本設定のゆえにである。

そこに描かれる社会は、既に臓器移植が一般化した社会であり、非常に多くの人が移植によってそれぞれの延命を実現している。そして厖大な数に登る移植手術はＩＯＲＣ（国際臓器移植会社）という私的企業が全世界でほぼ独占的に統括し、いつどこでどんな手術が行われるのかを逐一調整している。移植の対象になる臓器の種類、例えば腎臓なら腎臓で或る地域で何番目に移植手術を受けられるのか、その順番を決めるのはＩＯＲＣであり、使用する臓器を配分するのもＩＯＲＣである。その順番を決める〈指数〉がＪファクター（移植順位指数）だ。たとえ特定の臓器の調子が悪く、移植手術の必要性が切迫した状態にある人でも、Ｊファクターが低ければ、すぐに手術を受けることはできない。興味深いのは、そのＪファクターを決める際に、個人の生活様式がきちんと勘案されるという点だ。それを支える論理は明快である。いくら移植手術が一般化しているとはいえ、あくまでも貴重な臓器資源なのだから、移植手術には、その後高い確率で長く生きられる人が優先される。だから各個人の肥満度、血圧の状態、喫煙歴、遺伝子分析などが考慮に入れられる。太っていて高血圧、愛煙家で家族に重篤な遺伝疾患がある個人などは、Ｊファクターは低くなるというわけである。

さて、これが、移植手術がどのように社会の中で行われているかを示す一般的な背景だ。[3]では、そのような厖大な移植手術を実現可能にするための臓器はどのように調達されるのだろうか。まずは普通に一般人からの自発的提供がある。その場合、例えば自分の腎臓をＩＯＲＣに提供した人はＪファクターが高くなり、自分がその後心臓疾患に冒された場合には、その分早く心臓移植をしてもらえる。

しかし実はこれほど移植医療が一般化している社会を成り立たせるためには、この種の通常の提供だけでは不充分だ。そこでこの小説世界での核心的な設定が提示される。[4] 代表的臓器として、心臓を例にとって説明しよう。まず詳細で系統的な遺伝子研究がある。例えば日本人が相対的に心臓疾患に苦しむ比率が少ないとするなら、環境因子だけでなくその遺伝子型を詳細に分析し、心臓疾患に罹りにくい遺伝子をもつ日本人グループを特定する。そしてそのグループの男女から配偶子を購入する。そうやって手に入れた精子・卵子を元に、ＩＯＲＣは、そこにいろいろな遺伝子改変を加える。処置の終わった精子・卵子は大量に受精させ、その発生過程を綿密にチェックする。そして或る程度成長すると、もう一度遺伝子分析を行い、良質のものだけをさらに増殖させる。こうして、心臓疾患に罹りにくいという原基的特性と、それ以外の良質な性質を備えた胎芽が製造されると、ＩＯＲＣは、それを元に大量のクローン胚を造る。この段階で既に、人間がいろいろな操作や改変を行っているのだから、それらのクローン胚はもはや人間ではないとＩＯＲＣは認識する。それらは、遺伝子工学的に造られた人間様の生物、ＧＥＣ（遺伝的に強化されたクローン）なのだ。[5]

さて、そうやって製造された大量のクローン胚は、成長促進剤やさまざまな薬品によって健康維持をされながら、特殊な球形の容器の中で成長を続けていく。ただ、そこには一つ問題がある。成長促進剤によって迅速に体が大きくなるのはいいのだが、その過程で、脳に障害がおき、そのせいでそれらのクローンの知能指数は低くなるからだ。しかし、それはＩＯＲＣ側からみれば利点でもある。なぜなら知能程度が低いからこそ、その種のクローン個体は、狭い容器の中でそれほどの退屈も感じず、閉所恐怖症に苦しむこともないからだ。[6] しかも、GECは既に人間ではないので、いよいよ臓器を摘出するという時にも、サクシニルコリン（筋弛緩剤）のような、手術を円滑にするための薬剤は使われこそするが、それら（彼ら？）が苦痛を感じるかもしれないというような配慮は、一切なされない。まさに、それらのクローン個体は純粋な〈臓器工場〉であり、それ以上のものではないのである……。

これが『Jファクター』の核心的設定である。小説自体の運動としては、或る患者の不可解な死亡事件をきっかけに、主人公の医師がその真相を解明するという流れの中で、本来、私的企業とはいえ医療行為に関わる福祉的機関であるはずのIORCが、半ば犯罪的なことをしているというのが徐々に分かるという仕立てになっている。臓器移植が一般化される場合、臓器は、一度移植されればそれで終わりというわけではなく、Aさんに使われた移植心臓はAさんの死亡後、すぐにBさんに使われるということもありうる。IORCは全世界の移植手術を完全に統制したいために、自分たちが供給する移植用臓器に或る種の識別番号とチップを埋め込んでおき、もし会社が認めない移植手術が闇で行われた場合、そのレシピエントの臓器に誤作動を起こさせる命令を、チップを介して与えることができるのだ。IORCは時として殺人もしているということである。小説は、幾つかの困難の末に主人公らの努力によって遂にその所業が暴露され、結局、IORCもその非を認めるというところで終わっている。殺人の証拠がある場合の関係者の処分、今後その種のことは一切しないこと、移植臓器配分の独占体制を軟化することなどという条件で、事件は終焉を迎えるのだ。

だが、それは逆にいうなら、この種の臓器移植社会そのものを根源的に批判するとか、IORCを解散させるとか、そのような大団円にはならないということでもある。著者がアメリカで先端医療問題などに関わる弁護士だという事実があるせいか、著者の態度には一種現実主義的な性格があり、アメリカでは既にかなり進んでいる移植医療の可能的近未来について、ただ想像力を働かせてみたというスタンスに留まっているようにも思える。だが、このことについてのより詳しい注釈は、次の小説とも重複するので、(C)の事例を説明した後に纏めて行いたいと思う。

(C) クローンという予備部品

臓器移植関係のフィクションとして、最後にカズオ・イシグロ(Kazuo Ishiguro, 1954-)の『わたしを離さないで』(イシグロ、二〇〇五)をみる。ここで取り上げた三つの作品の中では最も文学性の高い作品だ。この作品の一番いい点は、背景的な設定に説明的言辞を最小限しか加えないというところにある。話の流れはむしろ緩慢で淡々としている。最初の部分は、或る施設に入れられた子どもたちがゆっくりと成長していく様子が比較的普通に記載されているだけなのだ。彼らの感情の行き違いとか、ごく普通の小さな事件などの平穏な記述。その子たちはなんらかの逆境の中にあるらしいのだが、それでも健気に、友人や周囲の人々を思いやりながら暮らしているという風景。ヘールシャムというその施設が、いったい何の施設なのかはほとんど分からない。監獄のような刑事罰的なもの、または精神病院のような所という普通の推定も、どうも当たっていなさそうだ。

とはいえ、ところどころでどこか不穏な雰囲気を醸し出す逸話が挟まれてはいる。自分たちは保護官や外部の人間とは違うのだという曖昧なリフレイン。女生徒に向けて繰り返される、あなた方は将来誰も子どもを産めませんという預言。それに〈提供〉という謎のような言葉。実は小説の冒頭から主人公のキャシーは〈介護人〉をやっていると伝えられるが、上記のように、介護という言葉が連想させる普通の病院や老人ホームとはどこか違う雰囲気が漂っている。喫煙を咎める先生に、あなたは煙草を吸ったことがないのか、と或る生徒が訊くと、先生は昔吸ったことがある、と。しかしその次に先生は、あなた方は特別な生徒なのだから、体を健康に保つことはとても重要なのだ、と告げる（第六章）。それは一見、とても優しい言葉に聞こえるが、小説全体を通読した後で改めてその言葉を読むと、意味の本質が逆転していることに驚かされる。なぜなら、それはその子ども
たち当人のことを思ってのものではないからだ。

成長すると、子どもたちはヘールシャムを離れ、コテージに行く。そして既にティーンエイジャーになっている彼らには、当然ながら異性との問題などが重要性を増してくる。その頃から徐々に、この小説の基本的設定が明らかにされ始めるとはいえ、この小説のいいところは、それを一気に、かつ事務的には宣言しないという点にある。その青年たちは、誰もが「普通の人間から複製された存在」（二一三頁）らしい。では、彼らはクローン人間なのか。その回答がほぼ直接的に与えられるのは全二三章中、第二二章になってから、つまりほぼ終わる直前なのだ。しかもその回答の与えられ方も、あくまでも先生の口を介して、物語的に、である。主人公たちが子

ども時代を過ごしたヘールシャムは、当時既に一般化していた臓器移植社会でのクローン人間の処遇に不満をもつ人々の、それなりに善意に溢れた施設だった。それは、クローン人間を人道的で文化的な環境で育てれば、普通の人間同様に、感受性豊かで理知的な人間に成長するというのを世界に示すための施設だった。しかしこれは、われわれの眼からみれば、少し奇妙な表現にみえる。〈クローン人間〉は、仮に存在するようになったとしても、それは或る既存の人間と同じゲノムをもつことを除けば、[7] われわれと全く同等の人間だというのは自明のはずだからである。

ところが、それがまるで自明ではないというところが、この小説の虚構空間の重要な特徴なのだ。自明ではないどころか、クローン人間は、普通の人間と比べると明らかに低い価値しか与えられていない。クローン人間は完全な人間とはいえず、普通の人間扱いにしなくてもいい。クローン人間たちは、もともと娼婦とか、そもそも社会でもあまり重視されていない人々のゲノムをもつという設定なので、尚更その周辺的性格は強まる。だから、クローン人間が大人になれば、普通の人の健康が危機的状態になったとき、その危機的状態を緩和するためにクローン人間の臓器が予備部品（spare parts）として使われるのだ。[8]〈提供〉（donation）とは、或る特定の臓器拠出の命令に、クローン人間が従うことを意味する。〈介護〉（care）とは、例えば腎臓を一つ拠出して少し弱ったクローンたちを世話することだ。そして、腎臓一つならまだ生き続けることも可能だが、二つ目の腎臓とか、心臓の拠出が必要な場合には、もちろんそのクローンはそれ以上生きていけない。臓器の拠出が繰り返されるに従って、さしものクローンも取り乱す場合がある。それが〈動揺〉（agitation）である。そして複数回の拠出の果てに遂に死亡することが〈使命を終えること〉（complete）である。そのどれもが一般的用語なのだが、それによって或る特定の意味をもたせていることに注意しよう。修辞的には、それは一種の提喩である。

この小説は、主人公キャシーの周辺で、小さい頃からいろいろと交流のあった友達、ルースとトミー、他の何人かのクローンたちの運命を辿ることで成り立っている。ルースとは深い繋がりがあったが、感情のもつれが生じてしまう。しかしルースは比較的早くに〈使命を終える〉。トミーとキャシーは恋人同士でもあり互いに重要な存在だったが、そんな彼も〈提供者〉としての自分と〈介護人〉としてのキャシーとでは、どうしても分かり合えないところも出てくるのだと呟く。そして小説は、トミーが遂に〈使命を終え〉、それを聞いたキャシーが想い出の場所にまでドライブをして、そこで一瞬空想に浸り、再び仕事に戻っていくというところで終わっている。

この悲しい小説には、〈クローン人間たちの材料品扱い〉という主題が推定せしめるような、激しい弾劾や義憤のトーンはほとんど見られない。むしろ全体が静謐で繊細な雰囲気で満たされている。クローン人間たちが自分たちの社会での立ち位置、自分たちの運命をよく理解し、受容しているという様子が描かれる。そのメタ・メッセージは、優れた文学作品らしく、複雑で多義的なものである。例えば、これほどではないにしても、今後臓器移植が一般化すれば、これに似たような状況に置かれる人々が出てくるかもしれない、それも致し方ないという発想、(9)こんなことは決して起こってはいけないのだから、やはりクローン人間の製造などは許してはならないという発想、クローン人間を必要とせしめる臓器移植社会の到来を拒否すべきだという発想、臓器移植にはクローンは必須ではなく、それに比べれば脳死体を積極利用した方がましなのだという発想などである。

『Jファクター』の場合、クローンは遺伝子改変をされ、知的能力も低く、その分、自分たちの状況を充分には理解できない〈亜人間〉だった。『わたしを離さないで』の場合、クローンは亜人間どころか、恋をし、嫉妬をし、感情の行き違いに苦しむごく普通の人間たちだった。ただそのどちらの小説でも、近未来に出現可能なものとして存在する〈臓器移植汎化社会〉への絶対的拒否というスタンスを、少なくとも明示的には取らないという共通点をもっているようだ。そのことは、現在既に多くの移植医療が合法的に行われている現実を背景にしているというのはいうまでもない。それは単純な批判的スタンスを許さないほど、この種の医療が社会に浸潤しているという徴(しるし)なのだ。また、先端医療が本性的にもつ或る種の盲目的な前進強迫こそが問題の本源なのであり、臓器移植もクローン作成も、その派生的具現態の一つにすぎないという考え方もありうる。その場合、尚更臓器移植社会そのものを批判しても仕方がないということになる。

第一節で述べたように、これら三つの小説はいずれもが現実に完全には合致しないという意味では非現実的だが、現実と全く無関係でもないという意味で、いわゆる〈虚実綯(な)い交(ま)ぜ〉の位置価をもつ。そして、そこに〈虚〉の成分が混在しているからこそ、現実を匍匐(ほふく)しているだけでは見えてこない問題群の萌芽が分節されてくる。特にイシグロのもののように、高い文学性と共にそれが表現されるとき、それは読者に強い感動をもたらす。事実、『わたしを離さないで』は世界的なベストセラーとなり、映画化もされた[10](二〇一〇)。

第三節　代理母制度の虚構的侵犯

(A) 代理母と性愛

二つ目の代理母問題については、紙数の関係もあるので、取り上げるフィクションはただ一つに留めたい。それはスティーヴン・グリーンリーフ (Stephen Greenleaf) の『偽りの契り』(グリーンリーフ、一九九四) である。全体としてはサスペンス、またはハードボイルド風の小説の中で、代理母問題がその小説の起動点を構成している。では、その起点とはどのようなものなのかを説明してみよう。

裕福なコルバート夫妻。夫のスチュワートは精管切除手術を受けているが、若い頃精子銀行に自分の精子を預けていた。二番目の妻ミリセントは数年前に子宮外妊娠をしたせいで、卵巣を除く生殖器官のほとんどを切除しなければならなかった。それでも二人は子どもが欲しかった。そこで夫妻は、夫の精子と妻の卵子で体外受精を行い、それを或る程度発生させ、いまは胎芽の状態で冷凍保存してある。あとはそれを子宮の中で育ててくれる女性を捜さなければならない。普通、代理母には縁もゆかりもない人を選ぶが、コルバート夫妻の場合、斡旋業者が推薦してきた多くの女性には満足できず、結局夫は昔、秘書として雇っていたグレタという女性を代理母にしたいと思った。グレタは三七歳、離婚歴があり現在独身、自分の子どもが一人いる。ただその場合の条件として、自分たちのことは匿名のままにして、グレタには依頼主が誰なのかは絶対に分からないようにした。その代わり、報酬は他の代理母に比べても極めて高いものだった。準備が整った段階で、彼らは弁護士を介して、主人公の探偵タナーに、グレタが本当に代理母に相応しい女性かどうか、身辺調査をしてくれないかという依頼をする。タナーは調査を開始し、グレタの子どもは既に死んだらしいので、その経験がどう影響するかという心配はあったが、その点を除けば、彼女は人格的には代理母として問題ないという報告をする。それを受けて、医師はグレタの子宮に胎芽の着床手術を行い、代理母にする。ところがグレタは少しすると出奔してしまう。タナーは依頼主のコルバートと弁護士ラッセルに手ひどく叱責される。そこで探偵は本腰を入れた調査に入る。

　これが話の起動点をなす基本的条件である。しかし錯綜した筋をもつこのハードボイルド小説の、その後の展開を逐一紹介しようとは思わない。というのも、代理母問題というわれわれの主題にとって、この小説は、最初はともかく、その後の話の流れは必ずしも代理母とは関係ないところに重心が移っていくからだ。グレタの失踪は誘拐ではなく自発的な雲隠れだ。というのもグレタは、代理母になることを承諾し依頼主の胎芽を体内に宿した後で、その夫妻の正体を知ってしまうからだ。彼女はいい知れないほどに激しい動揺を味わう。実はグレタとスチュワートは二〇年も前の若い頃、互いに恋仲で、肉体関係もあった。グレタは自分の過去と、今回の代理母という身分との格差に耐えられない思いを味わい、身を隠すのだ。しかも筋の転変は、これだけでは終わらない。実はその二人は隠された異母兄妹だということ、つまり二人は知らない内に近親相姦を犯していたことが分かる云々などというように、話は、次々に新たな問題を発生させ、逆にいうなら、起点からはどんどん遠ざかっていく。最後には、それは本当の近親相姦ではなかったという種明かしがされるとはいえ、とにかく、話はわれわれの主題設定とはあまり関係のないものになっていくので、この小説の粗筋自体にこれ以上言及するのはやめる。

ともあれ、代理母を巡る生命倫理学的問題にとって、『偽りの契り』がその虚構世界を通して示唆するところがまるでないわけではない。だからこそ私はそれを取り上げたのだ。代理母という制度についての一般的問題については後で触れ直すとして、この小説に固有な設定として重要なのは、不妊の夫婦側が自分たちの身分は隠したまま、代理母の指定を直接に行うということだろう。これは非現実的な設定だといえるが、逆にいうなら、もしこのような匿名かつ選択的な指定が行われるなら、極限的にはこの小説のようなことが起こりうるということが示唆されている。この小説の場合、代理母に選ばれたのはかつての恋人であり、その恋人に胎芽を着床させるのは、いわば想像的な性愛によって、その女性と再び関係をもつことを意味しえた。契約的な生殖であるはずの代理母に、性愛の成分が絡みつく。もっとも、見方を変えるなら、生殖と性愛とは当然表裏一体のものであるはずだというのが、人間の元基的条件だとするなら、〈契約的生殖〉に他ならない代理母は、その元基的条件を蚕食するものであり、スチュワートの半ば歪んだ行為は、歪んだ代理母制度と照らしてみれば、まだ人間の根源的情感に近いところに触れるものだったといっていえなくもない。

(B) 代理母の準仮想的な諸問題

『偽りの契り』のような逸脱的事例ではなくとも、そもそも代理母という制度は、とにかくなんらかの形で血の繋がった我が子をこの世に残したいという、根源的、または根源的とされる欲望に根づくものであるだけに、断定的否定や批判をしにくいというところがある。〈血の繋がり〉という概念は、人間の場合恐らくは生物的というよりは文化的なものとして存在していると思われるとはいえ、そこに生物学的な自然主義が顔を出すという余地は当然残るので、議論の収束は遅延され続ける。また、〈血の繋がり〉は、〈汚れた血〉、〈高貴な血〉という価値的判断を暗黙に抱え込むものでもある。代理母に頼んでまでも自分の血統を護るという情念の底には、貴族的矜持(きょうじ)、貴族的なものへの憧れ、貧民的陋劣(ろうれつ)への恐怖などというような文化的記憶が残っている可能性さえある。

いずれにせよ、現時点で既に、この代理母という制度がもついろいろな問題点は周知のものだ。先の小説でも言及されていたベビーM事件とは、一九八〇年代半ば、アメリカ社会を賑わせた代理母事件だ。代理出産の契約を行った女性が、出産後、その子どもの依頼夫妻への引き渡しを拒否したというものである。結局、一九八八年にはニュージャージー州最高裁での判決で、代理母契約はそれ自体としては無効だと見做され、その子どもの親権は依頼者の父にあるとされたが、代理母は実質的な母親として、訪問権を認められるという形で決着がついた。他方、一九九〇年には「アナ・ジョンソンvsカルバート裁判」という係争があり、そこでの論争を通して、カリフォルニア州では制度としての代理母制に一種の弾みがつくことになった。一九九六年に公刊された『偽りの契り』は、もちろんそれらの現実的背景を念頭に置いて書かれている。

もちろん、一部で積極的な推進論があるにも拘わらず、その制度にはベビーM事件のような引き渡し拒否以外にも多くの問題がある。まずいえるのは、依頼者は比較的上流階級の富裕層に多く、代理母は低所得層の若い女性に多いので、代理母側の善意の存在にも拘わらず、そこにはどうしても〈新生児の商品化〉という意味がついて回るということだ。多額の報酬を条件に結ばれる契約は、貧民の人体搾取であり、子宮賃貸業である。ちょうど臓器移植社会がそうであるような、伝統的身体観への侵害を、この事例も抱えもっている。さらに、代理母が妊娠中に死亡した場合の責任論、代理母が死産の子どもを産んだ場合、代理母が障害児を産んで、依頼者が受け取りを拒否した場合、双子を産んで、一人しかいらないといわれた場合、代理母が途中で気が変わり勝手に中絶した場合など、実に多様な問題が、現実に生じ、または仮想的な問題として議論されている。周知のように、代理母については現在のところ我が国では慎重な姿勢が貫かれている。しかし、ちょうど臓器移植論が、諸外国にまで移植手術を求めていく邦人の問題に煽られるような形で国内で進められたのと相即するかのように、海外に代理母的制度を求めて出国し、外国でそうやって子どもを造る邦人が増えていくとすると、それが契機となって国内でも認容するという流れになるかもしれない。

いずれにしろ、この問題は、まだ法的整備もなされておらず、臓器移植に比べれば世界的にも対象者の数は少ないので、これが将来制度的に確固たるものとして成長するかどうかや、もし制度として一般化した場合、そこからどのような問題が帰結するのかということを含めて、現時点では、その総体が現実世界よりも仮想世界での分節の方が遥かに深く豊かだという状態にある。このような問題の場合、われわれは何も個別具体的なフィクションに頼る必要がないとさえいえそうだ。なぜなら〈代理母問題〉は、それが具体的に小説という形式を取る取らないに関わりなく、半ば以上が仮想空間に宙づりのまま存在するものだからである。(11)

第四節　虚構の影の下で

さて、紙数の縛りもあるので、ごく簡単にしか扱うことができなかったとはいえ、われわれが主題として取り上げた臓器移植、代理母という二つの話題だけではなく、他にも数多くの生命倫理学的問題群が、単に法律や指針、実際の事件や判例、無数の関連論文や書籍などという、〈事実〉の位相に留まるものによってだけではなく、人間の多様な想像を通して生まれたフィクションによっても、事実に被(かぶ)さり、事実と並行するような形で社会空間に漂っているということが、この簡単な論攷によって示唆されたはずである。それらは単なる想像だとか、絵空事にすぎないなどと述べてみても、実はあまり意味はない。四つの中では最も非現実的なバドニッツの「借り」でさえ、心臓移植だから荒唐無稽に思えるかもしれないが、例えば子から親への生体肝移植というように、僅かに関与内臓を変更するだけで、俄然現実味を増してくるということが分かるはずだ。繰り返しにはなるが、それらはまさに〈虚実綯い交ぜ〉なのであり、そこにチラリと顔を出す現実世界は、瞥見的対象だからこそ一層、その隠蔽された歪みや問題性を露わにすると述べて構わないのである。それらのフィクションは決して〈純粋な絵空事〉などではない。

取り上げた四作品の内、『わたしを離さないで』を除く三作品は、どれもが大衆文学的なものだが、逆にいえば、まさに大衆文学だということによって、多くの読者を獲得するという可能性をもつ。他方、イシグロの小説も純文学的なものながら、世界的成功によって、多くの人々に読まれたという事実がある。言い方は悪いが、生命倫理学関係の専門家しか読まない専門雑誌に掲載される論文よりも、読者の数という点から見れば、それらの方が大きく上回っているという推定が許される。

もちろん、〈素人〉の読者が小説を読むということと、〈玄人〉が専門的論文を読むということを、単純に読者数という指標だけをみてその軽重を測るというのは、軽率に過ぎよう。とはいえ、例えば『わたしを離さないで』という悲しい物語が全世界の多くの人々に読まれるとき、まるで〈亜人〉扱いされるクローン人間という描像は、作品自体の静謐さにも拘わらず、読者の心に重石のようにのしかかるはずだ。そして、〈クローン人間の系統的搾取〉が普通に行われることの小説世界をおぞましいと見做すという感覚が、〈全員ではないにしても〉多くの読者によって共有されるはずだ。それは、まさに〈おぞましさの感覚〉という程度の、曖昧模糊とした、気分的なものだ。しかしその種の気分的なものが広く社会空間に浸透するという背景があるとき、それは、生命倫理学的な問題群を個別具体的に錬磨する際にも陰に陽に効いてくる。或る問題への違和感や反感の根底には、論理的自覚や形式的並べ立てがしにくいものが侍り続け、それは、論文での合理的論破や論理的構築とは性質を異にしながらも、時にはそれに匹敵するほどの力をもつからだ。

このように、虚構世界での想像的因子も関与対象に組み込む時、煩瑣で形式的なパラ医療化した生命倫理学は、多少とも刷新的雰囲気を備えた新機軸に触れることになる。それは、生命倫理学の端的な堕落や逸脱であるどころか、新たな豊饒化の機会かもしれないのである。

註

(1) また、広く文化活動、評論活動までも視野に入れれば、恐らく枚挙に暇がない程の人々がいるだろう。なだいなだや永井明、米山公啓(きみひろ)のような人々だ。ただ、フィクションの独自な問題構制に注目する本章のスタンスからは、それらの評論活動は若干外れてしまう。他方、執筆者が医師ではなくても、医療問題をテーマにした小説も、大量に存在する。ただその枚挙は、本章の企図からは外れてしまうので、これ以上具体的な作家名を挙げることはしない。

(2) なお、この作品の原題は"Guilt"だが、そこには当然ながら宗教的含意があるということが推察される。しかし、かえって意味が不確定になっており、捉えどころがない。子どもが親の世話を何年もの間受けて大きくなっていくというのは、われわれ人間の原基的条件の一つだが、それを「罪」と捉えるということか。しかし、何の罪なのだろうか。もっと早く成長しないことの罪か、成長後、必ずしも親の期待にそぐわないことの罪か、成長後充分に親の面倒を見ないことがよくあるという罪か。——この原題を残さず、邦題を「借り」としたことで、確かに意味の厚みは薄くなったが、それはそれで許容範囲の中にある、と私は思う。

(3) 臓器移植にはもちろん免疫系からくる拒絶反応の問題があるが、これほど移植が一般化した社会ている。

では、免疫抑制剤による対処法が確立しており、その問題はクリアされているというのが前提になっている。

(4) 主として第一二章と第一三章での記載に基づく。また、最終章の第二三章での記述も重要である。

(5) どこか、ハックスリーの『すばらしい新世界』(ハックスリー、一九三二) を思わせる設定だ。

(6) 実は、より小説の語りに密着した紹介を試みるなら、主人公の医師 (ウエスト) がIORCの企業としての性質に疑問を感じ、あれこれ調べている最中、それを悟ったIORC側があえて彼を中核の〈臓器製造工場〉に招待し、担当者にあれこれとそのシステムを説明させるという設定になっている。そこで、このクローン個体たちが退屈や恐怖を感じないという説明者の言葉に、ウエストは疑念をもつという記述がなされている。なぜなら、彼は、まだ子ども状態にあるそのクローンたちが球形の容器の中で恐怖や戸惑いの表情を浮かべているのを一瞬にして見て取ったからだ。

(7) 未知の医学的問題を度外視すれば、である。

(8) レシピエントの側の拒絶反応の問題があると推定されるが、それについてはこの小説ではほとんど論じられていない。これほど臓器移植が一般化した社会の場合、免疫抑制剤などの進歩が順調に進み、レシピエントの移植による延命効果は良好なものになっているという想定をすることが順当であろう。だが、イシグロはあえてその側面での医学的問題については、ほとんど触れようとしない。

(9) つまり産まれたときからクローンとして、他者の延命のための材料という位置づけをもつ、というのではないにしても、或る状況のために自分の内臓を自発的に他者に拠出するという状況は、インドなどの国で行われている臓器売買という形で既に現実化しているのだ。この小説は、既に現実化している事柄に虚構らしい誇張因子を加えたものに他ならないという発想である。

(10) 映画の話が出たのでもう一つ、関連する話題の映画を紹介しておく。それはウィル・スミス (Will Smith) 主演の『7つの贈り物』(二〇〇八) という映画だ。この映画も、説明的要素が少なく、最後までみないと話の意味が良く分からない。一言でいうなら、次のような話だ。酷い交通事故を起こして最愛の家族を失ってしまった主人公が生き続ける意欲を失い、自殺を決意する。だが彼は自殺の前に、死んだら自分の体を移植の材料として提供しようと思い、密かに自分の周囲の人々を調査し始める。何かの臓器が駄目になったせいで体調を壊していたり、盲目のような障害があるというように、いろいろな意味でハンディを負いながらも、健気に生活している人々、また道徳的にも善人の人々を、彼は何人か捜していく。そして、彼の死後、それらの人々にそれぞれ最も有効な臓器を提供することで（遺言で指名して）、自分の体を役立ててもらうという話である。提供された人々は、それらの臓器が誰から提供されたのかを知っており、彼の死を悼み、また自分への〈贈り物〉を感謝するという流れの中で、話は終わっている。自分が殺してしまった家族、その失われた命を、自分の死を介して他の人々に引き継ぐとでもいうかのようなストーリーだが、それを単に〈美談〉としてだけ捉えるわけにはいかないというところが、この問題の複雑さを象徴するものになっている。

（11）この話題への言及を終える前に、もう一度『偽りの契り』での基本設定を思い起こしてみよう。この小説の場合、依頼夫婦は、自分たちの素顔は隠しつつ、斡旋業者を介さずに直接に代理母を指定していた。彼らにとって、自分たちの子どもの〈子宮的な起源〉は周知のものだった。だが、相手の女性が依頼夫婦の正体を知るに及んで、事態は彼らが願っていたのとは違う方向に動いていったというのは上記の通りだ。ところで、現実世界においては、最初期には斡旋業者を介して紹介された代理母でも、実際にその女性が妊娠をしてくれるという段階になると、依頼側の夫婦と代理母とは互いに密に連絡を取り合うという場合が多い。その意味で、依頼者にとって自分たちの子どもの〈子宮的な起源〉は未知ではない。しかし、生まれてくる子どもにとっては、匿名のままであった方がいい。というより、そのはずである。しかし、特に近年、生まれてくる子どもにとって、自分の〈子宮的な親探し〉、または〈遺伝的な親探し〉（卵子が代理母のものの場合もあるから）の願望が顕著になる事例が散見されるという。確かに通常は、代理母で子どもを造った両親は、子どもにそのことを知らせない。つまり、普通の子どもにとって、〈生物的な親〉はそれまで生活を共にしてきた両親だということはほぼ自明視されている。しかし、代理母に頼ってまで子どもを造ろうとした夫婦でも、その後離婚する場合がある。離婚する際の捨て台詞のようなものとして、子どもにその〈起源〉を知らせることがありうる。あるいは、夫婦のどちらかが死ぬ間際に、長年の秘密を打ち明けるというようなこともある。『第三者の関わる生殖技術について考える会』の活動報告集（二〇一〇）にも、代理母よりもさらに一般化されたカテゴリー、〈第三者の関わる生殖技術〉についての議論がなされている。〈第三者の関わる生殖技術〉とは、非配偶者間人工授精（ＡＩＤ）、非配偶者間体外受精（精子、卵子、胚提供）、代理出産を含むカテゴリーだ。その報告集では、特に、従来ともすれば見落とされがちだった子どもの視点からの問題点が数多く列挙されている。とにかく、子ども時代に当然自分は両親の子どもだと思って育ったのに実はそうではなかったということが分かった時に、子どもがどのような衝撃を受け、どのように苦悶するのかということについては、より繊細に気遣われてよい。ともすれば、代理母も含む生殖補助医療一般は、世間の無理解に対抗し、どうしても子どもが欲しいと願う夫婦の情念にこそ最終的な根拠がある、というような立論構制をもちがちだからである。

参考文献

家田荘子（二〇〇七）『不妊』幻冬舎
家永登・上杉富之編（二〇〇八）『生殖革命と親・子』早稲田大学出版部
イシグロ、カズオ（二〇〇八：原著二〇〇五）『わたしを離さないで』土屋政雄訳、ハヤカワepi文庫
市川茂孝（一九九三）『母権と父権の文化史』農山漁村文化協会
石原理（二〇一〇）『生殖医療と家族のかたち』平凡社
伊藤晴夫（二〇〇六）『生殖医療の何が問題か』緑風出版

大野和基（二〇〇九）『代理出産』集英社新書
カーナル、スティーヴン（二〇〇一：原著二〇〇〇）『Ｊファクター』平井イサク訳、ハヤカワ文庫
共同通信社社会部移植取材班編（一九九八）『凍れる心臓』共同通信社
金城清子（一九九六）『生殖革命と人権』中央公論社
グリーンリーフ、スティーヴン（一九九六：原著一九九四）『偽りの契り』黒原敏行訳、早川書房
ケイン、エリザベス（一九九三：原著一九八八）『バースマザー』落合恵子訳、株式会社共同通信社
小泉カツミ（二〇〇一）『産めない母と産みの母』竹内書店新社
小松美彦（二〇〇四）『脳死・臓器移植の本当の話』ＰＨＰ新書
小松美彦他編（二〇一〇）『いのちの選択』岩波ブックレット
菰田麻紀子（一九九六）『代理母出産』近代映画社
近藤泰尚（二〇〇三）『アメリカの代理母制の研究』かんぽう
第三者の関わる生殖技術について考える会（二〇一〇）『第三者の関わる生殖技術にＳＴＯＰ!!』同会
活動報告集
チェスラー、フィリス（一九九三：原著一九八八）『代理母』佐藤雅彦訳、平凡社
柘植あづみ（二〇一〇）『妊娠を考える』ＮＴＴ出版
日本性教育協会編（一九九八）『女性の性的自己決定』日本性教育協会
根津八紘・沢見涼子（二〇〇九）『母と娘の代理出産』はる書房
ハックスリー、オルダス（一九七四：原著一九三二）『すばらしい新世界』松村達雄訳、講談社文庫
バドニッツ、ジュディ（二〇〇七：原著一九九八）『空中スキップ』岸本佐和子訳、マガジンハウス
向井亜紀（二〇〇四）『会いたかった』幻冬舎
村田翠（二〇一〇）『まだ、間に合うのなら』文芸社
山野勇樹（一九九三）『代理母』日本図書刊行会

若林照光（一九九七）『小説臓器移植』インテリジェンス出版社

Campbell, Jason J. (2006) *Daughters of the surrogate mother*, Tucson: Wheatmark.

Clarke, Alison & Judy Dunn Stewart eds. (2006) *Families count*, Cambridge: Cambridge University Press.

Ishiguro, Kazuo (2005) *Never Let Me Go*, New York: Vintage Books.

Markens, Susan (2007) *Surrogate Motherhood and the Politics of Reproduction*, Berkeley: University of California Press.

Ragoné, Helena (1994) *Surrogate motherhood*, Boulder: Westview Press.

Shelton, Wayne & John Balint eds. (2001) *The Ethics of Organ Transplantation*, Bingley: Emerald Group Publishing.

映画（二〇〇八）『7つの贈り物』（*Seven Pounds*）Gabriele Muccino 監督、Will Smith 主演

映画（二〇一〇）『わたしを離さないで』（*Never Let Me Go*）Mark Romanek 監督、Carey Mulligan 主演

第九章　〈境界人間〉の不穏な肖像

二〇一〇年に『ゴーレムの生命論』（平凡社新書）という小さな本を書く機会があった。ゴーレムという、ユダヤ教のラビが造る一種の人造人間の成り立ちを調べることを通して、人間そのものの存在様式について、少し考えることができた。もちろん、新書という形式を取ったために議論を充分掘り下げることはできなかったし、そもそも私にとって、ゴーレムは一つの取っ掛かりに過ぎず、それを一つの起点として、より射程の大きな人間論を構築したいという気持ちがあった。だからこの本は系列本の一つ、数珠（じゅず）の珠の一つのようなものに過ぎなかった。私の頭の仮想世界の中では、他の複数の珠が既に存在しており、それらが集まった段階で、朧気ながらもより統合的で統一的な〈概念的数珠〉が出来上がるはずだった。

ところが、そんな中で二〇一一年三月に、日本社会全体を揺るがせる大事件が起きた。地震と津波という天災と、エネルギー行政の歪みや失敗を背景に、その問題性が露わになった福島第一原発の事故という人災である。相当量の放射性物質が環境内に放出され、一時期、水や食料などにも影響を及ぼした。希釈され、しかも仮に害があったとしても、それは数年後の癌の発病率の違いなどという形で出てくることが多いために、その被害の全貌を正確に知ろうとしても恐らくは無理だろう。だが、逆にいうならそれは、〈環境悪〉としての放射性物質のそもそもの凄まじさを、われわれに見せつけるものでもある。これだけのことが起きてしまうと、私の仮想世界の中で〈数珠〉が放っていた概念的方向性と、社会的事象との間の齟齬が大きくなりすぎた。そのため、予定していた何冊かの本を、私は書く気を失ってしまった。仮想的な数珠は、未然の状態のままにどこかに四散してしまった。

ともあれ、私が構築したいと考えた人間論は、全く無に帰したとも思わない。まだ極めて不完全なものとはいえ、とにかく現時点で言いたいことを最低限素描しておくことは、目標を失って、やや戸惑い気味の私自身にとって重要な下準備になるのではないか。そう思った。以下のエッセイは、そのような事情で書かれたラフな素描に過ぎないが、それが私自身のためだけではなく、少しでも読者に裨益することがあるとすれば幸いである。

第一節　一般的前提

(A)　私が構築したいと考える人間論のために、やや一般的な前提を確認しておきたい。一九世紀フランスで活躍した生理学者、クロード・ベルナール（Claude Bernard）の幾つかの作業を分析してみると驚くことがある。糖尿病の病理的意味にしろ、一酸化炭素中毒のそれにしろ、扱われている問題群やそこで作動している概念の様子を垣間見ると、僅か一五〇年ほど前の時期であるにも拘わらず、人間は人体について、驚く程ラフな知識しか持っていなかったということが実感されるのだ。その事実が与える驚嘆の念は、その後、特に二〇世紀後半以降の関連分野の急速な発展と対比させてみるとき、一層大きなものになる。一九世紀人と現代のわれわれとでは、生理学的・生化学的知識水準において段違いの違いがある。しかも、その生理学的知識は〈精神の牙城〉であるはずの脳も対象にして、その鋭い分析装置を働かせている。一定の化学物質や電気信号と感情や思考との関係が徐々に解明されていくとき、一九世紀の唯物論が語っていた思考と胆汁との類比や「生命とは蛋白質の存在様式である」といった言葉が、現代に見合ったスマートさを手に入れることになる。そして人間はますます生物としての自己理解を洗練させ、同時に一種特殊な物質系としての自己理解に邁進していくという風情の中にある。これは一般論としては正しいのである。

　いま、習慣に従い、生物として見た場合の人間をヒト、文化的・社会的存在として見た場合の人間を人（ひと）と書くことにしよう。〈人とヒトが織りなす関係の定位〉という問題自体が一つの重要な主題になりうるが、このエッセイでは、この話題を解決すべき問題として定立するのではなく、この話題に関して或る種の〈見切り〉をする。そして、ここでは論証の手続きを省き、次のような判断を提示する。——上記のように、脳も含めた人体に関する急速な知識水準の向上、つまりヒトとしての自己理解の精緻化を実現しつつある人間は、それと相即的に古典的人間観を衰退させているように見える。なぜなら〈古典的人間観〉は、多少ともヒトを人として見るという行為の中に、その本質を表現し続けようとしてきたからだ。ヒトについての知識が精緻化されればされるほど、古典的人間観は後退し続けなければならないのか。いや、そうではない、と私は考える。

ヒトについての知識が今後とも発展していくという予想自体は恐らく正しい。しかしそれは、古典的人間観の衰退や後退を意味するわけではなく、むしろヒトについて分かれば分かるほど、人間は単にヒトとしてだけ生きているのではないということが明らかになっていくはずだ。古典的人間観は徐々に衰退していくという自己了解自体が、古典的人間観にとって、自己の過小評価に繋がる。人はヒトでもあるが、ヒトだけではなく、むしろヒト以上のものとして生きようとしている限りにおいて人たり得ているということを、明確に意識すべきなのである。

これを簡単に言い換えるなら、われわれ人間が人として生き、人として生きていると自覚するとき、人間は〈自然〉と〈文化〉との間の差異や緊張感の只中に身を置き、絶えず自然から離れようとする文化的存在として生きているということだ。われわれは文化的で社会的、そして歴史的な存在である。ヒトの側面を研究するには自然科学的アプローチが最も有効なのは言うまでもない。ということは、われわれ人間がヒトではなく、ヒト以上のものたらんとするとき、人間は、自然科学では取り扱えない領域を、自然科学的ではないアプローチや受容の仕方によって経験することで自らの人的性格を再確認し、それを再構築しながら生き続けていることを意味している。どれほど自然科学が発展しようとも、人間は、自然科学的眼差しとは違うスタイルの眼差しを持ち続けることができ、まさにその可能性の中に、自己同一性を探ろうとし続けるだろう。

いま、一般に、自然科学的な知識生産様式、並びにその結果得られる自然科学的な知識を、他領域の知識群がそれを模範とすべき究極的準拠と見做して構わないとする考え方、そして他領域の知識群がたとえ現時点では自然科学的ではないにしても、遅かれ早かれ自然科学的知識の様式に近づいていくはずだと見做す考え方のことを〈自然主義〉（naturalisme）と呼んでおく。私がここで述べている人間理解、私が言うところの古典的人間観、ないしは人をヒトよりも最終的には重視するという考え方は、その自然主義を否定するという意味で、反自然主義的なものである。〈反自然主義〉の成り立ちを見据え、それを前提にしない限り、いかなる人間論も自己貧困化と自己単純化の隘路（あいろ）に入り込まざるを得ない。

（B）さて、以上を議論の大前提とする。この〈反自然主義の成り立ちと根拠〉自体を主題として、それについてより論証的な補強をするという作業もありうるが、上記のように、ここではそれは行わない。これはあくまでも議論の大前提として措定した上で、それを出発点として、次の議論に進むことにしたい。

ヒトとして在るとき、つまり呼吸、循環、栄養、生殖など、他のいろいろな生物とも大幅に重なる行為の連関の中にあるとき、人間は自然の中にフィットして過ごしていると述べて大過ない。だが私は、人はヒト以上たらんとし、ヒトのあり方から乖離しようとし続けると述べたのだから、換言するならそれは、人間は自然の中にいるようでいて、そうではないことを意味している。生物であるにも拘わらず、生物としてだけ在るのではないという意味で、人間は自然から乖離している。人間は〈生物圏〉の中で安寧に鎮座するのではなく、生物圏をはみ出て、人間にしか作れない〈人間圏〉の中で生きている。[1]

人間が神（または天）と融合し得ないのは当然である。そこに問題性はない。より微妙で興味深い問題は、人間が自然からは離れた根無し草のような生物だということ、そうであろうとしていること、そのように自己理解し続けようとしていることの中にある。単純化していうなら、〈人間圏〉は、神や天にも到達できず、さりとて〈自然のライン〉にも融合できずにフワフワ浮いている、一種の根無し草である。

人間は、都市という概念と関係が深い文明の諸相においては当然ながら、大地や耕作という概念と関係が深い文化の諸相においてさえも、自然逸脱という成分を本性的に抱えている。その意味で人間は、どこか病理的な相貌を備えている。ここで私が使う〈病理〉という言葉は、日常的語法での価値観とは必ずしも符合しない。病理は生理よりは好ましくないものとして捉えられるのが普通だが、私がここで使う使い方は、人間はそうでしかありえないという意味で言っている。だからそれは必ずしも悪や歪曲とは直結しない。人間が人である限りで、人は自然から逸脱しており、それは不安定で浮動的なあり方しかできず、そうでしかありえないのだから、その〈病理性〉は、それが普通という意味では生理と述べても構わないとさえいえる。ただ、逸脱や不安定性、浮動性を強調するために、この言葉を使っているだけだ。

さて、それでは少し議論を進めよう。〈人間圏〉は〈自然のライン〉には融合できずにフワフワ浮いている。〈人間圏〉が自然から逸脱・乖離しているということは、その成立根拠は自然の中にはないということである。神の超越的裁定、神の超越的設計をとりあえず度外視するなら（われわれは一神教信者ではないと想定する）、われわれは人間を人間たらしめるものを、人間自体の行為や、人間自体の思考の中に求めざるを得ない。〈人間圏〉の成り立ちを定めるのは、神でも自然でもなく、人間自身なのだ。では、誰が〈人間圏〉の概要やその輪郭を設定するのか。それはその時代その時代の権力者だ、と言いたい気持ちに駆られるが、それではあまりに単純だ。絶大な権力をもつ権力者でも、自在に、かつ単独で〈人間圏〉の概要を設定するなどということはあり得ない。それを決定するのは単独の人間（絶対主義王政下での王）または、寡頭政のような少数精鋭集団だというよりは、或る時代、或る地域それぞれの中で作動している〈言説編成〉の総体だとしか言いようがない。では、その〈言説編成〉とは何かと問われるなら、それを綿密に論じようとすれば別個の主題になってしまうので詳説はできない。最低限の説明を与えるなら、それは、例えば法体系、行政制度、哲学体系、宗教体系、正統的な文学や芸術作品、多少とも共有される慣習や歴史認識、科学的知識の生産制度などの総体である。いつどんなときでも、何でも言い得る、ないしは考え得るというものではなく、当該の人物がその中にいる〈言説編成〉の総体と極度に背反し、その根幹を否定するような発話や発想は、言い得ない（少なくとも危険性なしには公表できない）、または思い浮かばない。緩やかにとはいえ互いに支え合う、或る一つの言説編成の中で、一つの緩やかな〈人間圏〉が内部領域で分節され、辺縁部で輪郭づけられていく。われわれは言説編成によって自分たち自身を世界や人間の中に位置づけていく。

ところで、その言説編成は、例えば中世日本の言説編成と、古代ギリシャのそれとでは多くの違いを含んでいる。時空間的差異をもちながらも、全く見分けがつかないほどに似ている言説編成などは、恐らく存在しない（経験を越えることなので、断言はできない）。この判断の系として出てくるものとして、次のことを主張したい。〈永遠の人間性〉なるものは存在しない。また先に私は、

〈人間圏〉の成立根拠は自然の中にはないと述べた。それも、やや言い換えながら系を探すなら、〈自然法〉なるものは存在しないという判断となって結晶する。綿密な論証抜きで語っているので断言するだけの根拠はないが、それでも私は〈永遠の人間性〉も〈自然法〉も存在しない、とあえて繰り返し強調したい気持ちに駆られる。なぜならそれは、大きな思想的含意を持つからだ。

では、それら二つの概念を奉じる人々は端的な詐欺師なのだろうか。そうは思わない。いかにもフーコー（Michel Foucault）主義者らしい物言いにはなるが、それについては次のように考えておきたい。〈永遠の人間性〉や〈自然法〉は、共に限定的経験を越えた内容を必ず含むから、その意味で形而上学的特性を備えているが、それらの概念を楯に議論を造る人は、その同時代人たちに、脱・限界的で超越的、または俯瞰的な視座の存在可能性を示唆したり、〈実定法〉の解釈論争だけでは見えてこない議論の条理を一瞬浮き彫りにすることによって、同時代の法体系を批判したりすることができる。つまりそれらの概念が一定の意味をもつのは、それらが同時代人たちに対して一定の政治的効果をもつからだ。それらは〈真理の政治学〉の位相で検討されるべき話題なのであり、文字通り、それらが存在する・しないという〈概念世界の存在論〉の位相で語られるべき話題ではないのである。

第二節　ゴーレム因子と〈境界人間論〉

（A）さて、以上を一般性の高い前提としておこう。ところで、この小論で〈人間圏〉のことや、それを形づくる〈言説編成〉、例えば二一世紀初頭での日本のそれを素描することなど、できるわけはない。以下の部分では、〈人間圏〉一般を議論の対象に定めるのではなく、或る特異な付加条件を加えることで、関連主題を大幅に絞ってみよう。つまり〈人間圏〉を、それ以外と区別すると思われる区域・領域の周辺に意識を集中してみる。言い換えるなら、〈人間圏〉の境界領域に注意を注ぐ。〈人間圏〉にいるにはいるが、その辺縁部周辺にいる、〈かろうじて人間であるような存在〉の在り方を巡る考察をしたいのだ。その意味でこの小論は、一種の〈境界人間論〉を造ることを、とりあえずの目標設定として掲げる。

ところで、〈境界人間〉なるものを探そうとした途端に、ほぼ直ちに認識されること――それは、〈人間圏〉の境界などは浮動的で曖昧、流動的で捉えどころがないということである。時空間的差異をもたない同一の〈人間圏〉でさえ、より微細に見るなら、その境界領域、その輪郭部分は絶えず揺らめき続けている。

第一、〈境界人間〉がいるなら、〈中心人間〉もいるのかという問いさえ、即答を許さない。例えばアメリカの場合、いわゆるＷＡＳＰはヒスパニック系白人、黒人、アジア系移民よりは中心に近い〈中心人間〉であるように見える。ところが、そう述べた途端、今度はＷＡＳＰ集団相互間のいろいろな階層構造（ないしは同心円構造）が透けて見える。例えばその中でも相対的に高所得・高学歴のグループと、低所得・低学歴のグループなどというように、である。もちろんここで私は、中心・境界という言葉を、自分がどう思うかではなく、しばしばそのようにグループ化されるという社会的現実や暗黙の慣習に則して記述している。中心・境界というそれなりに階層性を示唆する概念対は、なんら自明な正当性をもたない。それは、そもそも次の、より根源的な事実を思い出させるものだともいえる。〈人間圏〉は神にも自然にも成立根拠を持たない以上、人間は、自らが産み出す〈言説編成〉によって自分の正当性を構築していかねばならない。つまり或る時代、或る地域の〈人間圏〉の有りようは、そこで働く〈言説編成〉自体による自己正当化の中にしか根拠をもたないのだ。だからその内部での中心・境界というヒエラルキーも、自明な写実というよりは、闘争的な構築に近いものになる。中心にいることが当然視されるような〈中心人間〉など、どこにもいない。

〈中心人間〉については、とりあえずここで切り上げておく。そして主題として設定した〈境界人間〉に、もう一度戻ることにしよう。

(B)〈境界人間〉の有りようを調べるアプローチには、大きく二つの方向が存在するように思われる。

①中心から、徐々に境界付近へと接近していき、後者の様態を探るという方法。

②〈人間圏〉に対して、端的に外部に存在すると思われるものから、徐々に〈人間圏〉に接近していくという方法。ただしこの場合、上記に触れたように、人間以外の動物の存在様式の調査は本章の対象とはしない。

どちらも固有の面白さがあると思うが、まず②のアプローチに目を向けてみる。それは簡単に言うなら、大体〈人間ではないが、人間にそっくりになりつつある存在〉を探ることに相当する。

現在でも既にいろいろなものがある。例えば工学的には、産業ロボット→アイボ型愛玩ロボット→ヒト型ロボット（cf. ASIMO）と来るにつれてヒト的なものに近づいていき、近未来にはアトム型の疑似人間ロボットも生まれる可能性の方が高い。さらには、ロボットのように純粋に工学的というよりは、『ブレードランナー』（一九八二）でのレプリカントのように、より生化学的・生物工学的なものもある。これらの疑似人間たちには、例えばパラケルスス（Paracelsus）のホムンクルス、メアリー・シェリーの『フランケンシュタイン』（一八一八）での名無しのクリーチャー、ヴィリエ・ド・リラダン（Villiers de l'Isle-Adam）の『未来のイヴ』（一八八六）でのハダリーなどのような〈先達〉がいる。『未来のイヴ』初出のandréïdeという言葉はアンドロイドの原型になったし、フランケンシュタイン・クリーチャーは、人造人間一般を代表するほとんど特権的な文化的アイコンになった。さらに一九六〇年代初頭には、サイバネティックスを背景に、そのフィードバック機構を強化された特殊な有機体、サイボーグ（cyborg=cybernetic organism）という概念が誕生した。こうして〈人間圏〉の境界に外側から徐々に接近する疑似人間には、ロボット、ホムンクルス、フランケンシュタイン・クリーチャー、アンドロイド、サイボーグなど、多くのヴァリアントがある。そのそれぞれを主題的に特化して取り上げてみても、それぞれ微妙に異なる表象圏を構成するので興味深いはずである。

（C）だが、ここでは、それら疑似人間の中でも特にゴーレム（Golem）に即して、議論を造ってみる。ただゴーレムとは何かとか、それは歴史的にどのように表象されてきたのかなどということについては、拙著『ゴーレムの生命論』でそれなりに触れたので、ここでは繰り返さない。ゴーレムは、卓越したラビだけが土から造ることができる一種の人造人間だ。それは、もともとはカバラの難解な本を読み終えたとき、自分たちがきちんとその本を理解できたかどうかを確かめるために造ってみる一種の玩具のようなものだった。その創造には何の内在的目的もなかった。時代が下るにつれ、それには召使いや、用心棒という新たな要素が付け加わっていく。泥からできた人形、ゴーレムは、人の言うことを理解する従順な召使いだが、魂がなく一言も話すことができない。それはまさに〈人間未満の人間〉なのだ。

実は、私はもともとフランケンシュタイン論を書きたかった。だがフランケンシュタイン・クリーチャーは、元の小説だけではなく、それに霊感を受けた多くの小説、映画、漫画などによって大衆的イメージを獲得しており、人造人間の代表格としてほぼ特権的なアイコンになっている。しかも死体を切り張りしたモンスターという、その悲劇的肖像は、それ以外の心象をなかなか受け付けようとしない。その意味で、それを論じるとき独創性を出すのは殊の外難しい。そのためまだ書けないでいる。他方、ユダヤの特殊な泥人形・ゴーレムは、まだそれほど知られているとはいえない。ユダヤ教の知識のお粗末さにもかかわらず、それについて私なりにアプローチして見ようと思ったのはそのせいだ。

しかも『ゴーレムの生命論』でも書いたことなのだが、私がより強くゴーレム論を書こうと思った一つのきっかけになることがあった。それはウィスニーウスキー（David Wisniewski）という童話作家の『土でできた大男ゴーレム』（一九九六）という本を読んでいた時に訪れた。そこでの一節で作者は、ユダヤの敵を撃退した後で、ラビがゴーレムを呼びかける場面を描いている。ラビがゴーレムを呼ぶと、ゴーレムはラビの元に行くのを嫌がる。なぜならゴーレムは、自分がもう〈用済み〉だということを知っているから、ラビ・父親によって土に戻されることを知っているからだ。もし土に戻されてもあの美しい夕日を覚えていることができるのか、と問いかけるゴーレム。覚えてはいられないとラビに告げられると、尚更、土に戻るのを嫌がるゴーレム。それでも、結局ゴーレムは額の護符を取られ、土に還っていく。

　この童話では、敵との闘争での活躍にかえって怖れをなした皇帝が、あの怪物でわれわれを攻めるつもりかとラビに問いかけるという伏線がある。ラビがそれを否定すると、皇帝はユダヤ人の安全を保証するから、その代わりにあの怪物を始末しろ、と命令したのである。それにしても、ただ夕日が美しいなどと感じ、静かに佇（たたず）むだけのゴーレムを、なぜラビは土に還さなければならないと感じたのだろうか。――この問いかけが、私を衝き動かした。ゴーレムはただの土塊（つちくれ）、ただの木偶（でく）人形にすぎず、その意味で〈人間未満の人間〉、つまり〈亜人〉に過ぎないとはいえ、その〈亜人〉が命乞いをするとき、それに耳を貸す必要はないと言い切るべきなのだろうか。

　この問いかけがゴーレム論を書くためのそもそもの契機になった。だが、その後の調査の過程で、ウィスニーウスキーのゴーレムは、ゴーレムとは名ばかりの疑似ゴーレムに他ならず、ほとんどゴーレムではないことが明らかになった。なぜならまさに、ゴーレムの伝統的表象がもつ重要な特性は、それが自分の命を気遣うことなどはないこと、審美的関心はもたないこと、孤独や無聊を一切感じないこと、言葉を話すことはないこと――要するに、それは〈魂〉を持たないということだからだ。ウィスニーウスキーのゴーレムは、疑似ゴーレムだ。とはいってもこの場合の疑似という形容は、普通の語法とは違って、より良い方向に引き摺られたニュアンスを奏でる。それはほとんど人間のような亜人間なのである。

だが、それなら尚更、ラビが命乞いを無視することには一種の酷薄さが透けて見えるともいえる。ほとんど人間のような土、だがそれが土であることに変わりはないのだから、〈土の哀願〉など聞いてやる必要はない、とでもいうかのように。

そもそも、ゴーレムは、数ある怪物群の中でも若干特殊な位置価をもつ怪物だ。土から生まれるという意味では明らかに怪物だが、怪物らしい恐ろしさやおぞましさがあまりない。それは大人しく従順で、どこか間の抜けた鈍重さを醸し出す。ゴーレムは、疑似人間であると同時に疑似怪物でもある。しかも、怪物とはいっても卓越したラビによって制作されるという背景がある以上、人間にとって純粋な外部性や疎遠性しかない、とはいえない。先の〈境界人間論〉との兼ね合いで言うなら、非人間として外部から〈人間圏〉に接近してくるようでいて（②）、ラビの渾身の作品という意味で、卓越した宗教性の体現としての意味（①）も引き摺っている。ゴーレムは、一筋縄ではいかない特殊な怪物、特殊な亜人なのである。

（D）ここでもう一度〈境界人間論〉に戻ろう。良く考えて見るなら、〈人間圏〉の成り立ちを決定するのは神でも自然でもなく、人間自身だと述べたという大前提からして、そして〈言説編成〉が時代・地域によって微妙な差異を含むという点からして、〈境界人間〉の境界人間性が微妙に、そして絶えず揺れ動くというのは自明のことなのだ。われわれは超越者によって人間として造られるのではない。われわれは自然によって、人間（ヒトではなく人）になったのではない。われわれは人間であるというよりは、人間になる。さらに言えば、われわれは他の人間たちが造り出す言説群によって、人間だと見做されるのである。

中心・境界という価値評価を孕む概念対自体が、時空間的差異の中で絶えず揺れ動き、場合によっては一瞬にして反転することさえある。〈境界人間〉と〈中心人間〉という人間様式自体が数多くの概念的往来、交差、逆転の力学を孕んでいる。現実的に言うなら、この場合、中心・境界という概念対は単に記述的なものではなく、そのどちらかに近いという判定をされれば、それに見合う処遇を受けるという意味で、重大な社会的含意を引き摺る価値設定的なものだ。まず常識的に見るなら、政治的権力や経済的権力をもつ人間たちが中心近傍にいるはずだという推定がなされる。ただ、権力はとても含蓄の深い概念なので、一筋縄ではいかない。しかも現代のような知識社会では、科学的、文学的などの分野を問わず、多くの知識を身に付けた人間たちが中心領域に近づく。他方、伝統的に宗教的権威は揺るぎようがなく、聖性と多少とも関わりをもつ行為を付託された人物たち、優れた宗教家、法王、司祭などがもつ権力は、伝統社会ではもちろん、現代でも重要なものだ。このように、社会的処遇の違いという重大な帰結を伴うとはいえ、というより伴うからこそ、多様な意味での権力の多寡がそのまま露わな差別や軽視をもたらさないように、いろいろな社会的装置によって調整がなされる。少なくとも公の社会空間で個人が取り上げられる場合、人は中心・境界という権力的概念を傍らに押しやり、一種の抽象化と社会的決断によって、あらゆる人間を、それが人間だと見做しうる限り、原則的に平等・同等だと考える。——以上がとりあえずの常識的記載である。

だが、これで話が終わるなら、わざわざ〈境界人間論〉などという視座を設定する必要はない。いま述べた常識からは一端離れて、先に軽く触れただけだった①のアプローチ、つまり中心から徐々に境界に接近していくという手法をとってみよう。それは、〈中心人間〉がもつはずの重層的権力や重層的美質・美徳を一つひとつ剥ぎ取るという作業と事実上合体する。その際、〈人間未満の人間〉として特異な風姿を備えていたゴーレムをもう一度取り上げ、それを一種の操作子のように使ってみるために〈ゴーレム因子〉と名づける。ゴーレム因子を介在させながら中心から境界へと接近していく道行きは、いわば〈引き算人間論〉のような相貌を呈する。

繰り返す。社会的規範として、われわれは社会の構成員を原則的に平等で同等な存在だと見做す。とはいえ、そこにゴーレム因子を働かせ、境界性を発生させることは常に可能なのだ。人種の違い、宗教の違い、教養の違い、気質の違い、人脈の違いなど、数多くのマクロまたはミクロな差異があるとき、その差異が、当該社会で些末ではなく有意味な要素と見做されるとき、そこにゴーレム因子が働く余地が生まれる（少し補足説明をすれば、こうなる。差異は平準な差異には留まらず、階層を生成する。AとBとの間に〈差異〉があり、Bの方が周辺領域に近いと判断される場合、その差異性認識は、Aにとっては追放や周辺化の主体として、Bにとっては追放や周辺化の客体として作用する）。例えばシーア派が支配する共同体でイスラム教全体を強く否定するような発話をする人間は、あっという間に境界付近に押しやられ、それに相応しい処遇を受けるだろう。このような事例は、具体例を挙げれば切りがないはずだ。

もちろん、その種の〈社会的差異一般〉について、この小論で何か踏み込んだ話ができるわけはない。〈引き算人間論〉とはいっても、ここで行えるのはそのごく一部に過ぎない。しかも、わざわざ差異化の契機をゴーレム因子と呼んでいるので、主にゴーレムが喚起する人工生命や亜人の周辺について、ごく簡単に触れるに留めておく。

（E）まず、人間から魂、または言語を引き算してみる。だが、〈魂のない人間〉というのは、いったいどんな人間なのだろうか。日常用語では、人格の或る種の欠点や意志の弱さなどについて、その類似表現が使われる場合もある。だがゴーレム伝説では、魂の不在は言語発話の端的な不可能性として表象されている。しかし、例えば失語症（ブローカ失語）の患者が正常な言語発話ができないからといって、その人には魂がないなどとは言うまい。それはいい。では、進行した老人性認知症の患者は、どうなるのか。さらには重度の知的障害者や精神障害者、遷延性意識障害の患者、脳死状態の患者などは、どうなるのか。彼らは〈魂のない人間〉、〈言語を正常に使えない人間〉なのか。確かにそれらの事例においては、ゴーレム因子が強く作動しているという直観があり、普通の人とは違う状態にある人々だというのが無理なく認識できる。その意味では彼らは〈境界人間〉なのかもしれない。だが、例えば脳死患者のここ数年の処遇の仕方を考えて見て欲しい。或る時は末期状態とはいえ、もちろん生きている患者、或る時はその当人の意志によって生きているとも死んでいるとも見做される患者、そして或る時は、家族の忖度（そんたく）だけで既に死んだものと見做されうる患者になる。〈人間圏〉の境界は浮動性をもっと先に私は述べたが、脳死患者の場合、その浮動性は残酷なまでにあからさまになっている。それは〈瀕死の同胞〉から〈医療資源〉に至るまでの連続的なスペクトルを持ち、そのどの部分が重視されるのかは、或る時代、或る地域の〈言説編成〉の成り立ちが決定するものなのである（ちなみに私は脳死体を医療資源として扱うことには反対しているが、それは支配的言説編成に対する私なりの闘争である。だがここはそれを詳述する場ではない）。

では、次に、人間から〈生物的な個体性〉を引き算してみる。事故でもがれた腕、抜けた毛、フケ、涙、排泄物などは、普通、人間に起源をもつが人間そのものとは見做されない。もっともこの中では、事故でもがれた腕は、単なる資源や物と見做されることはなく、一定の配慮と気遣いによって扱われるはずだ。それは怪我の当事者の面前であろうがなかろうが、そのような気遣いの対象になるはずだ。しかし、フケや排泄物などがそのように丁寧に扱われるとは考えにくい。では、より抽象的に器官、組織、細胞はどうなのか。それらも配慮の対象になるのか。職業的医師なら、彼らの日常性の中でほとんど物と同列のものとして処理されている可能性の方が高いが、普通の人間は、形状などからそれが明らかに人間身体の一部だと分かる場合には、一定の配慮をもって扱う。そこに魂も、命も存在しなくても、である。ただ、もしこの文脈でゴーレムの〈未満性〉と〈人工性〉をさらに一層活性化させ、再生医学でのヒトES細胞やヒトiPS細胞などを事例として取り上げるなら、さすがにそこに、なんらかの意味での〈人間性の痕跡〉を見出すことは困難になるだろう。それは〈人間の残滓〉ではあるのかもしれない。だが〈人間性の痕跡〉

でも〈人間性の発露〉でもない。iPS細胞研究に引き摺られるようにして、規制が大幅に緩和されたES細胞も、もはや再生医学の文脈では、ほぼ端的な医療資源になりつつある。

そのES細胞が話題に出た流れで、ついでに触れておくなら、受精卵の滅失（破壊）を前提とするES細胞がほぼ端的な医療資源に化けつつあるという傍らで、自然な生殖過程での〈未満性〉は、どうなるのか。それはつまり、アメリカでは有名な中絶問題とも絡んでくる。つまり初期胚や胎児の〈人間度〉の評定だ。初期胚と胎児なら、前者の方が境界性が高いように思え、その分〈人間圏〉での配慮対象から弾き飛ばされる可能性が増えてくる。だが、この事例でもあまりに明らかなように、宗教圏によっては、受精の瞬間から人間度を高く見積もる考え方も存在する。受精卵・初期胚・胎児などの生物的事実に覆い被さるようにして、〈人間圏〉特定の〈言説編成〉が、その連続的スペクトルに処遇上の断絶を加える。どこからどこまでが人扱いで、どこからはそうではないというようなことが、自然の模写ではありえないというのは明らかだ。かくして、この問題もまた、それなりのやり方で〈境界人間論〉の一角を成すのである。

さて、文字通りごく一部の事例、それも、ゴーレムの人工生命論的な性格と関係の深い事例に依りながらの例証に過ぎなかったが、このごく簡単な検討によっても、改めて次のことが確認されたはずだ。つまり、人間を人間たらしめているのは、自明で自然な根拠に基づくものではないということ、そして〈人間の人間性〉は、絶えず社会的、政治的、文化的調整の対象として存在せざるを得ないという事実である。〈人間圏〉は、自らを人間や準人間の集合体として理解し、その境界領域には多くの〈亜人〉や〈非人〉が徘徊するという自己理解をもつ。また、融通無碍にゴーレム因子を働かせることで、或る同心円上に佇む諸個人を、より周辺地帯、より境界地帯へと押しやるという傾性をもつ。

だからゴーレム因子は、〈人間圏〉の境界浮動性を浮き彫りにするというだけではなく、差別、無視、軽視、周辺化という眼差しの醸成と表裏一体だという意味で、不穏な政治性を抱えている。それは亜人としての神話的形姿、ゴーレムを背景にしながら、自ら亜人、非人、〈人外〉の肖像を炙り出すという機能をもつのだ。

(F)ここで、このゴーレム因子の不穏さを強調するために、もう少しだけ具体的に述べ立ててみよう。

ゴーレム因子の不穏さが〈他者〉に向けられる場合、例えばそれは以下のような発現をしうる。例えば豊かな権力者は、襤褸を着て空腹に苦しむ見知らぬ他人をみて、その他人のことをゴーレムのようなもの、またはゴーレムそのものと見ることがありうる。複雑な言語を操ることができる学識者は、単純で稚拙な言語表現しかできない他人をゴーレムとして扱う。同一言語共同体にいる人間たちは、自分たちには理解できない言葉で何かを盛んに訴える人(助けて!といっているかも知れない)をゴーレムとして見るかもしれない。巧みなコミュニケーション能力を武器に、社交界で自在に魅力を振りまき、他者を魅了するのがうまい人は、木訥で人目を避け、いつも孤独がちな人間のことをゴーレムとして扱う。

言うまでもないが、この場合、〈他者〉をそのようにゴーレム化して見るという行為は、原理上、相互的なものである。例えばポーランド語で愛や救助を叫ぶ人々の言葉を鴃舌としてしか見ないわれわれは、ポーランドの人からは同じように見られるのかもしれない。それはちょうど、かつてサルトル（Jean-Paul Sartre）の他者論がそうであったような、眼差しの相克、相互の物化的な視線の闘争のようなものになる。そこには、それらの闘争から原理的に免れる、いかなる特権的超越者も特権的集団も存在しない。

他方、ゴーレム因子が〈他者〉ではなく、他ならぬ〈自分〉に向けられることもある。

例えば冷静・冷酷で分析的な自分は、怒りの激情に身を任せ、表情を歪める自分のことを、ほぼ同一瞬間に、または後から内省的に、一種のゴーレムだと感じ取ることができる。弁舌さわやか、かつ説得的に或る事柄を論じることができる自分は、疲労や気後れ、知識不足、人見知りなどの理由で、充分には話せない自分をゴーレムだと見做す。自国語を流暢に操る自分は、外国で稚拙で単純な言葉しか話せない自分のことをゴーレムだと思う。かつて社交界の花形だった自分が、失脚または老化して孤独に閉じこもりがちになるとき、昔に比べればいまの自分はゴーレムだ、と感じ取る自分が存在しうる。

だから実を言うなら、ゴーレム因子の差異化的な設定は、先に述べたような、他者の境界方向への押しやりという契機を構成するだけではない。場合によっては、それは自分自身を分裂・破砕させ、その一部分を境界方向へと押しやるのである。ゴーレム因子は、〈他者のゴーレム化〉を活性化させるだけではなく、〈自己のゴーレム化〉ももたらす。先に私は、ゴーレム因子は差別、無視、軽視、周辺化という不穏さと表裏一体だ、と述べた。〈自己のゴーレム化〉の場合、それはいわば〈自己の自己への差別〉の発現になる。

そうなると、ゴーレム因子を作動させることで〈中心から境界へ〉という拡散方向の運動に身を委ねたはずの私の議論は、奇妙な帰結に逢着することになる。仮に〈純粋中心人間〉なるものを存在させようとしても、〈自己のゴーレム化〉という契機の存在を勘案するとき、そんなものは、文字通りの意味では存在し得ないことが明らかになる。ゴーレムの製作者にして卓越した遣い手、伝説のラビ、マハラル（Maharal）をいま操作子的に機能化させ、〈自己のゴーレム化〉における能動的自己（ゴーレムとして見る自分の方）のあり方に注目する場合、それは、自分が〈劣化した自己〉に対してマハラルのような位置に立つという仮構を行うことを意味する。いま、それを便宜的に〈マハラル化〉と呼ぶ。その気になれば多様な意味での〈自己のゴーレム化〉が完遂されうるということは、相即的に、〈マハラル化〉の常態可能性を意味している。あらゆる人間は、〈マハラル化〉によって自己をゴーレム的に裂開させ、分裂させるのだ。

（G）だから、私が簡単に素描しようとしてきた〈境界人間論〉は、字義通りの意味ではここで破綻を来す。確かに、人間・準人間・非人間の重なり合うゾーンは、依然として存在し続け、その地帯に関する中立的記載をすることは依然として可能だ。例えばロボットやサイボーグの現状を、われわれは調査して詳細に報告し続けることができる。しかし、それは単なる事実の報告集のようなものであり、＊＊論と呼べるほどのものではない。一定程度の哲学と思想を持った〈境界人間論〉は成り立たなくなるのだ。なぜなら、もともと〈人間圏〉の境界は絶えず浮動すると言ってはおいたが、その際、暗黙の前提で、境界は非人間と近い所にあり、〈中心〉からは外れた辺縁地帯にあるはずだという想定がなされていたからだ。浮動する境界も、ゴーレム因子による境界地帯への追放も、共に図示可能なものだった。ところが、〈自己のゴーレム化〉により露わになったのは、境界なるものは、いわば至る所に存在しうるということだった。それはもう、普通の意味では図示することができない。〈人間圏〉における中心・境界という概念対のありさまを敢えて一言で表現しようと思うのなら、昔日の神学風の〈至る所に存在する中心〉ではなく、〈至る所に存在する周辺・境界〉という表現の方が、より適切なものになる。〈境界人間論〉は、〈人間圏〉の周辺部、辺縁部、限界地点を探ろうという問題意識の元に、〈かろうじて人間である人間〉という、空無を抱えた存在群の調査であるはずだった。当初の予想では、その中心・境界という概念対も場合によっては反転可能だとは述べておいたが、それはあくまでも反転なのであり、その概念対の双対性自体が瓦解することはなかった。中心が境界に行ったり、境界が中心になったりすることがある、ということだけだったからだ。

ところが実際には、中心のようでいて、その内部から途端に境界が発生するということが、理論上至る所で起こるという描像に到達してしまった。いったい、誰が誰を差別し周辺化するのかは不分明なものになり、分裂した自己の中には同時に中心と境界が住み着くという場合もあるので、〈中心人間〉、〈境界人間〉という概念対は、あくまでも限定的な妥当性しかもたないもの、存在概念よりは機能概念に近いものとして理解されることになる。

われわれ人間は、誰もがなんらかの意味で一つの〈中心〉でいたいと思う存在なのかもしれない。その奥底から光を発し、廻りを照らすとでもいうかのように、たとえどれほど小さくても、何かの光源のような存在でありたいと願う存在なのかもしれない。その願いは倒錯的だとはいえない。だが、光源でありたいということは、周囲を影のようなものとして見るという意味も隠し持つので、そこに不穏なゴーレム因子が蠢（うごめ）くことになる。しかし最終的には、その光源には、廻りに影が控えるというよりは、自分が同時に影でもあるという特性が潜んでいることが、遅かれ早かれ明らかにならざるを得ない。〈境界人間〉の自同性を暗黙の前提として、その具体的記載の羅列を起点に、その掘り下げを探究しようとする〈境界人間論〉は、その不可能性の前で自ら麻痺した姿を晒さざるを得ないのである。

第三節　〈文化主義〉の代価

と、ここまで読んで読者は失望を感じ、失笑を浮かべているかもしれない。わざわざ〈境界人間論〉なる主題を設定し、いろいろ述べた後で、結局それは思想的に掘り下げることが困難だという結論に達するとは。しかも、その最中に語られている内容と言えば、人をいろいろな場面で差別し、排斥し、人外と見做して追放する云々の、お世辞にも楽しいとは言い難い話題ばかりなのだ。他方で、確かに現実社会ではいろいろあるにしても、社会的常識ないしは社会制度として、あらゆる人間は平等かつ同等だということは確認しているというのに……。いったい、それ以上の何が言いたいのか。

これは、当然予想できる反論、ないしは感想だ。

ところが、私の意図は、この反論を半ば受容した上で〈境界人間論〉の立論構成を敢えて行い続けるというところにあった。差別、排斥、追放云々が別に良いことだと思っているわけではない。それは念のために言っておく。しかし、人間社会を冷静に観察すると、まず事実として人間は、互いに容貌、知識水準、気質、経済力、政治力などのいろいろな点で微妙な差異をもっているというのが分かる。それは別に悪いことではなく、全員が文字通り同じような人間ばかりであれば、社会は実につまらないものになるだろう。多様な差異は、世界の賑々(にぎにぎ)しさや興奮の源泉なのだ。少し違う存在であるからこそ、人々は互いに魅了され、啓発しあい、協力しあおうとする。しかしそれは同時に、社会構成員間で相互的または一方向的に織りなされる無数の距離設定、周辺化、従属要求などを産み出す契機にもなる。

注意して欲しいのは、第二節でゴーレム因子という不穏な因子について触れたとき、私が主に目指そうとしていたのは、この種の因子の存在を認め、それが不穏で差別醸成的なものなのだから、とにかくそれを撤廃していこうというような議論ではなかったということだ。

繰り返す。私は別に差別や排斥、周辺化などが良いことだとは思っていない。しかし例えば差別撤廃運動などの運動論への直接的コミットは私の意図にはなく、また、差別撤廃のための理論装置の開発云々という作業が、私の主たる関心にはないことは自覚せざるを得ない。

では、私はいったい何をしようとしているのか。私の議論が住み着く場は、伝統的に人文科学(humanities)的と言われてきた領域の中にある。文学や哲学、宗教や歴史を主軸とするそれらの分野には、そこからしか問い得ず、そこからしか一定の回答を与えることができないような問題群が存在する。それが最終的に破綻するしないに拘わらず〈境界人間論〉は、人間が互いに持ちうる差異化設定的な眼差し、中心と辺縁との闘争的なやりとりなどに注目することで、人間理解に資するのである。辺縁の様態を見据えたり、中心がさらに超・中心になって神的存在に近づく可能性があるかどうかと問いかけたり（後者はここでは全く触れなかった）、などという過程の中で、結果的に〈人間圏〉の外延が若干拡大し、何よりその内包が一層複雑で豊かなものになる。人間文化のありさまを、可能であればその最大振幅に至るまで抱え込もうとすること、清濁の両方を無視せず、不完全性、醜悪さ、陋劣さなどをも、それもまた人間のあり方なのだと考え、凝視し続けること。これらの作業は人文科学的なものでしかありえない（恐らく、芸術もそれに包摂される）。卑小さや愚鈍さ、それなりに畏敬の対象にさえなりうる激甚な悪から、滑稽なほどに小さな悪に至るまで、それら暗黒面の諸相は、自然自体の中に自らの根拠を求めることができず、〈存在〉の安定感から見放された人間たちが、〈文化〉構想を遂行する過程で、逐一支払うべき代価なのだ。悪や不完全性の諸相を前にして、できればそれほど拡大しない方がいいと思いつつも、合理的な完全制御などが可能なものだとは考えず、そもそも合理的制御などかえってしない方がいいと判断すること。〈人間圏〉の豊かさには、その種の影も込みになっているという見切りをすること。これらの作業は人文科学的なものでしかありえない。

　他方、卓越性、高貴さ、神聖性など、従来正の価値が与えられていたものの継続的錬磨を続ける必要があるというのは、自明のことである。ただこれは、いわゆる社会科学（social sciences）

的言説空間とも協同的に作業することが、より容易になるという意味で、そこでの〈人文知〉の不可還元性の程度は、相対的に弱まる。例えば平等という概念を哲学的に掘り下げる（humanities）と同時に、社会制度にどのように反映させるかを考え、それを現実に多少なりとも反映させる（social sciences）という二重化された作業は、常に可能なはずだからである。

いずれにしろ、この種の、人文科学的な作業とでも呼べる作業を自覚的に継続しようと思う私にとって、ゴーレムという形象は極めて興味深いものだ。ゴーレムは、宗教的起源をもつにも拘わらず、現代の技術社会では、ユダヤ的起源をほとんど忘却しそうになるまでに、特殊な〈怪物〉として拡大成長を遂げている。確かにコンピュータ・ゲームのキャラクターになるときには、その複雑さはほとんど払拭されているのかもしれない。しかし、少しでも注意深くその歴史的起源と存在様態の含意を反省し直すなら、現在でもそれは、一種の毒や不穏さを抱えているということが分かるはずだ。〈人間未満の人間〉について熟考することは、結局、「人間とは何か」という昔からの大問題に改めてわれわれを導いてくれる。ゴーレムという伝説的存在は、〈人文知〉にとって格好の活性因子なのである。

註

（1）進化的にみて人間と近い生物、例えば霊長類が、どの程度〈人間圏〉とは違う在り方をしているのかという問題は、それ自体としてはとても興味深いということはいうまでもない。しかし、それを実質的に扱うためには、生物学や比較心理学などの専門的知識が必要なので、ここでは扱わない。

参考文献

ウィスニーウスキー、D.（二〇〇〇：原著一九九六）『土でできた大男ゴーレム』まつなみふみこ訳、新風舎
ヴィリエ・ド・リラダン、A.（一九九六：原著一八八六）『未来のイヴ』斉藤磯雄訳、東京創元社
金森修（二〇一〇）『ゴーレムの生命論』平凡社
シェリー、M.（一九九四：原著一八一八）『フランケンシュタイン』山本政喜訳、角川文庫

第一〇章　合成生物の〈生政治学〉

現代または近未来の人間社会にとって、〈生政治学〉（biopolitique）という概念を掘り下げることにはどの程度の意味があるだろうか。拙著『〈生政治〉の哲学』（二〇一〇a）でも論じておいたように、この概念が世紀末に有名になる契機となったミシェル・フーコーのテクスト（一九七六、一九九七）で、彼が素描的に書き留めていた〈アルシ・生政治学〉的な規定を現時点でそのままなぞっても、あまり意味があるとは思えない。[1] 例の「生かして、死へと廃棄する」云々の話である。ただ、一種の〈公衆衛生の哲学〉や〈福祉国家の哲学〉としてその問題意識を継承し、より個別的な事例に則してそれぞれの時代や国家における公衆衛生論や福祉国家論を構築するのなら、フーコーのそれなりの敷衍にはなるだろう。その特定の話題に限るなら、〈アルシ・生政治学〉にも依然、展開の余地はある。

しかし、福島第一原発事故以降の放射能汚染の際に、官公庁、科学界、大手マスコミなどが示した一連の所業がほぼあからさまなまでに露わにしているように、「人民を生かしておく」どころか、今後何年もしてから、少なからぬ人々が晩発性放射線障害で死んでいく可能性がある時に、因果関係が特定困難なのをいいことに知らぬふりを決め込む姿勢を貫こうとしているような国家にあっては、櫛の歯が欠けていくように人知れず逝去していく国民を統治するその様態の中に、〈生政治〉の影を見て取ろうなどという気持ちには到底なれない。(2) 環境倫理的にも社会正義的にも多大の問題を抱え込む原発というシステムを、経済振興や権益保持などのために依然として維持しようとし、それに向けた情報隠蔽と情報操作にかまけるようなこの国家の中では、〈生政治〉が〈死政治〉に反転し、〈死政治〉が〈生政治〉と同一の分節の中から浮かび上がるような構図が露呈している。もしこのまま原発依存の経済・政治体制が本質的には変わらずに、それに簇がる利権集団や権力層の自己保存と安寧が図られるままで終わるなら、それは我が国の歴史の中でも最大の汚点の一つとして、将来認識されるようになるだろう。また、しがらみをもたない外国人によって詳細に分析されれば、権力層が幼児や若者へのリスクを見て見ぬふりをするというおぞましい姿が露わになり、我が国は、全世界にその醜悪な相貌を晒すことになるだろう。生を弄び、死の泥を塗りたくる国家。

だから、本章では、いわゆる〈生政治学〉的な問題構制（プロブレマティク）をそのまま連続的に敷衍し、詳細な註釈を加えることでその構図を延長させるという手法を採用しない。むしろ、生命科学一般の現代的展開の中で、われわれ人間は、どのようにして新たな生命観を造りつつあるのかを簡単に述べてみたい。それは最終的には一種の政治的問題関心とも絡むという意味では、それなりの仕方で〈生政治学〉に触れるものではある。だが、論述の最終到達点では、〈生政治学〉という一種の〈政治学〉が前提とする人間相互間の利益・行動調整論という意味を周辺化し、人間という特殊な生物が他の生命形態一般に対して行う行為の中に或る存在生成的な意味を見出し、だからこそ、そこに一種の中断的契機が介入せざるをえないのではないかという見通しを述べる。フィクションの世界では既に古典的なテーマの一つとなった「生物を造る」という営為の第一歩を、人間は実際に歩み始めている。一般に、人間という主体的存在は外界に一種の〈未然の有〉を投影し、それを〈現実の有〉たらしめようとする。主体は設計的企図を抱き、設計はしばしば〈既存の有〉に対して超越として働く。生命創造が織りなす一歩は、その一般的傾向が〈生命創造〉という特定的テーマとして種差的に発現したものだと見做すことができるが、その場合、それは〈生政治学〉にまでは到達せず、途中の未然な状態のままで停止し、逡巡することになるはずだ。その意味で、本章の力線は〈生政治学〉を遠望的に目視しながらも、最終的にはそこには到達せず、〈未然の有〉が垣間見せる概念的蜃気楼を指し示すだけで頓挫するはずである。

第一節　〈動物性〉との連接

(A) 安部公房には「盲腸」[3]（一九五五）という短篇がある。やや尻切れトンボで終わっており、格別の傑作とも見做しがたいが、それなりに私の興味を引くので、話の概要を以下に書き留めておこう。

それは、生活に窮し、金銭と引き換えに或る新学説の人体実験の被験者になることを自ら志願して、自分の盲腸痕に羊の盲腸を移植した男の話である。安部は、その男Kが食するために特別に誂えられた一種の藁を、Kがどのように食べるのかということに多くの記述を割いている。ひとしきり食材の説明を受けて、それを実際に家族の前で食べるK。藁はなかなか嚙みきれず、苦労をしながら嚥下する彼を、家族は固唾を吞んで見守る。わずか数百グラムの藁を何時間もかけて咀嚼し続け、最後は夫婦共々泣きながらの状態で、何とかそれを吞み込むK。ところが、最初は吞み込むだけであれほど苦労した藁にも半月ほどすると慣れ始め、規定量の藁を食べても若干のけだるさを感じるだけになる。しかも興味深いことには、その過程でKの性格にも変化がみられ、最初は凶暴なほどの興奮状態になって周囲を不安がらせていたが、次第に無口になり、おどおどとした鈍い性格に変わっていく。その頃までには、Kの存在は社会でも注目の的になり、やがては、法律で羊の盲腸移植を義務化し、もし手術を拒否するなら相当額の盲腸税を支払わなければならない社会が来るだろうなどという、まことしやかな未来像を描く輩も出現する始末。ところが、学会で正式にKの盲腸移植とその成果を発表する直前に、Kの体には明らかな栄養失調状態が認められ、これ以上この条件を続ければ命に関わるという状態の中で、悔しがる医師の手でKから羊の盲腸が取り出されるのである……。

短篇の最後は、羊の盲腸を取り出され、何とか元に戻ったKに、今度は再び飢餓の危険性が待ち構えているという趣旨の文章で結ばれている。総じて、戦後の混乱期の貧困や生活苦という社会的背景が、一九五五年時点でもまだ鮮やかな記憶となって一般社会に残っていたという事実が透視される。ただ、もちろんこの短篇のより個性的な設定は、それが草食動物の食餌様式を人間にも導入し、それによって将来の人口爆発に備えた〈草食人間〉を作ろうとするという点にある。

「異種蛋白反応」をどう解決するか云々という医学絡みの話題も出ては来るが、ここでは、医学的、生理学的な正当性や妥当性については一切問わない。

むしろ私の興味を引くのは、短篇細部での、周囲の心理的反応の方だ。まず、安部が何度も繰り返し描くのは、〈異種移植〉を受けた被験者Kを前にした医師や医療関係者たちの笑いである。噛み殺したような、押し殺したような笑い。しかしK当人の前でも思わず漏れ出てしまうような、そんな笑いである。そこでは、〈草食人間〉の増殖という、世界的食糧問題の解決という理念からみれば重要な目標も、実際にそれに向けて実験的な〈異種移植〉を受けた人間の前では理念的価値が翳(かす)んでしまい、むしろ、金銭的報酬と引き換えに、あたかも動物に近づくかのような条件に自らを追い込んでしまう存在への一種の侮蔑感が表現されている。あたかもそんなKが滑稽でたまらないとでもいうかのように……。そしてそれは、他ならぬ実験の設計者である医師の側から漏らされる侮蔑であるだけに、一層毒々しい。その侮蔑感自体を言葉としては、安部は書き記さない。しかし短篇であるにも拘わらず何度も繰り返される笑いの記述には、その言い控えを補ってあまりある暗黙の表象性が存在している。

さらに、後半に出てくる、実際に家族の面前で藁を食するKという描像にも、それほどの〈優しさ〉は感じられない。もちろん、妻には妻なりの気遣いがある。夫だけに〈羊人間〉を演じさせるのは気の毒だから、いっそのこと親子みんなで手術を受けてはどうかと問いかける妻。しかしその提案には、「いよいよとなったら、動物園にだって置いてくれるかもしれないわ」という言葉が続く。それは図らずも、夫が動物並みの状態に置かれているという、自分の気持ちを告白する形になっている。そしてKの噂は近所に広まり、子供のからかいは言うに及ばず、大人も見物に訪れ、中には何を思ってかKに「人参かなにか」を投げ与える人さえいた。そんな状況にいたたまれなくなった妻は、息子と共に名前を変えて遠い町に行ってしまう。栄養失調で死にかける前に、既にKは人間社会から弾き飛ばされていたも同然だったのである。

もう充分だろう。ただのフィクションに拘りすぎると思う読者もいるかもしれない。しかし私には、このほぼ六〇年も前に書かれた小篇の中に、人間の設計的企図（この場合には食糧危機に備えた人間改造）と、それに基づく人体改造や生命操作、さらには人間と人間以外の生物との間の文化政治学などの論点が、多様に織り込まれているという気がしてならない。事実、その後〈異種移植〉は、人間に羊の盲腸を植え付けるという安部のモチーフを遥かに超えた技巧性を伴いながら、少なくとも一時期、医学的目標の一つになった。例えば豚の肝臓に処置を加えて激烈な拒絶反応が起こりにくくすることや、豚の膵臓細胞を糖尿病患者に移植することなど、いろいろな可能性が検討された。ヒト相互間の臓器移植は、この数年、改正後の臓器移植法の施行以来、増加傾向にあるとはいえ、要求水準には程遠い以上、今後、ヒト相互間の臓器移植共々、豚などの動物を使った異種移植もそれなりに普及していくという未来像は、絶対にありえないとはいえない。

ただその場合、「盲腸」に描かれているような多様な差別や侮蔑感の奔出は起こらないのだろうか。レシピエントに与えられる臓器がヒト由来か、動物由来かは、少なくとも一般社会に知れ渡ることはないだろう。だが、患者当人には、恐らく知らされるはずだ。そして、両方ともが一般化している社会では、ヒト由来の臓器の方が動物由来の臓器よりも高価であり、富裕層に、よりアクセスしやすいものになっている可能性がある。他方で貧困層は、移植手術で生き延びようとするとき、他人には知られずともあたかもKであるかのような境遇に自らを追い込むことになる。未来のKは、異種の臓器を内部に抱えたまま、過去の〈より真正な人間〉に近かった自分と今の自分とを比べて、自分が動物様の存在に一歩近づいたと思うのだろうか、思わないのだろうか。

（B）人間の中に異種移植のような形で〈動物性〉が物質的に闖入してくるというのは、確かに一種の極限事例だろう。だが、逆にいうなら、〈動物性〉と〈人間性〉とは、常に自明的に分離・区別されているのかというと、そんなことはないというのは誰もが納得するはずだ。ダーウィン（Charles Darwin）も、人間が驚きや怒りなどを感じる時に示す表情の中に、動物との連続性を見て取っていたではないか。[4] それに、われわれの生命を維持する多様な植物性機能や生化学的な調節機構、脳の神経細胞群の構造などは、高次の〈意識〉や〈思考〉が、動物的基盤という暗流から、一瞬顔を出すだけの上澄みのようなものにすぎないということを自覚させてくれる。支配層や知識層は多少なりとも「人間は理性的動物である」という類いの規定によって自己理解することを好んできた。だがそれは、人間の狂乱、愚劣、蒙昧、放蕩、乱痴気騒ぎなどの日常的風景を傍目にみながらの自己理解であり、そこに一定の無視や排除、選別のフィルターがかかっていることは、半ば前提にされていたのである。

その意味で、支配層の正当的自己理解にも拘わらず、人間は、進化的にも生理的にも内部に〈動物性〉を抱え込み、それを抑え込むにしても、かろうじてのものにすぎないということは、昔からうすうす気づかれていた。だが現代の〈生政治学〉の雄、ジョルジョ・アガンベン（Giorgio Agamben）が『ホモ・サケル』（一九九五）で印象的に論じたように、現代技術の進展が、〈人間に潜む動物性〉をより露わにする契機となったという逆説がある。最も知性的で先端的な技術的対象を介して、それがあるからこそ開示される特殊な〈動物性〉。例えば人工呼吸器が開発されたからこそ出現する脳死体という特殊な対象。それは人格の構成成分を削ぎ落とし、いわば最低限の生理状態を自己保存するだけの〈剥き出しの生〉の存在様式として、医療現場で姿を現す。〈動物性〉を押さえ込みながら〈人間性〉の十全な発露が実現されている状態こそが人間の存在理由だと考えるか、〈人間性〉と〈動物性〉とは連続的なグレードをなし最終的には不即不離の局面を含むと考えるかによって、脳死体処遇に対する判断も変わってくる。改正後の臓器移植法では、脳死体を一種の〈臓器工場〉として把握するという社会圧が強まっており、その意味では前者の傾向が強化されつつある。[5] さらには、脳死体よりも微妙な、遷延性意識障害（ＰＶＳ）や、重篤な脳血管障害のために意識状態が極めて低下した状態にある患者の処遇を、どう考えたらいいのかという問題も、それに付随的に出てくる。恐らく当人のためにはならずとも、家族が患者の存在感を確認するという願いを充たすために、胃瘻を造設すべきか否か、一度造設して長く生きるようになった患者を前にして家族の心理的絆が稀薄化した時、どのような理由で延命治療を中断できるのか否か、というような問題群である。[6] 死そのものを克服するのは無理にしても、現時点で既に、いつ、どのように死なせるのかは、或る程度人間の技術的統制下に入りつつある。その意味で生死が、単に医学的なだけではなく政治的な問題関心に繋がりつつあることは明らかである。(7) 脳死体の出現は、それを予兆する象徴的事例の一つにすぎなかった。

またアガンベンの『ホモ・サケル』、『アウシュヴィッツの残りのもの』(一九九八)、『開かれ』(二〇〇二) などをみれば分かるように、一定の理由を付けては人間を〈人間圏〉以外に弾き飛ばす行為は、〈人間性〉が自明の存在というよりは、人間を人間と見做すという社会的・倫理的・政治的判断と相即的な生成にすぎないということを確認せしめた。アウシュヴィッツでのユダヤ人は、人間圏から弾き飛ばされて、それに即した処遇を受けた。〈人間性の中に潜む動物性〉どころの騒ぎではなく、〈動物性〉を無理やり露呈させるような処遇の中で、ユダヤ人たちは、あるいはガス室で少しでも高みを求めて壁を這い上ろうとし、あるいは〈ムスリム〉として排泄物を垂れ流しながらよろめいていた。

既に完璧に明らかなことを、今改めて確認しよう。〈動物性〉を抱え込んだ際どい均衡の中で、人間は一瞬の停止のような仮象存在であるにすぎない。その〈動物性〉の隠伏性の程度は、対象となる個別的人間(集団)の、科学的・医学的・社会的・政治的文脈の中での位置と相関的である。蜻蛉(かげろう)のような理性をもつ、玻璃(はり)のような人間——このような描像を、まずは大前提としなければ、人間論が到達できる境地は高が知れたものにしかならない。

第二節　人間という〈脱自然〉

ただし、ここまでの確認は、あるべき人間論の一般的な一断面を述べ立てたものにすぎず、それに終始するならば、あまりに一面的だという誹りを免れまい。そうなのだ、人間は動物絡みの存在で、かろうじて人間だという程度の存在であるにすぎない。にも拘わらず、同時に人間は、動物とは決定的に異なる存在様式をもつということもまた確かなのである。連続的なようでいて、決定的な裂け目。それを直視しないでは、いかなる人間論も、肝腎な難題を避けたものになる。特に（玻璃のように壊れやすい）個人を離れ、人間集団、または人類全体という理論的視座を設定してみるとき、事の次第は一層明らかになる。

事実、古来多くの人間論がその裂け目のあり方をそれなりの仕方で表現しようとしてきた。それを通覧するだけでも、それなりの意味はあるだろうが、本章ではその種の一般的総覧は避け、或る特定の話題を中心に、人間がどのような意味で他の動物とは決定的に異なるのか、その一つの具体相をみていくことにする。直截に確認するなら、この第二節以降の内容こそが、本章の中心的論旨を構成すると述べて構わない。第一節は、それと対比するための留保的な言説であり、最終的には一種の長い序論であるにすぎなかった。

（A）人間は動物でもある。だが、他の動物や生物のあり方そのものにまで肉薄し、それを自分が好むように改変することができるのは、ただ人間だけだ。それを象徴する現代的事例として、ここでは合成生物学に注目してみよう。[8] ゲノミクスの急速な進展を背景に、既に人間は極微の生物様存在のゲノムだけなら人工的に合成できるようになっている（バクテリオファージφX-174など)。初期のバイオテクノロジーの頃のように、細菌にＤＮＡの断片を入れて必要な物質を取り出すという手法から大きく展開して、少なくとも将来的には、人間に有用なはずの微生物の人工的合成をするという研究目標が、この種のウイルス合成からも見通せるようになっている。その場合、細菌は、ちょうど生殖系列遺伝子改変に基づいて親の願望を反映させた子供が designer child と命名され、少なくとも一時期議論されたのと類比的に、[9] designer microbe と呼ばれることになる。いろいろな構想が可能だが、例えば温暖化対策のための炭素隔離に有益な細菌、石油タンカーが座礁した時に海洋汚染を軽減するための細菌、バイオ燃料の生産に利する細菌、特定の薬品を生産するのに有益な細菌などが考えられている。もちろん、まだ直ちに実現可能だというわけではないが、既に幾つかのステップは踏まれている。

designer microbe は、別にゼロから細菌構築をしなくてもいい。既存の細菌に、ＤＮＡの長大な連鎖、または染色体そのものを組み入れて、その細菌の性質を変えてしまうというような基礎研究が着々と進められている。例えば或る種の細菌(Mycoplasma mycoides)の染色体のＤＮＡ配列情報をすべて決定した上で、それを人工的に合成する。[10] そしてそれと類似の、しかし違う種類の細菌(Mycoplasma capricolum)から予めゲノムを除いておき、そこに人工的に合成した Mycoplasma mycoides の染色体を導入する。導入された細菌は、ゼロから人間が造ったものではなくても、それまで存在しなかったという意味では人工的な生物なわけだが、それは通常の自己増殖能力をもつことが分かったのである。

この種の研究と並行して、既存の微生物のゲノムを徐々に単純化していき、どれくらいまでなら、ＤＮＡ鎖を取り去っても生き続けることができるのかという、いわば生命維持の最低ラインを決定するための研究も行われている。もしそれで生命維持の最低線が確定されれば、その情報は生命合成研究にとって重要な示唆を与えることは明らかだからだ。他方で、天然の微生物とは違う生化学系を用いた、〈可能世界の生物〉を実現させるという研究目標もある。[11] 可能世界・並行世界の生物合成というプログラムだ。

またいわゆるバイオブリック（BioBrick）は、特定の機能をもつＤＮＡのパーツであり、いわばレゴブロックのように部品として扱うことができるように標準化されている。それは研究者の要望に応じて適宜分配されていく。その場合、合成生物学研究が、文字通りの〈衆知〉になるというのは眼に見えている。この場合、〈合成生物を作るという〉大目標の統合性という性質の側に一種の能動性がある。そして参加する研究者たちは、その能動性に触発され、作業の方向性を或る程度統制されながら、半ば受動的で匿名の機能集団化するという性質をもつ。それは認識論的にも興味深い研究様式である。

これらの合成生物学研究は、もちろん直ちにフランケンシュタイン・コンプレックス[12]に直結するようなものではない。だが長い時間軸に身を置いて考えてみるとき、この合成生物学研究が人類史的・文化史的に重大な意味をもつことは明らかだ。確かに、人間は昔から、家畜化の過程で他の生物を人間の企図に照らして改変することを行ってきた。しかし現代の生命科学や情報科学を総合的に巻き込んで展開される合成生物学、またはそれに類似する研究群は、従来の家畜化とは比べものにならないくらいの精緻さをもっている。

さて、この合成生物学を、より一般的な文化的文脈に即して定位し直すことを試みてみよう。というのも、合成生物学を取り上げたのは先端科学のトピックを紹介するためではなく、あくまでも人間存在が世界や自然との関係の中で、或る特殊な存在だということを強調するためだったからである。

(B) 生物の進化には偶然的要因が必ず介在しており、進化の系列や様態に一定の目的性や設計性があったわけではない、と主流派の進化学は考える。だとするなら、生物のゲノムのすべての塩基配列が必然的で必須だとはいえず、進化の偶然性を抱え込んでいるはずなので、その中のどの部分が不必要なのかを確認しながら、一つひとつ除去していき、或る特定の生物にとっての必要最小限の〈ミニマル・ゲノム〉を作り上げるというのは興味深い目標設定だ。自然の進化よりも、より合理的な生命設計ができるはずだからだ。いわゆるジャンクDNAには未知の調節機能の存在などが推測されているようで、全部がジャンクではないという可能性の方が高いらしいが、それでも逆にいうなら、そのすべてに意味があるというわけでもあるまい。自然がいわばいい加減にやってきたことに、人間がより合理的な眼差しを注ぐこと。〈ミニマル・ゲノム〉を完全確定した生物が出来上がったとすれば、それが仮に細菌であっても、「生きるためには何が必要か」という問題に対する回答への大きな一歩になることは確実であり、それがより高等な生物の分析にとっても重要な示唆になることは間違いない。

この註釈からも否応なく明らかになってくるのは、われわれ人間は既に〈自然〉を絶対的規範と見做す必要がないという事実である。自然の中から進化してきたはずの人間ではあるが、人間は、当の自然との関係の中に齟齬や乖離、離脱の成分を含む合理的主体性の作動を既に自らの権益内に確保している。前節で確認したように、その〈合理的主体性〉なるものも、絶えず奔出し先祖返りを狙う〈動物性〉に脅かされた頼りないものにすぎないとしても、それでもそれが全く作動しないというわけではない。或る個人の緊張した諸瞬間の中でそれは実質的に作動し、その個人が疲労と消耗の果てに脱落していったとしても、また別の個人が出現するというように、集団として、或る特定の〈衆知〉が既に構築されている。そしてその〈衆知〉を基礎づけるものは、もはや自然ではない。それを基礎づけるのは、人間集団の参加意思と目標設定、設計的企図の相互触発や規範的調整の総体なのである。

その意味で言うなら、合成生物学も別に奇矯な逸脱だとはいえず、むしろ分子生物学やバイオテクノロジーのような背景があるとき、当然出るべくして出てきたものである。もちろん既に予測されているいろいろな問題はある。より一般的に、良かれと思って始めたことが手に負えなくなる〈魔法使いの弟子〉というお馴染みの危惧は、ここでも当然予想できるが、今後のこの分野では、特にいわゆるbiosafetyとbiosecurityが重要な問題になるだろう。[13]また、マーカス・ウォールセン（Marcus Wohlsen）の『バイオパンク』（二〇一一）のような興味深い報告からも分かるように、この分野は、加速器のような巨大装置を必要とするわけでもなく、資金的、設備的に小規模な基盤があれば充分なので、事情に通じた独立の研究者や愛好者が、自律分散的な活動をするかもしれない（いわゆるＤＩＹ生物学[14]）。その場合、研究計画の統合性の確保や、その社会的妥当性のチェックをすることが難しくなるという問題がある。どこで誰が何をやっているのかを正確に押さえることは困難なのだ。

実は、これらの問題群はどれもが解決困難で重大な問題群だが、今後、負のシナリオが部分的に現実化し、この領域が全体的に頓挫するという可能性も念頭に置いた上で、科学的にだけではなく、思想的にも興味深いこの分野の成り行きを見守っていく必要があるという註釈を、とりあえずはすることができる。

繰り返そう。いずれにしろ、われわれ人間は自然を最大の準拠と見なす必要をなくしつつある。建築や構造物によって人工的な環境構成をしてきた人間は、動植物も適宜、生活空間に組み込んできた（街路樹・家畜）。その組み込み方には既に、人間を焦点とした自然に対する設計的乖離が存在していた。いまやそれだけではなく、自らもその一員である生物のあり方にまで精緻な操作を加え、人間の感覚からみて、当の対象がもつ〈そぐわなさ〉や〈不全感〉を縮減する方向、あるいは端的に有益な性質を担わせるという方向にもっていこうとしている。人工が徐々に自然に覆い被さり、自然そのものがどんなものかがもはや誰にも分からなくなる。自然なようにみえるものも、不作為という人工によってかろうじて存続しているにすぎない、とさえいえるくらいだ。広義の〈人為の哲学〉を、そろそろ本気で練り上げる必要性が迫っている。

ちなみに、もう随分前にガストン・バシュラール（Gaston Bachelard）は化学史を渉猟する過程で、既に一九世紀には、化学者は自分たちの学問が自然を横溢し始めていると認識していた、と確認していた。『合理的唯物論』（Bachelard, 1953）の序論で彼は、化学者ローラン（Auguste Laurent）の「今日の化学は存在しない物体の科学になった」という言葉を引いて、自然界にはない化合物をどんどん生み出す化学の存在拡張を顕揚し、その本質的人工性に注目していた（p.22）。さらにバシュラールは、やはり優れた化学者だったジェラール（Charles Frédéric Gerhardt）が、化学は自然の物質を大きく変える力をもつ科学であるとし、生物体は単に同種のものを生殖で生み出すだけという単調さをもつのに対して、化学物質の方が豊かな差異性をもっている、という趣旨の主張をしたことに注目していた。生物体は、合理的な現代化学よりも遙かに変換能力の少ない〈部分的化学〉を用いているにすぎないという主張である（p.33）。

だが、まさに合成生物学は、その生物学が化学に近づくような合理的構築性をもって生物を改変する可能性を懐胎している。化学にしろ、生物学にしろ、〈自然科学〉という大カテゴリーに包摂されるにも拘わらず、その多様な人工的特性によって、自然界の論理に従属しながらも、人間の企図や発意に後押しされて自然から横溢する場面を次々に実現している。その含意を、一種の文化史や文明論にまで掘り下げる〈人為の哲学〉が必要だということが、改めて強調されなければならない。

（C）とはいえ、より細かくみてみるなら、次のような補足的検討をする必要がある。

或る有機化合物がそのままでは自然界には存在しないとしよう。それは確かに、その意味では人工物だが、しかし、構成成分の炭素や水素までもが人為的なものではない以上、人為はその組み合わせ、結合位置の微妙な変化などの中にあるだけだともいえる。人為は、その組み合わせ方

の中にある。その場合、

①〈結合様態の可変性〉という性質自体がそもそも自然の論理の枠内に収まっているからこそ、或る特定の処理をすれば自然界にはない誘導体ができたのだと考える。

②そうではなく、その〈可変性〉はあくまでも潜在的なままに留まっており、それが実際に顕在化して、特定の誘導体として存在するようになるためには、人間の側の企図や操作が必要だと考える。

二つの考え方のどちらを採用するかに従って、〈人為の人為性〉の程度が変わってくる。当然ながら②の方が人間の企図や参加、構築の成分を重視する考え方になる。いま便宜的に両者を〈自然派〉(①)、〈人為派〉(②)と呼んでおく。

この二重化された論理構造は、バイオテクノロジーの場合でも本質的には全く同じだ。ヒト成長ホルモンを造り出す大腸菌など自然界には存在しない。だがそれも、〈自然派〉のように考えるとすれば、次のようになる。人間が一定の操作を加えたところ、そんな大腸菌が出現したということは、大腸菌にはその種の変化可能性がもともと備わっていたからこそ、それが可能になった。だからDNA断片の切り貼りという作業は、一見人為そのものにみえるが、実は人為とはいっても、自然という〈釈迦の掌(てのひら)〉の上で蠢(うごめ)く小さな自律性でしかない。設計的企図が主体的で能動的なもののようにみえたとしても、それは、自然が人間にそれを許容する余地をもともともっていたからこそ可能になっただけで、もし人間の側の設計的企図が絶対的な無理難題を嘱望したとすれば、それは決して実現しなかっただろう。その意味で、ヒト成長ホルモンやインスリン

を造れるということは、大腸菌の存在様式の中に潜在的にもともと存在していたのだ、という考え方である。(15)

だが、もしこの〈自然派〉の言い方をそのまま受容するとすれば、バイオテクノロジーの関係者たちのその時点その時点での発意や工夫は蔑ろにされることになる。しかもこの言い方の場合、「大腸菌には〇〇を作る潜在能力があった」という命題は、いつでも自在に反復することができ、その「〇〇」には、或る時点で新たな物質が入るという構造になっている。だからそれは事実上、後知恵的で無内容なものにすぎない。例えば二〇二〇年の時点で物質Gを大腸菌（または他の細菌）に造らせようとする場合、それ以前に造られた物質A、B、C、…という研究伝統の蓄積と、それが開示する可能性の領域の或る程度の画定という背景があり、同時に二〇二〇年の時点でなぜHやIではなくGなのかを決めるという目標設定の妥当性や、産業圧のような外的因子などが総体として存在し、その上でGを造ろうという発意がなされる。だからそこには、人間（集団）の能動的で意図的な発意や設計があると述べてよく、その意味で〈人為派〉の発想の方が正しいと考えざるを得ない。

未曾有の有機物質や改変生物、さらには近未来的な合成生物は、発見というよりは発明の対象なのだ。この、或る意味では当然のようにみえる補足的註釈は、人間の人為が、自然との一定の断絶を織り込みながら、意図的、自覚的、能動的になされるものであり、その意味で、その時点その時点で新規性や新奇性を抱え込むことが往往にしてあるということを再確認するためのものだった。そして当然ながら、〈人為の人為性〉の度合が大きくなればなるほど、その当該行為への責任負担性はそれ相応に大きなものになる。津波と原発事故がある場合、津波の自然的性格と原発事故の人為的性格が対比され、だからこそ津波そのものを非難する人はいなくても、原発事故は批判や検討の対象になったのだ。

第三節 〈新たな生政治学〉の蜃気楼的な肖像

(A) さて、ここで私は、アリストテレスの『ニコマコス倫理学』(一九七三)の興味深い一節を想起してみたい。その第三巻第三章でアリストテレスは、「思案をめぐらすこと」について述べている。その理路は簡単にいうと、次のようになる。

人は宇宙、天候、数学的真理などについては思案をめぐらさない。それら自然的または自律的なことについて思案をめぐらしても、どうしようもないからだ。われわれが思案をめぐらすのは、われわれの意のままになること、する気になればできることについてである。しかも物事の中で確定的で正確なことについても思案しない。思案するのは、生起しても、いつも同じ仕方で生起するとは限らないもの、正確さの中に不明で無限定なものが含まれていることについてである。だから人は、体育術よりは航海術に思案をめぐらす。

また人は、目的についてではなく、目的に達する手段について思案をめぐらす。医師は患者を健康にするかどうかを思案せず、弁論家は相手を説得するかどうかを思案しない。医師はどうしたら患者を健康にできるか、弁論家は相手をどのように説得するかを思案する。このように述べた後でアリストテレスは、思案と選択を類比的に論じ、選択の主体は、各人の中でも主宰的な部分であり、選択とは、意のままになることに対する、思案に基づく欲求だと定義づけている。

いかにもアリストテレスらしい、簡単なようでいて多くの洞察を含む言葉だ。彼のこの一節は〈行為に先だつ予備的反省〉と〈手段選択〉をめぐる一般的考察だといえる。或る行為を行おうとするとき、われわれはその首尾について思い迷う。また手段が選択される場合、そこには必ず主体の意図的で能動的な関わりが介在する。われわれ人間は、思い迷い、選ぶ主体なのである。ただ、その際、アリストテレスは興味深い限界設定をしている。
①人間にとってどうしようもないことについては、われわれは思案も選択もしない。
②目的は自明視され、思い迷う局面は、その目的達成のための手段の位相に限られる。
そこでいま私は、この二つの限界設定自体を、現代の状況、それも本章で話題にしている生命科学のことを念頭に置きながら、検討し直してみよう。
まず最初にいえるのは「人間にとってどうしようもないこと」は、それが判断される場の時空間的限定と、その時空間的限定とリンクした技術的総体と相関的だということである。八〇日間で世界を一周することは、一九世紀後半でも賭の対象になるほどにぎりぎりの限界行為だったが、いまでは桁違いの高速移動が可能になっている。我が国では、盲腸炎や腸チフスで逝去する人は、もはや極めて稀にしかいない。ところがつい百年ほど前は、腸チフスは重大な伝染病だったのである。ただ、認識と技術が乖離することはある。ハンチントン病は予測的な診断ができても、現在でもなお根治的な介入はできない。ともあれ、一般に「人間にとってどうしようもないこと」

の境界が技術連関によって変えられることは確かだ。「どうしようもないこと」のはずが、いつの間にか「何とかなること」に変わっていく。

では、それに見合って思案も選択も揺れ動くのだろうか。もちろん、揺れ動く。二〇〇年前には絵空事に過ぎなかった手術でも、現在なら行うことができ、当該患者を救えるのだから、その手術は選択的に遂行される（その場合、患者を救うという目的は自明視される）。思案や選択は、技術連関の成熟と共にその領域をどんどん拡大していく。「どうしようもないこと」は、自明でも確定的でもないのである。――さて、以上は全く常識的な註釈であり、これ以上の附言は必要あるまい。

他方で、バイオテクノロジー、特に合成生物学などの領域を対象にしたとき、より慎重に検討しなければならないのは、②の目的設定と手段という問題系の方だ。アリストテレスにいわせるなら、人がいろいろと思案するのは手段の方であり、ちょうど医師が患者を治すかどうかを思案はしないように、何か或る目的が設定されたとき、その目的設定自体を思案の対象にすることはない。その目的設定自体が（例えば人類を大量殺戮するなどという）著しくおぞましい悪を体現しているというのでもない限り、目的設定は問題視されない。なぜなら、大部分の場合、人は何か善いことを目指して、それに向かって努力するからである。そして例えば合成生物学は、基本的には公益性を追求する科学技術に帰属することが大前提になっている以上、その研究計画、つまり目的設定自体が疑問に付されることは原則的にはない。ただ先にも述べたように、この分野の場合、ＤＩＹ生物学的な参加が可能であるために、目的の妥当性のチェックは、最終的には個人の良心に委ねられているとしかいえない部分もある。それは、一つの重大な問題である。

ただ、ＤＩＹ生物学よりも、一般的で体制的な視座にたって、改めて目的設定について考えてみよう。恐らく、現時点での最大の課題は、まさにその目的設定自体を問題視するという局面を、通常の研究環境の中に組み込むことではないだろうか。アリストテレスは、不明で無限定なものが介在する場合に人は思案をめぐらすと述べていたが、その場合、それはあくまでも手段の位相に限られていた。ところが、現時点でいうべきなのは、目的設定自体の中に、不明で無限定なものがあるという可能性を自覚し、それを評定し、判断するということである。科学的、並びに技術的レベルでの知識が厖大に蓄積され、その水準も高度になったとき、〈手段の卓越性〉はいわば共通の前提条件に近づいていく。だからこそ尚更、〈目的の妥当性〉という問題がもつ重要性は増していくのだ。

バナナの匂いを放つ大腸菌が既に作られているという。その場合、「バナナの匂いを放つ大腸菌を作る」という目的自体はあってもなくてもいい、周辺的なものにすぎないのかもしれない。しかしそれは、バイオブリックがどの程度機能するかという、背景のより広範な研究計画を例証するという意味で、固有の目的性を果たしている。これは、蓄積性を前提にした科学研究の中で、それ自体の価値というよりは、それが今後他のより有益な研究のベースになるという可能的価値のために評価される、いわば途上の研究だ。

ただ、私が問題にしたいのは、そのような途上的なものではなく、いわばより根幹に関わる研究プログラムのことである。例えば多くの家畜種に光合成能力を与えるというような目的設定はどうだろうか。もし光合成で或る程度の栄養確保をすることができるなら、飼料代の大幅な削減を可能にし、畜産業に革命をもたらすと考え、その目的設定者を拍手喝采で迎えるべきだろうか。というのも、この数十年の生命科学の進展様式を反省的に捉え返してみると、或る目的が明示されたとき、それが図抜けて野放図なものでない限り、頓挫や遅延はあったとしても、たいていはそれが実現される方向に近づいているという印象があるからだ。だから尚更、どのような目的設定をするのか、それ自体が極めて重要になり、アリストテレス風にいうならそれ自体が「思案をめぐらす」対象になる。

例えばこの〈光合成家畜〉の場合、実行に移したはいいが、もし何か思いがけない否定的帰結をもたらそうものなら、その規模や影響の甚大さを考えれば、その災禍はとうてい修復不可能なものになるはずだ。さらにいえば、〈光合成家畜〉が仮に許されるとするなら、そして実際にそれが実現され、家畜が大過なく生きていくことが可能だと分かる段階に至ったなら、安部の〈盲腸人間〉さながらに、なぜ特に貧民は〈光合成人間〉になってはいけないのかという議論が出てくることさえ、想像できなくもない。食うや食わずでいるよりは、光合成で最低限の栄養確保をできた方がいいだろう、その方が貧民のためにもなり、人口爆発による食糧不足にも対処できるだろう、というような論調の議論である。これは、私の個人的妄想にすぎないだろうか。むしろ、いったん〈光合成家畜〉という目的設定がなされたなら、その延長線上にほぼ必ず想定される可能的課題だとはいえないだろうか。

（B）さて、以上のようなごく簡単な通覧によっても、いまや明らかだと思えることがある。それはフーコーやアガンベンを展開の範例的人物とした、現代の〈生政治学〉という研究プログラムがもつ意義と、その限界である。本章冒頭でも確認したように、現時点では〈アルシ・生政治学〉の構想をそのまま反復しても限定的意味しかない。そもそも、当のフーコー自身が、すぐにその概念をより一般的な意味、つまり或る生物的特性の担体としての人類を権力の一般的戦略とリンクする諸様態の分析という程度の意味に読み換えていった（〈広義の生政治学〉）。またアガンベンの生政治学は『ホモ・サケル』が象徴するように、人間の動物化の極限としての脳死体、収容所でのムスリムたちの挙動などに主に光を当てるものだった。それらの動向に加えて、アメリカの或る政治学者集団、人間を生物としてみて、その行動を政治学的に分析する自然主義的な流れ、私が〈パラ・生政治学〉と呼んだものなども考慮に入れれば、〈生政治学〉の主要なアウトラインは把握できる。より詳しくは『〈生政治〉の哲学』をご覧になっていただきたいが、いま、あえて予想するなら、その本ではごく簡単にしか触れなかった〈パラ・生政治学〉こそが――もしその調査能力と課題設定能力が、より先端的な生命科学と連結できるだけの膂力（りょりょく）をもちうるとすれば の話だが――政治学的には、今後より直接的な有効性を発揮するものになるのかもしれない。

いずれにしろ、こう纏めることができる。人口集団の動態への統計学的眼差しの設定にしろ、脳死体やムスリムへの批判的注目にしろ、喫煙者や覚醒剤常用者の政治行動のパターン分析にしろ、それらはいずれもが人間相互間の行動調整を主要な課題としているという意味で、あくまでも権力論や人間統制論としての政治学の位相に連なるものだった。従来の〈生政治学〉は、あくまでも政治学の一種として定位されるものだった。しかし、現代から近未来にかけて、生命科学の進展を真剣に視座に繰り込むことで成立すべき〈新たな生政治学〉は、最終的には政治学的問題構制と合流するという理論的見通しは保持しながらも、遥かに迂回的で脱人間論的であり、生命一般を対象にした存在生成的なものを通過していくのではなかろうか。

以上を確認的な前提とした上で、改めて本章の理路を辿り直してみよう。私は異種移植や終末期医療などの題材に触れつつ、人間が否応なく内部に抱え込む〈動物性〉の存在をまずは確認した。われわれは理性的で合理的な存在だという正統的な自己理解は、実をいえば、多くの限定条件付きでかろうじて主張できるものにすぎず、自分でも完全には統御できない〈動物性〉の奔出可能性に、人間は脅かされている（第一節）。しかし、確かに個人としての人間はその種の脆弱なものにすぎないが、人間集団の集団的行為の中から垣間見えてくるもう一つの重要な特性がある。それは、人間は生物であるにも拘わらず、自然な生物体としての位相を離脱していること、言い換えるなら、人間理解の準拠点として自然そのものを置くのは限定的意味しかもたないということだった。人間は、〈脱自然〉という視座を設定した方が、よりよく理解できる。有機化学や合成生物学などは、それを象徴する例証にすぎなかった。そして、自然を準拠とはせず、いわば安定した準拠から離脱しながら構築される〈反自然〉、つまり〈人為〉には、それに特有の困難と責任があるということを確認しておいた（第二節）。

そして、私は第三節(A)で、アリストテレスの「思案をめぐらすこと」という一節を現代の科学技術社会での人間の行動様態とリンクさせることで、アリストテレスの限定条件が今日では、そのままでは妥当しないという確認をした。彼の時代には不可能だったことも、いまでは多くの場面で可能になっており、可能領域の拡大に伴い〈手段選択〉の可能性も大幅に拡大している。他方で、アリストテレスの場合にはそれ自体としては問題に付されなかった〈目的設定〉自体が、目的の公益性・善性が自明とはいえない時代に入りつつあるという観点から、改めて問題視されなければならない。われわれは、昔日よりも遥かに多くの手段をもち、その分、目的を設定する際にはより慎重にならなければならない。「する気になればできるが、やってはいけないこと」という構想局面をどの程度本気で確保し、維持できるかが、今後一層重要な問題になる。目的こそが、最大の謎、最大の問題になるのだ。

(C)そこで、〈新たな生政治学〉の特性を最も象徴的に示唆する分野の一つとして、最後に再び合成生物学に触れ直しておく。もちろん、まだ揺籃期のこの分野については、アメリカ生命倫理諮問委員会の報告書でも述べられていたように、潜在的危険の存在ゆえに性急に抑圧するなどということは、しない方がいい。ともあれ、それは、この分野、またはこの分野が可能的方向性として示唆するものがもつ総体の人類史的な意味を、過小評価してもいいということを意味するわけではない。[16] いまはまだウイルスや細菌の合成や設計が問題になっているだけだ。だが、近未来にはより高等な生物の改変や設計が到達目標に組み入れられる可能性の方が高い。確かに上記の〈光合成人間〉への言及は、私としてもいささか勇み足にすぎたかもしれない。しかしそれは、われわれがより微細で微温的な研究課題を目的設定しようと思うとき、その方向性を拡大、敷衍した時にみえてくるものを示唆するという意味はあった。そして（現時点ではまだ想像もできない遠い未来のことだろうが）もし仮に〈光合成人間〉を成立せしめるか否かが課題として議論されるような研究段階にまで到達する日が来るとすれば、それは人間相互間の問題、つまり政治学に関わるようになる。ただ、それは、あるとしてもまだ遠い先のことだ。というより、恐らくは、その種の政治的局面が露わになる前に、なんらかの形での制動がかかると考える方が現実的だろう。だから上記にも述べたように、この話題では、そこに至るまでの迂回的中間相の分節様態を緻密に予想することの方が、より重要になる。つまり、政治学的問題というよりも、人間の生命操作一般が自然界、特に生物世界にもたらす衝撃度の評価をするという問題群の方が、重要性が高いのである。そして、それこそが、私が先に「迂回的で脱人間論的」という形容によって意味させようとしていたことだった。

遺伝機構の分子的対象化をして、わずか六〇年ほど。現代では、バイオテクノロジーの揺籃期によく使われた表現、「神を演じる」という言葉が、当時よりは少しだけ大きな現実感をもって迎え入れられるかもしれない、そんな風景が広がっている。高分子の合成や、それによる人体の薬理的保護云々などという話題だけなら、ほとんど何の問題もない。ところが、「生命体を造る」という行為は、生命体は多少とも自律的だという事実があるために、その意味がまるで異なるものに手を出すことを意味している。それは、生命界そのものへの甚大で根源的な影響を与えるような位置に人間が立ちつつあることを意味するようでいて、実は、そうでもないということを露わにしている。（可視的に追尾できる）小動物ならまだしも、合成細菌が環境内に放出され、それが野放図に増殖することになったら、どうやって完全な制御や統制をするというのだろうか。[17] 生命界に手を出して、それを〈人間色〉に染めようとしても、それが合成生物学あるいはその未来発展形のような成果群とリンクするに至る場合、家畜を従来型の様式で改良するというようなことでは、話が済まなくなるのだ。

人間は、これまでも環境を〈人間色〉に染めてきた。或る一定の合成細菌あるいは合成生物は、人間にとって有用な存在価をもつから合成されるわけだろうが、それが生き始めたとき、その生命挙動は、人間の期待の枠内に留まり続けるのだろうか。思いがけなさ、統制の難しさ、自由な蠢き――この種の形容の方が、生命体を形容するのにより相応しいものに思える以上、統制や制御の難しさはいまからでも充分に予想できる。〈アルシ・生政治学〉が人口集団のそれなりの統制を目指したものだという原意を想起して、それをいま拡大的に転用するなら、〈合成生物のアルシ・生政治学〉は、想像以上に困難を極めるものになるはずだ。だからそれを見越して、合成細菌などのためには、短い寿命になるようにプログラムした設計がなされるかもしれない。

いずれにしろ、揺籃期にあるにすぎない合成生物学を、研究方向を敷衍し、延長した結果、将来出てくるかもしれない災禍の故を以て、現時点で禁止するという行為は、恐らくなされないだろう。人間は、まだどうなるか分からないものを前にした時には、しないで様子をみるのではなく、して様子をみるという傾向をもつからだ。ただ、やはりこの主題がもつ起爆力は従来のそれを上回る可能性もあるので、合成するにしても細菌、あるいはせいぜい単純な多細胞生物のレベルで抑えておくべきだとする判断が、研究の途上で明確に自覚されるようになるかもしれない。その意味では本章の題名、「合成生物の〈生政治学〉」という表現は若干ミスリーディングなものになる。なぜなら、まさにこの研究が〈政治学〉の位相になんらかの形でリンクする可能性がある段階（例えば空想的な〈光合成人間〉のように）には、近未来では無理なのはもちろんながら、永遠に到達しないかもしれないからだ。つまり、研究途上での研究者集団の自律的判断によって、自発的抑制や制動がかかり、人間相互間の政治的問題群に直接その影響が現れるような位相とはリンクしない形での目的設定が図られるかもしれないからだ。もしそうなれば、それは、科学研究が自ら自発的に一種の制動的判断を内部に組み込むという、科学研究の新たな段階への突入を意味するものになるだろう。[18] それを、科学の端的な衰退や撤退と捉えてはならない。むしろその逆だ。それは、既に充分高度な段階にまで到達しつつある科学の、人間文化全体に対する責任増大を反映させるもの、つまり、科学の成熟なのである。

註

（1）以下、本章では『〈生政治〉の哲学』での分析や主張を前提とした議論をさせていただく。さもないと、ただの説明的論述のために字数をとりすぎるからである。

（2）ただ、よりミクロには、例えば被曝後の県民健康調査などの方向性の中に、それなりの生政治的問題関心を見て取ることができるというのは、拙論「〈放射能国家〉の生政治」（二〇一二）でも示した通りである。

（3）安部公房（一九九七）、pp.65-77.

（4）cf. ダーウィン（一八七二）

（5）ともあれ、後者のように考えられているとは必ずしもいえず、各人各様の論点に従って臓器移植に反対する人々も依然として数多い。私自身も、〈動物性〉重視というわけではないにしろ、臓器移植には一貫して反対し続けている。私にはそれは〈埋葬の失敗〉に思えるからだ。その判断の基底には、宗教的または社会的位相に位置する心理的因子が働いている。だから私の判断は、脳死・臓器移植論争を駆動せしめていた、基本的には科学的位相の言説空間とは、ごく一部しか重ならない。

（6）例えば会田薫子（二〇一一）の文献は、関連する話題を的確にサーヴェイした優れたものである。

（7）ちなみにここで、一九八一年に出版されたインタヴューの中で、八〇年代にミッテラン大統領（François Mitterrand）の補佐官として活躍した経済学者、アタリ（Jacques Attali）が発した言葉に触れておくのも無駄ではあるまい（Salomon, 1981, pp.270-275）。平均寿命が長くなりつつあるという話題の文脈でアタリはいう、われわれが生きる産業社会の中で平均寿命の増大は支配階級にはそれほど望ましい目標にはならない。〈人間機械〉の生産可能性が極大化される限りにおいては、平均寿命増大はとてもいいことだった。ところが、人間は六〇代後半にもなると、生産するよりも社会に負担をかける割合の方が多くなる。膨大な医療費も、もし人間がすべて交通事故で突然死してくれたら、現行の何分の一かに抑えられるだろう。このような状況下にあって、安楽死は重要な装置だ。なぜならそれは個人の基本的自由、つまり自殺したい時にできるという自由を保証するからだ。資本主義社会にあって、生があまりに耐えがたく、またはあまりに高価になる時には、殺す装置は一般的なものとして普及することだろう。――〈経済学者〉の眼差しが政府中枢の権力機構と合体し、支配階級の権力維持に即した言説構成がなされるとき、この種の発想が生まれる。冷酷さもここまで来れば、悲憤慷慨というよりは脱力感の対象になる。フーコーが「殺さずに生かす権力」云々と述べていたのとあまり変わらない時期に、フランスの権力中枢ではこの種の言葉が飛び交っていた。〈生政治〉の学問構想は、或る意味であまりにナイーヴなものだったということか。

（8）合成生物学の内容については以下の一般的参考書に依拠した（Changeux, 2007: Schmidt, 2009: Solomon, 2012）。この分野に評価と展望を与えたアメリカの生命倫理諮問委員会の報告書も参考にした（USPC, 2010）。また日本科学史学会生物学史分科会も二〇一〇年にこの話題でシンポジウムを開催し、その記録が『生物学史研究』第八六号（松原洋子他二〇一二）に掲載されている。

（9）詳しくは拙著『遺伝子改造』（二〇〇五）を参照されたい。ただしこの話題は、その後の遺伝学の進展自体から、少なくとも当分は無理だろうという認識が共有されるに至り、近未来での designer child の誕生という話題も完全に下火になっている（cf. 生殖系列改変にまで話題を広げれば、ごく最近はそうでもないというのは、本書第一章で補足的に注記した通りだ）。ただ、子供であろうが細菌であろうが、その発想の方向性はほぼ同一のものだともいえる。

（10）或る種の細菌（Mycoplasma genitalium）の五八万塩基対以上もの長さをもつゲノムの人工合成というステップを踏みながら、より成長の早い Mycoplasma mycoides の、一〇八万塩基対のゲノムを人工的に合成するということに、研究者たちは既に成功している。

（11）ちなみに、大腸菌の場合、かなりのメチオニンをノルロイシンで置き換えても生き続けられるらしい。

（12）もちろんシェリー（Mary Shelley, 1797-1851）の古典『フランケンシュタイン』（一八一八）を念頭に置くが、それが惹起した、生命創造に関する一連の悲劇や社会問題を憂慮する文化的遺産や心理的負荷のことを総称して、このように呼んでおく。

（13）biosafety とは、生態学、化学、農学、薬学などの分野で、人間の生命と地球の生態系に深刻な影響を及ぼすことを防ぐこと。例えばタンカー事故による海洋汚染を軽減するために合成細菌を放出した場合、汚染が収まった後に、その合成細菌が異常に増殖したり、既存の細菌と遺伝子をやりとりして予想外の有害な細菌が発生したりするという可能性がある。そのような事態にいかに対処するかという問題群のこと。biosecurity とは、生物テロ一般に対する安全措置のこと。当然ながら、軍事的理由またはテロを目的として、強い病原性をもつ細菌を合成する集団が出てくるという可能性があるからだ。

（14）ＤＩＹ生物学（Do it youself biology）とは、基礎的な生命科学の知識を習熟した後、いわば正規の経歴を踏むのではなく、自律的・個人的に小規模のラボを作り、半ばアマチュア的に遺伝子操作などの研究を行うこと。

（15）エピステモローグの一人、クロード・ドゥブリュ（Claude Debru）の『可能的なものとバイオテクノロジー』（Debru, 2003）は、バイオテクノロジー発展史であると共に、その領野での〈可能的なもの〉という概念の含意を分析しようと試みた文献である。

（16）むしろ、こう言い換えよう。〈人類史的意味〉というようなマクロな視点に立つとき、合成生物学に殊更に焦点化する必要もなくなる。一般に、バイオテクノロジー、またはその関連分野という領域群そのものがもつ思想的な意味を、改めて熟考しなければならないということだ。

（17）いま、可視的に追尾できる小動物ならまだしも、と述べた。だが、それは本当か。確かに細菌と比べれば簡単かもしれないが、蟻のような生物、あるいは鼠のような生物でさえ、有害種が環境内で激増する場合、その駆除や統制がいかに大変かということは、幾つもの事例を通してよく知られているではないか。

（18）もちろん、領域によっては、現在でも既にその種の制動性を身につけている科学がないわけではない。だが、それが他分野からの要請や圧力によって否応なく、ではなく、当該領域の研究が示す方向性の先にどんな問題群が控えているのかを直視し、それを避けるために途中で自覚的制動をかけるということが、既に通例になっているとは考えにくい。だからそれを「新たな段階」と呼んでおく。

参考文献

＊翻訳書は、本文中では原著公刊年を示した。ただし、古典的文献については邦訳の公刊年を示したものもある。

会田薫子（二〇一一）『延命医療と臨床現場』東京大学出版会

アガンベン、ジョルジョ（二〇〇三：原著一九九五）『ホモ・サケル』高桑和巳訳、以文社

アガンベン、ジョルジョ（二〇〇一：原著一九九八）『アウシュヴィッツの残りのもの』上村忠男・廣石正和訳、月曜社

アガンベン、ジョルジョ（二〇〇四：原著二〇〇二）『開かれ』岡田温司・多賀健太郎訳、平凡社

安部公房（一九九七）『安部公房全集』第五巻、新潮社

アリストテレス（一九七三）『ニコマコス倫理学』『アリストテレス全集』第一三巻、加藤信朗訳、岩波書店

ウォールセン、マーカス（二〇一二：原著二〇一一）『バイオパンク』矢野真千子訳、ＮＨＫ出版

加藤尚武編（二〇〇三）『ハイデガーの技術論』理想社

金森修（二〇〇五）『遺伝子改造』勁草書房

金森修（二〇一〇ａ）『〈生政治〉の哲学』ミネルヴァ書房

金森修（二〇一〇ｂ）『ゴーレムの生命論』平凡社

金森修（二〇一二）「〈放射能国家〉の生政治」、檜垣立哉編『生命と倫理の原理論』大阪大学出版会、pp.85-108.

『現代思想：特集 尊厳死は誰のものか』（二〇一二）、青土社、vol.40-7.

シェリー、メアリー（二〇一〇：原著一八一八）『フランケンシュタイン』小林章夫訳、光文社

ダーウィン、チャールズ（一九三一：原著一八七二）『人及び動物の表情について』浜中浜太郎訳、岩波書店

ハイデッガー、マルティン（一九六五：原著一九六二）『技術論』『ハイデッガー選集』第一八巻、小島威夫・アルムブルスター訳、理想社
ハックスリー、オルダス（一九七四：原著一九三二）『すばらしい新世界』松村達雄訳、講談社
檜垣立哉（二〇一二）『ヴィータ・テクニカ』青土社
ピコ・デラ・ミランドラ（一九五〇：原著一四八六）『人間の尊厳について』植田敏郎訳、創元社
フィーンバーグ、アンドリュー（二〇〇四：原著一九九九）『技術への問い』直江清隆訳、岩波書店
フーコー、ミシェル（一九八六：原著一九七六）『知への意志』渡辺守章訳、新潮社
フーコー、ミシェル（二〇〇七：原著一九九七）『社会は防衛しなければならない』石田英敬・小野正嗣訳、筑摩書房
松原洋子他（二〇一二）「二〇一〇年度シンポジウム報告：合成生物学・倫理・社会」、『生物学史研究』No.86、二〇一二年二月、pp.43-85.
Bachelard, Gaston (1953) *Le Matérialisme Rationnel*, Paris : P.U.F.
Béland, Jean-Pierre, sous la direction de (2006) *L'Homme Biotech*, Saint-Nicolas : Les Presses de l'Université Laval.
Benford, Gregory & Elisabeth Malartre (2007) *Beyond Human: Living with Robots and Cyborgs*, New York : A Tom Doherty Associates Book.
Changeux, Jean-Pierre sous la direction de (2007) *L'Homme Artificiel*, Paris : Odile Jacob.
Debru, Claude avec la Collaboration de Pascal Nouvel (2003) *Le Possible et les Biotechnologies*, Paris : P.U.F.
Dickès, Jean-Pierre et Godeleine Lafargue (2006) *L'Homme Artificiel*, Versailles : Editions de Paris.
Puech, Michel (2008) *Homo Sapiens Technologicus*, Paris : Editions Le Pommier.
Salomon, Michel (1981) *L'Avenir de la Vie*, Paris : Seghers.
Schmidt, Markus et al. eds. (2009) *Synthetic Biology: The Technoscience and Its Societal Consequences*, Dordre-

cht: Springer Verlag.

Solomon, Lewis D. (2012) *Synthetic Biology*, New Brunswick: Transaction Publishers.

United States Presidential Commission for the Study of Bioethical Issues (2010) *New Directions: The Ethics of Synthetic Biology and Emerging Technologies*, Washington DC.

第三部　知識と政治

第三部　序

第三部の論攷の公表期間は二〇〇二年から二〇一四年までに跨がっている。第一一章が最も古いが、それ以外は、二〇一一年以降、それもより正確にいうなら三・一一以降の時期に執筆されたものだ。拙著『科学の危機』（二〇一五）でも触れておいたように、現代科学は従来形の多少とも自律し独立した古典的規範による研究遂行をしにくくなっている。それは、良くも悪くも同時代の政治や経済的状況の文脈の中に絡め取られ、そのことによって、その研究内容自体にも変化や歪曲が加えられるほどなのだ。そのような問題意識とより深い関連性をもつ主題を扱うという意味で、第三部は、第一部や第二部に比べて、より直接的に政治的な色彩が強い。

第一一章は、いわゆるリスク論が隠し持つ産業保護的特性を剔抉（てっけつ）することを目指したものだ。そのために、リスク論史を彩る幾つかの重要文献のごく簡単な俯瞰をしておいた。その後の私は、ここで行ったほどの系統的調査はしていないので、現状から見れば若干古い点もあるかもしれない。しかし敢えて述べておくが、その後ときどき手に取ったリスク論関係の文献、さらには三・一一後の原発大事故の際にみられたリスク論的言説構成を想起するなら、ここで私が開示した視点、産業保護とトレードオフに囁かれる個人の命の軽視や周辺化、〈小さな死〉の受容への勧誘というその傾向は、現在でも依然としてリスク論を特徴付けるものだと考えている。本章は、リスク論という〈客観的外装〉を施された一分野を〈文化政治学〉(cultural politics)的視座から捉え直そうとした試みなのである。

第一二章は、ややマイナーなエッセイだ。生命倫理学史上名高い「シアトル神様委員会」の事例を改めて取り上げ、それが露わにしていた問題性が、腎臓透析という一具体例だけに限られるものではなく、広く一般に〈医療資源の配分〉や〈医療行為の公正・公平〉問題という、遙かに射程の大きな話題に繋がるものだということを強調するために構想した。また、その際「神様委員会」で行われた〈患者選別〉の基準となった価値概念の掘り下げを行おうとした。ただ、量的縛りが強い雑誌に公表され、それにそもそも価値概念の多義性自体を前に私自身の判断が揺れているということもあり、充分な展開がなされないままに終わっている。いまはまだ、〈生命の価値〉の本質はどこにあるのか、それを見定めることは、生命倫理学全体を巻き込む巨大な問題系だろう、という予測が付くのみである。

残りの三つの章は事実上、互いに強い連携関係を保っている。というのもそのいずれもが、三・一一後の福島第一原発の大事故を受けて書かれたものだからである。しかも、その際私の執筆意欲を掻き立てていたのは、明らかに強い怒りと焦燥感だった。それは、身も震えるほどの怒りだった。私にとって、原発事故後の日本社会が露わにした数々の特徴、情報の隠蔽と統制、個人の命の軽視、関連利権集団の権益への執着などの一連の事態は、私がそれなりに保っていた我が国への愛や信頼感をほとんど破壊するほどのものだった。この三つの章には、脱稿時の日時が刻まれているが、それは、時々刻々と変わる国の状況と、隠蔽や選別というフィルターを通された情報群を元に執筆せざるを得なかったその時点での限定性を、より明示的に示すためのものである。第一四章などは、怒り心頭に発した状態で書かれたものであるために、若干不謹慎な表現も散見されるかもしれない。しかしそれもまた、章の冒頭で述べた通り、一生活者の実感が率直に表現されたものだと捉えて頂ければ幸いである。

三つの章の中では第一五章が最も新しいが、それでも事故勃発から半年強が過ぎた二〇一一年一〇月末に執筆されたものであり、既にそれから三年半以上もたっている。しかも、遺憾なことに、事態は一向に改善傾向にはなく、多様な情報統制、マスコミの馴致、再稼働への前のめり姿勢が明らかにする権益集団の自己保存欲の継続などの一連の特徴により、むしろ全体としては悪化傾向にあるのではないかとさえ判断できる。我が国は本当に一体どうなってしまうのだろうか。原発問題に限れば、減原発や脱原発に向けた政治的決断をすることが不可欠であり、我が国の技術力と適切な科学政策がありさえすれば、それは充分実現可能なことなのである。それをしようとしない現状を前に、憂国の思いが胸を塞ぐ。

比較的理論的性格の強い第一部、第二部の論攷群とは対比的に、特に最後の三つの章のように直接的な政治的文脈に身を置くことには若干の躊躇もあった。しかし、自分の国が文字通りの惨状を呈するような状態にある中で、私は、純理論的または準理論的な作業だけで満足するわけにはいかなかったのである。

第一一章　リスク論の文化政治学

第一節　リスク論というイデオロギー

どれほど熟練したロッククライマーでも滑落する危険はある。だがもし墜落死がどうしても嫌なら、ロッククライミングをしなければいい。ロッククライミングは、山上での素晴らしい朝日を見るため、というような功利的目的だけではどうしても説明しきれない成分を抱え込む。それは、或る程度の危険があるからこそ、それを克服した人に大きな達成感を与える。その危険は danger というよりは thrill であり、スリルを味わうことが嫌なら、そもそもそれを行わなければいいだけの話だ。真夜中に湾岸道路を高速で突っ走るドライバーにも、ほぼ同じ事がいえる。もっとも、その場合には、人に多大の迷惑をかける可能性があるという点で、ロッククライミングとは区別されるのだが。いずれにしろ、その種の行為には、一定の危険が最初から練り込まれているが、それは行為者が最初から覚悟の上で自発的に選択したもの、危険を行為の妙味として捉え、むしろそれを楽しむだけの余裕を孕んだもの、という特徴をもつ。

それほど意図的な自発性を伴って、というのでもないが、一般に、世のすべてのドライバーには、頭のどこかに、いつどんな暴走トラックに対向車線から突っ込まれても不思議ではない、という覚悟がある。幼い我が子を乗せるときにも、「ひょっとすると」という気持ちが全くないとはいえない。にも拘わらず、そのために運転をやめてしまうというようには、なかなかならない。なぜなら、その種の事故はそう頻繁に起こるものではなく、またもちろん、いろいろな場所に連れて行って山や海に触れさせる方が、子供の成長には重要だという、別の判断が働くからである。

このように、われわれの人生には多くの不確定性を伴う危険がある。だが通常の場合、人はそれをそれほど気に病むというほどでもない。人生は或る意味で「明日をも知れぬ」ものだが、それは、そもそも人の生が本性的に抱える偶然性や偶発性の発露に他ならず、それを今更嘆いてみてもどうにもならないからだ。完全な安寧、絶対の安全、そのようなものはこの世に存在しない。

だが、この存在論的な不確定性には、充分な共感というか、十全の理解を惜しまない人々でも、そのことと、次のような諸事例との間には、自然な連続性の中では位置づけにくい異質な性質が混在している、と感じるのではなかろうか。大きな河川があり、そのすぐ傍の低地に住む人々が、何十年に一度というような規模の降水のために川が氾濫し、家屋に重大な損害を受けるかもしれない、という危険性。ゴルフを楽しんでいるとき、急に雷雨になり、ふと気がつくと周囲にはあまり高いものがなく、下手をすると落雷の直撃を受けるかもしれないという危険性。原発のすぐ傍に住む住民が、原発関係者の再三の主張にも拘わらず想定外の事故が起き、重篤な被曝を受けるという危険性。普段食べている作物が、周辺地帯の旧式焼却場起源のダイオキシンを微量に含んでいるかもしれないという危険性。遺伝子組み換えを施されたトウモロコシやダイズを長期間かなり頻繁に食べたので、何か体に変調を来すかもしれないという危険性などなど。

いま挙げた事例のどれもが、「自発性」という成分を少なくとも中心的にはもっていない。これらの事象自体、互いに異質な性質を抱えている。洪水も落雷も、伝統的に自然災害に包摂される。他方で、原発もダイオキシンもＧＭＯ（遺伝子組み換え食品）も、自然災害ではなく、より技術化された世界の中で初めて出て来る特殊な危険性だ。ともあれ、近代世界に特有かそうではないか、という違いはあるが、これらいずれの事例でも、危険を行為の妙味と捉えるような余裕は人にはなく、その意味で誰も自発的にそれらの危険に身を晒そうとは思わないと考えることが、とりあえずは許される。

とはいえ、近代化の動向は、当然ながら危険な随伴物だけをもたらすものではない。自発的ではない危険を引き受けてもなお、見返り的な享楽が大きいからこそ、人はその享楽の方に目を向けて、危険には目を瞑(つぶ)る。危険があるとはいっても、滅多に起こらないと考えて。または危険があるとはいっても、ごく小さな危険であり、それに永続的に曝されて初めて一定の有害な効果をもたらすだけのものだ、と考えて。人はそう考えて、技術的世界の負の側面には目を瞑ろうとする。

だが、その種の心理的合理化にも限界はあるし、技術的世界の中に生きる人々全員が、常にそう考えるというわけでもない。原発もダイオキシンもＧＭＯも、どうしても避けられない危険かといえば、それが自然災害ではないというまさにそのゆえに、その中には人為が潜み、その人為をより適正な航路に導けば、危険は危険ではなくなる、という可能性はあるからだ。原発は必須のものとはいえず、火力、水力がある。それが駄目なら風力、太陽光発電なども構想しうる。ダイオキシンは、焼却施設の性能を高め、プラスチックを燃やす時に高温で燃やすようにすればよい。ＧＭＯは、危険性が本当にないか確かめることを関係機関や企業に課し、その保証が得られるまでは、あまり大々的に採用しないようにすればよい、などというように。そこには絶えず代替的な手段がある。

　だが、だからこそ、一定の利益関心の中で、複数の代替的手段の中でも或る特定の手段を是非とも受容させたいという意図が働き、その意図は、その手段の正当化のための論理を練り上げようとする行為となって結実する。現在、産業界を中心に多様な場面で使われている「リスク論」は、そのような文脈の中で機能する理論装置だ。それは、上記に触れた人間存在の根源的な不確実性と、先端技術が孕む危うさとを巧みに混淆させ、一緒くたの背景に据えてしまう。どれほど細心の注意を払って生活していても、不慮の災害に巻き込まれることから一〇〇％逃れることはできないという根源的な事実性が、原発のように安全設計をなされたものでも絶対安全とはいえないという論理と連続的に繋ぎ合わされ、原発推進の論理的根拠に利用される。原発は、確かに絶対安全とはいえない。だがそれはそもそも人生そのものの性格なのであり、原発だけに絶対安全という規範を押しつけるのはおかしい、というわけである。要は、仮になんらかの事故が起こるという可能性を完全封殺はできなくても、どの程度の頻度、どのくらいの確率でそれが起こるのかを見極めた上で、その対処法を決めていけばいい、というように議論が進められていく。

このような文脈でリスク論は有効性を発揮しつつある。しかも例えば三瀬（みせ）勝利の『遺伝子組み換え食品の「リスク」』[1]などを見れば分かるように、リスク論は、一定の偏差をもった意図を隠しもつにも拘わらず、自分をできる限り中立な〈科学〉として提示しようと苦慮を重ねる。三瀬は冒頭部分で、ＧＭＯの賛成派、反対派両方の議論がまるで噛み合わないという現状を嘆き、それを打開するための「共通の土俵」[2]を作ってはどうかと提案する。そしてそのために「科学に基づいた食品や医薬品の安全性の程度（逆からいえばリスク）を計るための手法は存在するのである」として、リスク論を持ち出す。賛成するにしろ反対するにしろ、政治的、または感情的な立論をしているに過ぎず、それに対してリスク論は「科学的な」リスク評価に基づいたリスク管理を提言するものとして、別格の中立性、普遍性を担う、というわけである。

本章は、三瀬に典型的に見られるようなリスク論の中立性請求が、巧みな自己欺瞞と他者韜晦に武装されたイデオロギーに他ならないという判断を軸に、現時点でリスク論絡みの文献を通読する時に私が感じる〈違和感〉の肌理（きめ）をなぞりあげ、願わくば、その違和感を読者と共有するために構想されたものである。もう一度いう、リスク論は、中立性規範を内省的に反射することを拒否し、それを他者の反論に対する優越の印章として使用するという意味で、マルクス主義的言説空間での伝統的理解に基づく、まさに典型的なイデオロギーとして機能している。既に膨大な文献群を誇るリスク論全般をここで総覧するほどの準備はないので、本章はあくまでも私の総体的直観を素描する試論としての位置づけしかもたない。だが、私は自分の直観はそれほど的外れではない、という予想をもっている。

第二節　リスク論の〈スペクトル〉

実はより正確に言うなら、リスク論自体、多様に異なる出自と伝統を抱えているので、そう一枚岩的に論じるわけにはいかないというところがある。レン（Ortwin Renn）は、クリムスキー＆ゴールディング編『リスクの社会理論』[3]所収の論考、「リスクという概念：一つの分類」[4]の中で、保険制度を背景にした実際的アプローチ、化学物質汚染を背景にした毒性学や疫学的アプローチ、純理的性格の強い確率論的アプローチ、経済学的リスク論、リスクの心理学、リスクの社会学、リスクの文化論などというように、リスク論と総称されるものの中にも多様な〈スペクトル〉があるという事実に、正当に配意している。私自身、例えば文化人類学者のダグラス（Mary Douglas）が『汚穢と禁忌』[5]の中で触れていたような一種のリスク論には、大いに興味をそそられる。彼女はその中で、古代ユダヤ人の豚肉に対する禁忌を取り上げ、それを解釈する際、旋毛虫という寄生虫に対する先見的な危険視の現れだと後代の医学的理解によって合理化するのではなく、豚は偶蹄類であるにも拘わらず反芻しないという、分類項への擾乱的要因を含むモンスターとして捉えていたことからくる禁忌だったのではないか、と捉えた。この場合、豚の〈リスク〉と一言でいっても、その危険性の含意は文化的、歴史的に拘束されているのは明らかである。危険性認知に対するこの種の文化論的アプローチは、現代を題材にしても、恐らく豊富な成果をもたらすはずである。だから、リスク論にはその種の文化人類学的成分も溶け込んでいるのだ。

それだけではない。リスク論の研究者の学問的履歴を見れば分かることなのだが、彼らは本当に多様な来歴の中で、それぞれのやり方でリスク論に辿り着いている。例えばもともとは賭博者の行動に関する心理学的研究を行っていた人などもいる。また不確定的な事象一般に対して、どんな時に、どんな風にリスク知覚をするのかという問題を総合的に扱うスロヴィック（Paul Slovic）の『リスク知覚』[6]のような大著も公刊されている。この本はそれだけで独立の検討に値する豊かな業績だろう。だから、リスク論が、その総体としてみたとき、工学や疫学だけではとても覆い尽くせないというのは完璧に正しい。二〇〇〇年九月に日本リスク研究学会は、その総力を結集して『リスク学事典』[7]を公刊した。それは豊富な資料を含むこの分野の基礎文献の一つだが、惜しむらくは、上記のレンが考慮に入れる諸対象ほどの広がりに欠けるところがある。今後、リスク論をより総合的に構想しようと思うのなら、毒性学、疫学、工学などの中心分野だけではなく、その文化的意味や社会的波及性などへの省察をも繰り込むために、心理学者、社会学者、哲学者などの参加も求められて然るべきだろう。

このようにリスク論自体、実に複雑な履歴や成分を含む。だが、その多様なリスク論を網羅的に通覧する能力は、私にはない。この節では、ただ二つのことだけをする。

①私は、リスク論が発癌性物質の危険評価や原発の安全性評価など、主として広義の環境問題への対応の文脈の中で成立してきたという事情を踏まえ、その過程で徐々に、当の環境保全そのものの目的のためには、むしろ否定的機能を果たすようになっていったという事実を喚起する。

②リスク概念を無反省に利用しながら特定の利益関心を満たすという、多くのリスク論的言

説構成とは一線を画しながら、より反省的な対象化をしようとした幾つかの文献をリスク論史の中から探しだし、その簡単な紹介をする。

(A)絶対安全か、それとも極めて危険か、という二極分化的な判断をリスク論は好まない。もっともそれは、歴史的事情を考えれば無理もないといえる。というのも、発癌メカニズムが現在よりも遥かに未知の水準にあった頃の一九五八年、アメリカで「連邦食品医薬品化粧品法」に、いわゆるデラニー条項（Delany Clause）という条文が付け加えられたからである。それはその後一九九〇年代に撤廃されるまで、長らくリスク論者たちの仇敵となった。というのも、デラニー条項は、発癌を惹起しうる化学物質を考慮する場合、いわゆる恕限度[8]はないとする方が合理的だと考え、人や動物に投与したとき癌を誘発することが見出された食品添加物の使用は、その濃度に関係なく一切禁止する、という極めて厳しい縛りを与えるものだったからだ。それはその後、事実上無数の食品添加物に溢れる日常環境の中で、あまりに厳しすぎると見做されるようになった。また発癌機構のより繊細な解明によって、一定量以下の物質なら殊更に禁止するには及ばないとか、動物からの単純な外挿による危険性同定はできないなどという認識が成熟するにつれて、それは徐々に「時代遅れ」のものと見做されるようになっていく。特に化学者には、ほとんど〈怨念〉を込めてそれに言及する人も多いので、微笑ましくさえある。とにかく、少しでも含まれていれば絶対駄目、という絶対条件的な想定は、そもそもの最初からリスク論の論理構成に馴染まないという点は注意しておこう。

またリスク論史では、一九六九年に発表されたスター（Chauncey Starr）の「社会的利益vs技術的リスク」[9]という論文に言及するのが常套である。スターの手法は、その後「顕示選好論」（revealed preference）と呼ばれるようになる。それによって彼は、人々に許容されるリスクの大きさは、その行為が与える便益の大きさの三乗に比例すること、自発的行動では強制的行動に比べてリスクが一〇〇〇倍許容されること、などという結果を導き出した。リスクの「客観的で定量的な測定」という学問的スタンスは、このころから早くも確立され始めていた。

ところで、スター論文から間もない一九七〇年にはアメリカで国家環境政策法（ＮＥＰＡ）が施行され、同じ年には環境保護局（ＥＰＡ）も立ち上げられる。一九六二年に出た『沈黙の春』、六八年の『人口爆弾』、七一年の『閉じた環』などの一連の文献[10]によって、時代の意識は地球環境保全に向いていた。ＮＥＰＡやＥＰＡはその時代趨勢を追い風に立ち上げられたものであり、その後いわゆる「環境の一〇年」と呼ばれることになる一九七〇年代の環境政策の基盤を築いた。なかでもＮＥＰＡは環境アセスメントを義務化したものだった。事業者は、自分の行為が周辺環境にどの程度の影響を与えるのかを数値的に見積もり、その結果を報告しなければならないことになった。

一方、一九七六年に食品医薬品局（ＦＤＡ）が、残留農薬規制の提案をした際、リスク評価の概念が前面に押し出されたというのは特記に値する。その次の年七七年にカーター大統領（James Earl Carter）が就任するが、彼は自らの海軍時代、原潜開発に従事した経験から、リスク論的センスを早くから磨いており、軍事だけでなく社会一般にリスク論的な見方を流通させようとした。[11]

そしてリスク論重視の流れは、レーガン大統領（Ronald Reagan）政権下では加速する傾向を示した。第一、レーガンは環境保護よりは産業や軍事に目を向けていたので、七〇年代に蓄積された数多くの環境保全的政策は大幅な後退を余儀なくされた。示唆に富んでいるのは、いわゆる費用便益分析やリスク便益分析の手法は、レーガンという産業保護的志向性の強い政権の下で、政策決定の場で徐々に比重を増していったという事実である。そしてその大局的動向はその後も大きく変化することはなく、それらの手法は、環境規制が問題になる時には必ず判断材料の一翼を担うようになる。

先にあげた『リスクの社会理論』所収のゴールディング（Dominic Golding）の論文、「リスク研究の社会的、プログラム的な歴史」[12]を通読してみても、一九八〇年代半ば以降、リスク論になんらかの形で関係する論文の数が順調に増大していく傾向が、社会科学、物理系科学、生命科学のいずれの場合にも見られるということが確認できる。一九八二年には「リスク分析研究と証明法」という法律が施行され、その種の傾向に法的基礎が与えられる。他方、政府の公文書として一九八三年には全米研究評議会が『連邦政府におけるリスクアセスメント：その過程を管理する』[13]を公表する。通称「赤本」と呼ばれるこの文書は、その後のリスク評価やリスク管理論にとっての準拠文献として大きな影響力をもった。なかでもhazardとriskという対概念の用法は、この報告書の頃から通念化された。[14]また、その後一九九五年には「リスクアセスメントと費用便益法」が施行される。それは、年間二五〇〇万ドル以上の費用が見込まれる規制を導入する場合、すべての関連文献を調査検討し、それらの見解の異同を分析することを課すものだった。

またそれは、或る特定の方法論や仮定が採用される場合、その論理的根拠を述べ立てて、同時に大規模なリスクアセスメントをすることを義務づけていた。その法律は、効果的で広範な環境規制を実現しようとする側にとっては大変な重荷になり、規制対象の企業にとってはこの上ない援護になった。「環境の一〇年」で自由な企業活動が多少とも制限されたと感じ危機感をもった企業側は、その後多様で技巧的な反攻に出るが、その際使われた手法を通覧したビーダー（Sharon Beder）の『グローバルスピン』でも、リスク便益分析が環境行政にとっての枷になったという指摘がなされている。[15] それは文字通り、「分析による行政麻痺」の機能を果たすことになった。

このように、リスク便益分析は、一見定量的で抜群の〈科学性〉を体現するような外観を装いながら、事実上は一定の政治的偏向の中で機能しつつあるということには、細心の注意を払っておく必要がある。環境保護的な方向をもつ思想や公衆政策にとって、リスク論を完璧に中立的な分析装置として受容することは、史実が禁じている。これは重要な前提的判断として銘記しておくべきだろう。

（B）さて、このように少なくとも環境行政を切り口にしてみれば、リスク論が多少とも産業主導的バイアスの中で成長してきたという事実は否みがたいように思える。もっとも、歴史をそう単線的にだけ描出できるはずもなく、上記の流れと並行してそのリスク論自体を対象化し、産業主義とは一線を画した理論構成をしようとした努力もなかったわけではない。ここではその種の内省的リスク論批判のなかから、四つの文献を紹介しておきたい（いうまでもないことだが、ここでは内容の正確な分析などはしない。むしろ文献の〈存在〉を紹介することが目的である)。

(a) まず最初に、先にも名前を出したダグラスにもう一度言及しておく。彼女は一九八二年、ウィルダフスキー(Aaron Wildavsky)と共に『リスクと文化』[16]を公刊する。彼らは、リスクアセスメントとは、確実性をもたず、互いの合意形成ができていない対象を相手にするものだと述べて、リスク知覚が自然の、ではなく、社会的な過程だという事実を確認する(序論)。その場合の不確実性は、自然の中にではなく、複数の個人の判断や知識の違いからくる、人間集団の行動的帰結の中に求められるわけだ。また本章冒頭で触れたリスク受容の自発性、非自発性問題にしても、実はそれほど明確な区別ができない場合が多いとしている。例えばロサンゼルスに住むのは、そこのスモッグを吸い込むためではなく、都会生活の楽しさを享受するためなのだが、その場合、スモッグを吸い込むことは自発的なのか、非自発的なのか。主要目的から外れているという意味では非自発的だが、主要目的自体の目的設定は全く自発的なものなのだから、付随条件(空気が汚いこと)もセットで目的設定をしていると考えれば、スモッグを吸うことも自発的なものになる。このように、自発・非自発という特性の規定もそれほど簡単に済む話ではない(第一章)。そして第四章では、明確にリスクアセスメントの政治的偏向を喝破している。彼らによれば、本当は最初から社会的成分が練り込まれているはずのリスクなのに、通常の使用様式下でのリスク概念は、人間的問題を文脈外に放逐することで、その言明自体を貧しくしてしまう。その概念は極めて深い構築性をもつが、その構築的性格は自分を社会から脱文脈化させるように働く。リスク論は、本来政治的な問題を脱政治化してしまう。このように述べて、彼らはリスク概念の使用様態を批判している。[17] この本は、まだリスク論がそれほど大々的には展開されない前から、既にその政治的偏向に注目しているという点で重要な先見性を備えていた。なおダグラスは一九八五年には『社会科学におけるリスクの許容可能性』[18]を出し、この問題への関心の継続を示している。

(b) 同じ一九八五年には、環境倫理学分野で高名なシュレダー＝フレチェット（Kristin Shrader-Frechette）が『リスク分析と科学的方法』[19]という重要著作を出版する。その中で著者は、リスク便益分析、顕示選好論、表現選好論（expressed preference）などのリスク評価法を簡潔に通覧しながら、それぞれの長短を彼女なりに分析している（第二章）。まず第一にリスク便益分析については、リスクなどの関与成分の定量化の困難に触れる。また、その手法はコストと利便を総体的に比較するだけで、その際分配的な平等性への配慮は全く行われないとして批判している。ただ、安易な定量化への反発から、直ちに主観性や直観に評価軸をずらそうとする考え方にも、この手法の形式的性格が効果的に働きうる可能性を無視したものだとして、留保を加えている。第二に、先にも触れたスターの顕示選好論は、過去において許容されたリスクレベルを、現在のリスクの許容可能性の評定のために使う手法だと捉えられる。だがこの手法の暗黙の想定は、過去の危険評価こそが望ましいとするものなのだが、状況や知識の変化に見合って評価基準も当然変わっていいはずなので、それなりの問題を含むとしている。また、顕示選好論が嗜好と幸福を端的に同一視することにも違和感を隠さない。第三に、表現選好論にも触れる。表現選好論とは、人々に直接、どんなリスクなら許容可能なものと感じるかと尋ねることから出発し、それを基礎に錬磨されるリスク評価論をいう。その手法から出て来る帰結の中で興味深いのは、顕示選好論の想定とは反対に、過去の社会はリスクと便益の最適なトレードオフを必ずしも決めてはこなかったという事実の確認だ。社会は、リスクはあるのに大した便益もない活動を幾つも許しているというのだ。例えば飲酒、二輪車、喫煙などが、そうである。ただこの手法の場合、調査の質自体が検討に付されねばならず、また一般人が常に的確なリスク評価をできるかどうかという、より原理的な問いにも繋がるべきものだとして、著者は一定の留保を与えている。

そしてこれらの比較考量をした後、彼女は閾値論や線形性想定などの内在的批判を行う（第五章、第六章）。最後の部分では、リスクアセスメントがどうしても専門家支配的なものになりがちなので、そうならないようにすべきだと述べ、アセスメントを民主主義的価値とどう適合させるのか、その問題の解決に腐心すべきだと提言している。総じてこの文献は、リスク論の理論装置を内在的に比較検討しながら、社会的公正の観点からそれを改良しようとする誠実な試みとして、高く評価できる。

(c) そして次の年の一九八六年には、現代の社会科学系の文献の中でも非常に大きな影響力をもつものとして名高いベック（Ulrich Beck）の『危険社会[20]』が出版される。このかなり大部の著作は、部分的に家族社会学や労働社会学などのやや別個の主題も扱っているので、かなり雑駁な印象を与えないでもない。にも拘わらず、第一章、第二章のリスク社会学と、終盤の第七章、第八章での特殊なモダニズム論や政治論は、この本に際だった精彩を与えている。ここでは簡単に次の事実の確認だけに留めたい。ベックは言う、モダニズムの成熟段階にあって危険は汎在し、宿命的なものとして捉えられる。危険評価をしようとする科学的合理性も、そもそも多様な推測と仮定に基づいてそれを行っているので、自己の確実性には限界があるということを反省せざるをえない。社会的合理性は科学的合理性の派生体ではなく、別個の論理に従う諸力である。その両者を協調関係にあると予断してはならない（第一章）。科学技術に対する批判が起きるとき、それを一般人の無知や非合理性のせいにしてはならない。増大する危険や文明の危機に直面して、科学技術的合理性がもはや機能不全に陥っているからこそ、多様な批判が起こる。そもそも、その危険そのものを科学技術が生産している。第一、一般人は、科学技術を起源とする危険が数多く存在するという認識を勝ちえるために、科学技術者の側からの強力な抵抗に出会わねばならなかった。いまや、危険認識は一般にも行き渡った。その時点でもなお、どれが危険で危険でないかを判定する合理的規準を科学技術者が独占していると、自分たちが考えるとするなら、それは大変な間違いである。また、これほど人工物環境が通常化した現在、自然と社会を対決させて捉えることは意味を失った。自然科学は、社会内部の自然を扱う科学となった。これほどまでに社会化された自然を扱う自然科学は、外面的にはかろうじて客観性を保っているが、実際には数字という仮面をかぶった政治や倫理、経済などの一種に変化しているのだ（第二章）。このように述べて、ベックは科学的合理性の独占性請求を執拗に切り崩したのである。それは科学技術がもつ社会構成的性格の認識、政治的作動の汎在性の確認として、ほぼ同時代に盛んに展開されつつあったＳＳＫ的言説構成[21]とも同調するものだった。

(d)　科学政策に強くコミットする科学論学者の一人、ジャザノフ（Sheila Jasanoff）も『リスク管理と政治的文化[22]』という小冊子を一九八六年に出版している。著者はベックよりも明確に〈科学論〉の領域で活動する学者であり、期せずしてほぼ同じ頃に科学技術の社会構成主義的な視点から、彼女なりにリスク問題を取り上げていたということになる。ただ彼女の場合、リスク評価そのものの認識論的特性について、というより、実際の科学政策的決定の中での判断過程への分析に、考察の焦点が絞られている。議論は、例えばホルムアルデヒドの規制などに際して各国がとった政策的判断への具体的切り込みによって進められる。ここでは結論部分(第九章)での次の分析に着目しておこう。著者は科学的不確実性に直面した時の政府の行動パターンを比較分析している。ドイツの場合、不確実性も含めたすべての科学的成分の解決を技術的専門家に委ねるという傾向が強い。責任をもった専門家グループが証拠の解釈について自分たちの規準に即して決定する。イギリスやカナダの場合、発癌因子のリスク評価を科学と行政過程の混合体から出現させる。その場合、不確実性は必ずしも公の議論の対象にはならない。そしてアメリカの場合。そこでは、科学的不確実性が生み出す論争を解決するのは政策決定者の手に委ねられる。ホルムアルデヒドの規制の場合を想起するなら、上記の三類型の中で事態が最も紛糾するのはアメリカ型の場合だ。議論は複雑に錯綜し沸騰するので、規制実現にはなかなか至らない。だが、そのおかげで公の社会空間でホルムアルデヒドの発癌性に関する議論が最も広く行われたという利点もある。このように、ジャザノフは分析している。本書の場合、社会構成主義を理論的前提にしているので、リスク知覚やリスク評価が純粋な科学的問題ではないということは、むしろ出発点になる。そしてその中で、どのような政策的決定が好ましいのかが、具体的に検討されるというわけである。リスク論のメタ分析として、優れたものだといってよい。

＊　＊　＊

こうして、リスク論自体を対象化して、それに批判的提言をしようとする理論的作業は皆無だったとはいえない。むしろ一九九〇年代以降、リスク論が一層広範に使用され、その重要性を増していく中で、それと相即的にこの種のメタ理論的省察は現在も依然として切望されている。一般に私は、その種のメタ理論は常に重要だと考えているが、この分野においては特にその判断が当てはまると思う。しかし、残念ながら我が国ではリスク論の言説場は実際にそれを使う人々によってほぼ独占されており、まだメタ批判的なリスク論は未成熟だと言わねばならない。この小論がその捨て石になることができれば、と願うのみである。

第三節　科学の顔をした政治

一口にリスク論といっても実は多様な成分を含み、そう一概に弾劾や切り捨ての対象にするのは相応しくないという当然の判断を念頭に置いた上で、後の部分ではより直截に、なぜ私が少なくとも或る種のリスク論的言説構成に〈違和感〉を感じるのか、その由来の源泉を列挙してみたいと思う。

リスク論は、その産業主義的バイアスにも拘わらず、自分をあまりに中立的科学だと思い過ぎているところがある。そして、その〈科学性〉は卓越したものなのだから、それに異議申し立てをするような人間は、端的に非合理的で愚昧な存在であり、啓蒙の対象に他ならないと見做される。冷静で事態を正確に把握している専門家と、無知で情緒的、煽動的な議論に振り回されがちな素人、という対立図式である。

こういう問題意識の下で読み直すとき、例えばルイス（Harold Warren Lewis）の『科学技術のリスク』[23]のような文献は、格好の具体例を沢山提供してくれる。ルイスは、そもそもリスク知覚の水準で、一般人の知覚様式のもつ〈非合理性〉を槍玉に挙げる。食べ物にごく微量の殺虫剤が含まれているといっては大騒ぎをする一方で、酒や煙草をどんどん嗜む一般大衆。人は、慣れていないもののリスクは大袈裟に言いたがる。たいていの人は自動車よりも飛行機を怖がるものだが、飛行機による死亡率は一〇億マイルに一人、つまり自動車の一〇分の一にすぎないのだ。放射性廃棄物に対する人々の恐れも、彼らが放射能に対して馴染みがないから、そう感じるにすぎない。そんな恐怖心に対処しようと設計される絶対安全レベルの核廃棄物貯蔵施設のために、数十億ドルが無駄遣いされている。こんな調子で議論しながら、ルイスは、人々が「世界はリスクのない生活を用意する義務がある」と願うことを、「奇妙な考え方」だとして一蹴する。[24]彼は断言する、われわれは小さなリスクに時間と資金を浪費し、自分自身を麻痺させている、と。その様子を彼は「恐怖社会の振る舞い」だと形容する。[25]

その立論の背後にある苦いシニシズムは見逃しようがない。彼はいう、この自動車社会で何人もの人々が交通事故で犠牲になる。だが、社会は決して歩行者の生命が金銭には代え難いほど貴重なものだというふうには振る舞っていない。世の中は命の貴重さを勿体ぶって話す人で満ち溢れているが、いずれにしろわれわれは、そのようには行動していない、と。(26) 現実的にみて、確かに彼の言うことには一理あるのかもしれない。だが原子力安全問題についての政府諮問委員を務める著者のような人間が、あまり声高にこんなことを言っては欲しくないと思うのは、私だけだろうか。原発事故で被曝して無惨な姿で死んでいく人を前に、彼は「お宅の命は地球の重みほど重くはないのだから、諦めてください」と〈弔辞〉を述べるのだろうか。第一、上記のように「放射能に馴染む」という言葉は、何を意味しうるのか。自分が関連分野の専門家であるからといって、世の中にはそう簡単に馴染んだりすべきではないものがあるということを、忘れてもらっては困る。

さらに、そのシニシズムには、一種奇妙なロマン主義が纏わり付いている。ルイスはいう、もしわれわれの祖先の誰もが獲物を手に入れるために必要なリスクを冒そうとしなかったなら、人類の歴史は惨憺たるものになっていただろう。リスクは、たいていの親が知っているように、子供の成長のために支払うべき代価の一部なのである、と。(27) 確かに、狩猟社会で獲物を追い回すことは危険ではあるが冒険的なものでもあっただろう。そして確かに、冒険が文明を駆動してきたというのはあたっていなくもない。だが、ダイオキシンを含む食物を食べたり、強い放射線に曝されたりすることも〈冒険〉の一種だとでもいうつもりか。ロマン主義的な発想が有意味であるためには最も相応しくない場所に、その概念が引き摺り出され、技術社会の盲進のための口実にされている。それを見て、一九世紀初頭のロマン主義者たちは草葉の陰で泣いているに違いない。

もしこれが、ルイスという個人だけの特性に留まるのなら、問題にするには及ばない。だが、私には〈ルイス的な感受性〉は、リスク論を盛んに使うかなりの論者に共通するものにみえる。私の印象が間違っていればいいのだが。

〈ロマン主義〉は、一種脅迫的な衝動にまで昇華され、人は「個人責任」に基づいて危険を受容するのが当然のことだと見做される。例えば広瀬弘忠が立てる次のような議論を見てみよう。極めて複雑多様なリスクが存在する現代社会で、すべてのリスクを管理することはできない。だからどこかに許容限界をもうけて、危険がそれ以下なら我慢する、または受け入れるという社会的合意が必要になる。だがその場合の問題は、どこまで安全なら良いのか (How safe is safe enough?, HSSE) ということだ。善か悪かというような二律背反的なものの見方では、安全とはいえなければ即危険、ということになってしまう。事実上は、絶対安全などというのは、完全な健康という概念同様、理念的な虚構である。このように述べて広瀬は続ける、「社会がより解放的(ママ)になり、したがって、より自由に、そして、リスキーになり、人びとが国や社会の規制や管理の枠組みから自立して行動するようになるにともない、自前でリスクに立ち向かわざるをえない状況が生じてくる。まったくの安全でなければ安全とはいえないというリスク認識では、今日において何もなしえないし、リスクを前にしたあらゆる行動は不可能となる」(28)。

事実上の絶対安全はない。それはその通り。だが、そのことは社会の開放性や個人の冒険的生活様式の必然性を意味するものではない。ましてや、その場合の「冒険的生活様式」なるものが、大量の汚染物質の中に好んで住み、水銀で汚染された魚を食べ、原発の傍や廃棄物処理場の傍に住むことなどと連続的に把握されているのだとすれば、なおさら必然的なものだとはいえない。そもそもなぜ、それら多くのことが「自己責任」の名の下に包摂されねばならないのか。そういえば、レーガン政権下のネオリベラリズムの興隆とリスク論の興隆は、ほぼ同期的なものだったともいえそうだが、どうだろうか。

リスク論を奉じる論者たちの産業主義的で現状維持的なバイアスは、ほぼ否定しようがない。一定の科学的訓練を受け、毒性学や統計学などの辛い訓練の果てに〈科学者〉としての自己規定をした上で、社会空間に向けての発言をするということ。その社会的責任は、単に科学内的規範の中で一定の事実性を確保できることをそのまま述べ立てれば充填できるというものでもない。そうする前に、自分が本当に〈中立性〉という社会規範から逸脱していないか、自分の個人的状況が与える歪曲要因に、本当に自分の判断が汚染されていないかを自己分析する必要があるはずだ。世の多くのリスク論者は、どの程度真剣に自己分析をしているのか。または、そもそもその必要性を感じているのか。

しかも、その種のかなりあからさまな現状維持的志向が、個別的な政策提言に直結するだけの権力をもつ可能性があるとき、それはやはり、或る種のより対抗的な批判を惹起しなければならないということになる。例えば、この分野の代表的論客の一人、中西準子の『環境リスク論』(29)には次のような議論がある。一九七三年の水銀パニックのとき、特に徳山湾の汚染が激しいということが分かった。その原因として苛性ソーダ工場が疑われた。そこで従来の水銀法という製造法を一九七〇年代の数年をかけてイオン交換膜法などに変えていった。ところで苛性ソーダの製法転換では、環境に放出する水銀一グラムを削減するために二六〇〇円かかった。水銀法をやめることは日本全国で一年間に二四トンの水銀放出を減らすことに相当するので、そのための費用は六二四億円かかった。もし、当時あのまま水銀法を続けていれば、全国で一年間に一九人の知覚障害者が出るリスクがあった。ということは、一人の知覚障害者発症のリスクを減らすために三二・八億円が使われたという計算になる。これではあまりに高すぎる。確かにイオン交換膜法という優れた手法があったのだから、この問題に限れば良かったともいえるのだが、その種の規制のあり方のせいで、行政はその後、汚染情報を隠匿するようになった。これは結果的には間違いで、七〇年代、もし水銀法全廃などの施策をとらずに、その分の資金を他の有害物質規制に回していたとすれば、より有効な政策だったといえるだろう。そう、彼女は見る。(30)

確かに、この見方にも一定の合理性はある。だが、水銀障害ということで何度も水俣病に言及しながらも、痙攣というよりは跳ね回るといった方が良いほどに酷い症状がでる劇症型の水俣病患者のことを直接、間接に一目でも見たことがあれば、水銀汚染も少量なら構わないというような判断はそう簡単には出てこないはずだと思うのだが、彼女はそれにどう答えるのか。第一、上記の〈計算〉も、一つひとつ吟味すれば、いくらでも微妙に違う結果が出て来るはずで、一応の客観性外観も、多様な言い落としや操作の帰結としての数字に過ぎないように思えなくもない。さらにいうなら、そもそも、命を救うのにどれほどのお金がかかるか、かからないか、という規範のみによって、人間社会は動いてきたわけではないと現時点で確認することは、古臭い倫理を無批判に繰り返すことを意味するものではない。それを「綺麗事」と捉えるのであれば、それを綺麗事と見做しても、他方で出てくる数多くの派生的帰結の方が総体として結果的に好ましいものになるという根拠を示す必要があるが、二言目には資源の有限性や配分の必要性のことを口にするリスク論者の中で、その問題を説得的に展開した人を寡聞にして知らない。

まだ、ある。そもそも水銀法を全廃したから行政が他種の化学汚染を隠蔽するようになった、だから水銀法全廃は間違っていたという議論は、だから行政の隠蔽をできる限り防ぐための社会的システムの整備をすべきだという議論よりも、説得的だといえるのか。水銀法撤廃で「浪費した」資金を他の化学物質の規制に、という一見もっともらしい提言も、もし水銀法全廃の必要などはないと考える社会なら、水俣病のおぞましさを知悉した上でさえ水銀汚染に鈍感であり続けるということを意味しているわけで、そんな社会が、他の化学物質を率先して規制していくなどという事態は、とうてい考えられないというものだ。要するに、中西の議論は、仮になんらかの環境問題でパニック様の反応が起きたとしても、産業界や行政機構はそれに早速対応する必要は必ずしもなく、そのための理屈づけならいくらでもできるわけだから、そのまま〈嵐〉が過ぎ去るのを待っていればいい、という現状維持論と、ほとんど変わらない。

ここでもやはり、何でも科学的に見通す冷静な科学者と、感情的煽動に弱い素人としての一般大衆という図式が見え隠れする。科学者の自己反省能力の欠如や、パターナリズムの限界を見るべきまさにその場所で、その正反対の結論が導き出される。リスク論はそのための知的道具に成り下がっているという可能性が高い。それに、統計学的データ処理の複雑さに紛れて、個人個人の苦しみや健康被害への視線が、ほとんど感じられない。また、或る産業活動からは特に直接に恩恵を被っていない人にも、その産業活動の〈澱〉を飲ませるという可能性に対する感受性が全くない。その意味で、それは社会的公正の観点から見ても批判の対象になる。

リスク論という装置そのものに平身低頭する必要はない。むしろリスク論が述べ立てられるとき、それがどの文脈で、誰によって、誰を潰すために、誰を保護するために述べ立てられているのかを冷静に判定するように努力すべきだ。リスク論者の風貌には、この危険な現代社会の中で、非自発的性格の強い危険性は、少しでも一般大衆に押しつけることがないように、と考えるのではなく、「おまえたちは普段いい思いをしているのだから、仮に少しぐらいの危険性があったとしても、つべこべ言わずに我慢しろ」という気持ちが見え隠れする。自分たちの視線がとても傲岸で一面的だということに、彼らは、もう少し敏感になるべきではないのか。

一般大衆の異議申し立てや、規制的、抑制的志向の強い政策動向に対して、リスク論者たちは素朴な警戒感を隠さない。例えば先に挙げたルイスの『科学技術のリスク』公刊時に、近藤駿介が文章を寄せているのだが、その中には「また何であれ、技術の採否が民主的に決定されれば良いとする人がいますが、技術の採否が政治的支持基盤の大小で行われるとすれば、それは技術を使いたい人に対する政治的差別になりましょう」というような文章がある。[31] 技術的生産の社会的帰結を少しでも調整するために一般人の監視や参加システムを整備しようとする動向を、「技術者に対する政治的差別」だと捉えるというのは、いかにも笑止な感覚ではないか。近藤は本当に、自分が政治的弱者だとでも思っているのだろうか。民主主義的な志向性を〈小うるさい〉としか感じないという本音が、つい見え隠れする。例えばベイト（Roger Bate）編の『何のリスクだ？』[32]

などという文献も、その特徴が明瞭に見て取れる。その本のまえがきの最初の言葉が「民主主義とは、悪名高いまでにリスク嫌悪的な政治形態である」[33]と来れば、後は推して知るべしというものだ。

確かに、リスク論の領域内部でも「パブリックインボルブメント」を促進すべきだという意見は出されている。[34]従来型のパターナリズムや情報隠蔽体質では、結局企業側、化学工業界側でも、政治的にプラスとはいえないという判断が、さすがに醸成されているからだろう。だがそれが本当に真摯な開放性をもつためには、そんな概念整備をする前に、そもそも私が先程から問題にしている〈精神の姿勢〉や視線そのもののもつ跛行性（はこうせい）を反省する必要があるだろう。さもなければ、パブリックインボルブメントはパブリックアクセプタンスの体の良い言い換えに過ぎないものになる。第一、市民vs産業社会などと二分法的に分けて考えるのもおかしな話で、企業人も、一歩企業を離れれば普通の生活人なのだ。化学物質や放射能汚染などの環境リスクは、化学工業界の重要人物にも等しく降りかかるものなのだ、というあまりに当たり前の話を、ここで繰り返す必要があるのか。

確かに〈客観的な不確実性〉を前にした、政策的、科学的、社会的議論の成熟のために、リスク論が役立つ可能性は大いにある。だがいずれにしろ、少なくとも一部のリスク論に見られるような政治的厚顔無恥さ加減は、やはり告発されてよい。もちろん、それ自体多様な出自や要素を含むリスク論全般を包括的に葬り去るべきだなどという暴論を吐いているわけではない。そもそも私は、この広大な領域のごく一部にしか触れていない。だが少なくとも、その中で私が感じた〈違和感〉の所以を、この小論を読む読者は、或る程度理解して下さったのではなかろうか。私のこの感慨が単なる誤解であれば、むしろ喜ばしいことなのだが……。

本源的に不確定で、大部分の規定因について未知なままに留まる事象を相手にするとき、われわれは不可避的に間違いを犯す覚悟でいなければならない。だがもし仮に、ときには間違わなければならないとするのなら、われわれは環境保護的、弱者保護的、一般人保護的な方向に間違うべきではなかろうか。その意味で、予防原則はやはり重要な発想だといえる。ところがリスク論は、むしろその反対方向に揺れ動きたいという、ほぼ顕わな欲望にあまりにしばしば煽動されてきた。リスク論は、現実主義的でバランスのとれた〈大人の議論〉というよりは、理念的希求に疲れ果て、日々繰り返される小さな死をむしろ甘んじて引き受けようとする人間の、枯淡な心情を表現している。その〈枯れ具合〉が個人的挙措（きょそ）のそれなりに美的な制御に留まるのなら、問題にするには及ばない。だがそれは、実際には、巨大企業の利潤追求に円滑剤を与える、技巧的なシニシズムなのだ。そのシニシズムが〈科学性〉の外装と共に社会空間に提示されるとき、それを使う人間も、その人々に使われる科学も、共に最悪の意味でのイデオロギーに浸されたものとしてしか存在せざるをえない。

〈リスク論のイデオロギー〉を剔抉し、それに批判的に対峙するという作業は、科学論の格好の主題になる。いや、現代の科学論は、〈科学技術コミュニケーション〉などという現代的粉飾を受けた啓蒙主義の文脈内で、権力間の調整作業にひたすら邁進しているようにも見える。だから、科学論というようなカテゴリーに限定することなく、それは、より一般に、批判的意識を持ち続けようとするすべての哲学的思索にとって、極めて現代的な課題として眼前に投げ出されているのである。

註

（1）三瀬勝利『遺伝子組み換え食品の「リスク」』ＮＨＫ出版、二〇〇一年。
（2）同上、p.4.
（3）Sheldon Krimsky & Dominic Golding eds., *Social Theories of Risk*, Westport, Praeger, 1992.
（4）Ortwin Renn, "Concepts of Risk: A Classification", op.cit., pp.53-79, esp. on p.57.
（5）Mary Douglas, *Purity and Danger*, London, Routledge and Kegan Paul, 1966.『汚穢と禁忌』塚本利明訳、思索社、一九七二。
（6）Paul Slovic, *The Perception of Risk*, London, Earthscan, 2000.
（7）日本リスク研究学会編『リスク学事典』ＴＢＳブリタニカ、二〇〇〇。
（8）恕限度とは、一定量の有害物質が体内に入っても、人間の体には自然治癒的な治癒能力があるのだから安全だとする考え方のこと。
（9）Chauncey Starr, "Social benefit versus technological risk", *Science*, vol.165, 1969, pp.1232-1238.
（10）Rachel Carson, *The Silent Spring*, Houghton Mifflin, 1962: Paul Ehrlich, *The Population Bomb*, Ballantine Books, 1968: Barry Commoner, *The Closing Circle*, Knopf, 1971.
（11）この事実は松崎早苗のご教示によるものである。
（12）Dominic Golding, "A Social and Programmatic History of Risk Research", op.cit., pp.23-52.
（13）National Research Council, *Risk Assessment in the Federal Government: Managing the Process*, National Academy Press, 1983.

（14）ハザードは或る特定の物質自身がもっている毒性の強さ。その対概念として定義される場合のリスクとは、その物質が人間に悪影響を与える危険の大きさのこと。
（15）Sharon Beder, *Global Spin*, Green Books, 1997.『グローバルスピン』松崎早苗監訳、創芸出版、一九九九、第六章、pp.108-114.
（16）Mary Douglas & Aaron Wildavsky, *Risk and Culture*, Univ. of California Press, 1982.
（17）ibid., chap.4, p.73 sq.
（18）Mary Douglas, *Risk Acceptability According to the Social Sciences*, New York, Russell Sage Foundation, 1985.
（19）K.S.Shrader-Frechette, *Risk Analysis and Scientific Method*, D.Reidel Publ., 1985.
（20）Ulrich Beck, *Risikogesellschaft*, Suhrkamp, 1986.『危険社会』東簾、伊藤美登里訳、法政大学出版局、一九九八。また次の文献も参照せよ。Jane Franklin ed., *The Politics of Risk Society*, Cambridge, Polity Press, 1998, chap.1.
（21）Sociology of Scientific Knowledge の略語。一九八〇年代を中心に興隆していた科学社会学の一種で、現代科学論の主要な成分の一つ。詳細は次の拙著を参照。金森修『サイエンス・ウォーズ』、東京大学出版会、二〇〇〇。
（22）Sheila Jasanoff, *Risk Management and Political Culture*, New York, Russell Sage Foundation, 1986.
（23）Harold W.Lewis, *Technological Risk*, W.W.Norton, 1990.『科学技術のリスク』宮永一郎訳、昭和堂、一九九七年。
（24）同上、第三章、p.21.（頁指定は訳文のもの、以下同）。
（25）同上、第九章、pp.93-94.
（26）同上、第二章、p.13.
（27）同上、緒言、x.

(28) 広瀬弘忠「リスク認知と受け入れ可能なリスク」、『リスク学事典』(前掲) 第七章、一、p.269.
(29) 中西準子『環境リスク論』岩波書店、一九九五。
(30) 同上、第三章、第四章。
(31) ルイス前掲書、本書刊行に寄せて、ii.
(32) Roger Bate ed., *What Risk?*, Oxford, Butterworth Heinemann, 1997.
(33) ibid., Foreword, vii.
(34) 例えば次のもの。北野大「リスクコミュニケーションとパブリックインボルブメント」、『リスク学事典』(前掲) 第七章、九、pp.284-285.

第一二章　生命の価値

第一節　シアトル神様委員会

紙数の制限もあるので、生命倫理学一般についての総覧的な記述は避け、或る特定の話題に絞り、できるだけ掘り下げて考えてみたい。生命倫理学の一般的歴史を知りたい方は、成立期を中心に記載したジョンセン（Albert R. Jonsen）のものが便利である。[1]また一〇年ほどのタイムラグで一九八〇年代初頭くらいから、我が国でも徐々に生命倫理学的な議論は始まっており、我が国に限っても既に三〇年前後の歴史がある。その歴史を単にそのまま中立的になぞるだけではなく、批判的に対象化しようとした『生命倫理の源流』[2]のような本もあるので、参考にしていただきたい。

本章で集中的に取り上げたいと思う或る特定の話題とは、実は生命倫理学史上、有名なケースの一つなのだ。そこで露わになった問題は、単に腎臓疾患云々の個別事例に留まるものではなく一般化可能であり、しかも熟考するなら、その問いかけはもう五〇年以上前のことであるにも拘わらず、現在でさえ解決されているとはいえない。本章が、改めてその問題の難しさを示唆するのに役立つことを願っている。

腎臓透析の技術そのものは一九四〇年代半ばから存在していた。しかしそれは、重い腎不全の患者をごくわずかの期間延命させるだけの力しかなく、長期間使用できる可能性を探ることが関係者の懸案となっていた。そんな中、スクリブナー（Belding H. Scribner）は、シリコン製のU字型チューブを用いた透析装置を発明し（Scribner shunt）、それによって腎不全患者を長期間生存させる可能性を開いた。当時、腎不全は死亡原因の上位を占める重要な疾患だったので、長期間の血液透析を提供できる専門的機関の立ち上げが検討され、それは一九六二年初頭に『シアトル人工腎臓センター』（the Seattle artificial kidney center）として実を結ぶことになった。

しかし、当初からセンターは或る重大な問題を抱えていた。それは、透析には大金がかかるということ、また立ち上げ期に使用できた透析機の数と、それを必要とする重症の腎不全患者の数との間には、極めて大きな開きがあったということだ。当時は、患者一人当たり年間約一五〇〇〇ドルがかかり、また、本当に何年も生存できるかどうかが分からなかったので、一種のパイロットケースだったわけだ。他の州、あるいは連邦政府は、このセンターでの事の成り行きを注意深く観察していたのである。

とにかく、待機患者の多さから考えて、どうしてもなんらかの選択が必要だった。そこでセンターは二重の選別機関を設けた。まずは純粋に医学的な観点から透析の対象になる患者を選別する「医学諮問委員会」（the Medical advisory committee）が置かれた。（他にも重い病気を抱えているなどの理由で）たとえしばらく透析を行ってもあまり長く生きることが見込めない患者と、相対的に長く生きることが予想される患者がいる場合、後者を優先して透析の対象患者とすべきだという判断を、その委員会が行う。それは、医師が医学的観点からの判断を行うという専門性の見地からも当然視され、格別の問題点はないものと見做された。実は、生命倫理学史上、問題含みのものとして話題になったのは、もう一つの委員会「受入政策委員会」（Admissions and policies committee）の方だった。それは透析患者の選別を非医学的観点から行うという任務を担うものだったのである。

では、それは具体的にはどのようなことを行っていたのだろうか。まず、その委員会の委員は、ワシントン州キング郡の医師会とシアトル病院評議会の合同理事会によって選ばれた。委員会は一九六一年夏に招集され、早速、透析患者の非医学的選択のためのガイドライン作成に着手した。委員会は七人のメンバーで構成されていた。職業別でいうと法律家、聖職者、主婦、労働組合幹部、国の官僚、銀行員、外科医の七人である。それ以外に二人のアドヴァイザーがいたが、彼らは二人とも医師であった。ただ、正式のメンバーには医師は一人しかおらず、主婦も入っていたということから、いわゆる専門的知識とは異なる基準が宛（あて）がわれていたことが分かる。彼らは社会階層的には、いずれもどちらかというと中の上的な階級に属する人たちだった（委員になっても金銭的報酬はなかった）。委員に選抜される際、彼らはまず匿名で仕事ができるということを第一条件にした。患者を選別する際には、もちろんいろいろなデータは提供されるが、正確な特定ができる個人名は最後まで伏された。もし万一、候補患者の中に知人、友人などがいれば、客観的な選択などができるわけはないからだ。また類似の理由で、彼ら選抜する方の委員会メンバーと、選択される患者たちの直接的な接触は注意深く避けられた。実際に会ってしまうと、やはり個人的印象に引き摺られ、的確に選びにくくなるからだ。選別作業の最初の会合では、委員たちはアドヴァイザーの医師二人から情報提供を受けた。

彼らが行った最初の選別作業は、患者の住所と年齢をみるということだった。まずワシントン州に住んでいる人だけが候補になるとして、他の州の候補者は排除した。この装置はワシントン州にあるのだから、税金を払っている州民がまず優先的に権利をもつ、と彼らは考えた。次に、子どもと四五歳以上の人間は排除した。子どもを排除するというのは、子どもが週に二回長時間の透析を受け続けるのは無理だと考え、また厳しい食事療法をその後もずっと継続することは過酷に過ぎると考えたからだった。他方で四五歳以上を排除するというのは、腎臓が悪くてその頃の年齢になっている場合、他の内臓も多様なダメージを受けている確率が高いからだった（つまり半ば医学的理由での排除だ）。この二つの制限を加えるだけで、候補者の数は相当減ったので、選ぶ方の苦労も若干は軽減された。

これらすべてのことは原則的に秘密で、他の人々には殆ど知られていなかったはずだ。しかしなんらかのリークがあったのか、活動後一年ほどするとジャーナリスト、シャーナ・アレクサンダー（Shana Alexander）の知るところとなった。彼女は委員にも直接コンタクトをとり、彼らも匿名が守られるなら、ということで、かなり率直に自分たちの気持ちを吐露した。

そのインタビューに基づき、彼女の私見を適宜挿入した記事は、雑誌『ライフ』（一九六二年一一月九日号）に「彼らは誰が生き、誰が死ぬかを決めている」[3]という題名の元で公表され、世間に大きな衝撃を与えた。以下の部分では、その記事の内容や、その後に公刊された専門書[4]も参考にしながら、選択の方法や当事者たちの考えをもう少し詳しくみておこう。上記のように、最初に住所と年齢という二つの条件設定をしてかなりの絞り込みをした上で、より多くの人数から最終的に数人を選んでいくという作業が続いたわけだ。では、彼らはそれ以外にどういう基準で患者を選んだのだろうか。

委員にとって患者選別に関与的と見做された基準、それは既婚か未婚か、子どもの数、収入、純資産、感情の安定性の程度、教育歴、職業、過去の実績と将来の可能性というものだった。未婚よりは既婚が好まれ、子どもの数は少ないよりは多い方が好まれた。独身者よりも多産の既婚者が亡くなる場合、路頭に迷う人の数がそれだけ増えるからだ。また子どもは年齢が高いよりは低い方が好まれた。比較的高齢の子どもの場合、片親がいなくなっても、なんとかその後の人生を自分で切り開いていけるように思われるからだ。収入については、直感的に高い方が重視されるように思えるが、事実上は意見が割れた。純資産についても同じことである。感情の安定性の程度はかなり重視された。透析は、週に二回、長時間の拘束を受ける大変な治療であり、その度に病院に来なければならないのはもちろん、それが永続的に続くということになる。それに耐えるためには、相当の根気や生きようとする不屈の精神がなければならない。また、臓器移植が或る程度周知となった現代では想像しにくいことだが、血液透析は一種の〈人工内臓〉として捉えられ、それに従属しなければ生きていけないというのは、患者に或る種の圧迫感や屈辱感を与えた。命をトレードオフにした、機械への端的な隷属である。選別される患者は、その状況に耐えうる精神の持ち主でなければならない。次の教育歴と職業は、或る程度相関している。やはり、その両者は重視された。沢山勉強をして、社会で重用され尊敬される職業に就いている人は、そうでない人よりも尊重された。これは最後の条件とも絡み合う。つまり過去の実績と将来の可能性である。過去の実績は、学歴がまさにそれを表すという考え方もあるからだ。だが、ただそれだけではない。どんな人柄で、どのようにコミュニティの人々と付き合ってきたのかも、重要な要件とされた。例えば日曜毎に教会に行くような人、地域の少年たちにスポーツを教えるような人は、そうでない人よりも好まれた。他方で、将来の可能性については、あまりに茫漠としており、ただその判定の困難さが実感されただけである。高い学歴をもち、いい職業に就き、円満な家庭人でコミュニティともうまくやってきたからといって、その人がその後もその通りであり続けるかどうか、誰も確実なことはいえないからだ。

ともあれ、そのようにして、車のセールスマン、物理学者、エンジニア、航空機会社の作業員、製油会社のビジネスマンが選ばれた。委員会のメンバーでアレクサンダーのインタビューに答えた数人の内から、興味深い言葉を取り上げておこう。

法律家は闊達(かったつ)に述べた。最初にこの仕事に誘われた時、あまりやりたいとは思わなかった。しかしやればできるだろうと思っていたし、公平さも保てる自信があった。自分が選ばなかった人のことを考えて心が痛むというのは、あまり正確ではない。選ばれた人は、今後大変な人生を送ることになるし、そもそもわれわれは、誰もが最後には必ず死ぬのだ。また、ワシントン州の住民ではないということで外された人に医師の妻がいたことから、こんなことも想像した。もし或る人が「自分の妻を選んでくれれば大金を提供できる。そうなれば、透析機の数も増やせるかもしれないし、今後の治療費の一部にも割り当てられる」と提案してきたとする。その場合、われわれはどう対応すべきだろうか、と。だが、それは単純化すれば資産順に人を選別することに繋がるので、結局、われわれはその考え方を採用しなかった。ともあれ、経済的なことだけではなく広い意味でいうなら、人が社会にどの程度貢献できるのかが、選択の重要な要件になるはずだ。しかし、それも曖昧さを伴う、と彼。偉大な絵画を描く画家、素晴らしい交響曲を創れる作曲家、六人の子どもをきちんと育て上げる普通の主婦という三人がいる場合、いったいその内の誰が、一番大きな貢献度をもつというのだろうか。

銀行家はシニカルで刺々しい。彼は腎臓がどんな働きをしているのかさえ知らなかったと言い放つ。第一、自分はなんらかの道徳的判断をする資格があるとは全く思わなかった。それでもこの委員を引き受けたのは、要するに、ここでの自分の仕事は、医師が自分の医学的作業をやる時に余計なことを考えずに済むように、前もって人数削減を行うことだけだと割り切ったからだ。しかも、選ばれた方も所詮は一種のモルモットなのだ。こう考えたので、彼は良心の呵責に苦しむようなことはなかった。

まだ若い聖職者は、こう語った。最初この選抜の仕事を聞いた時には強い当惑を感じ、手にしている情報が充分に的確かどうかにも不安があった。しかし実際に選んで、その結果をみると、それなりに納得のいくものが多かった。私は畏怖の感情をもち、何か自分の分を超えた領域に踏み込んでいるような気もしたが、職業柄、生と死の問題については馴染みが深かった。結局、私はこう思った。われわれは誰もが最終的には死ぬが、だからこそ生の一部でいられる間は、他の人々を助けるためにこの命を使う責任があるのだ、と。もし仮に私が、自分が選ばなかった人に直接会う機会があったとしたら、その人にきちんと向き合えるだろうか。私は向き合える。そして、なぜその人を選ばなかったのか、その理由をきちんと伝えることができると思う。聖職者は、このように述べた。

上記のように、アレクサンダーの記事が出たとき、世間の人々は衝撃を受けた。彼女の記事は、その題名から想定されるほどには告発的なものではなく、むしろ全体としてみれば、その抑えた口調の方が印象深い。ともあれ、世論は沸き立った。人の生と死を決めるというので、いつの頃からか、その委員会は「シアトル神様委員会」(the Seattle God committee)と呼ばれるようになった。当時のアメリカ人は、医師ではない人たちがその種の選別作業をしているということよりも、その種の選別が一定の「社会的価値」(social worth)に基づいて行われていることに怒りを覚えた。しかし、そこで暗黙の内に想定されていた高い「社会的価値」を実現する人とは、高度な教育歴をもち、仕事熱心で既にかなりの成果を収め、家族思いで地域とも積極的な繋がりがあるような人のことだ。それは、実は当時のアメリカ社会全体で普通に共有されていた価値観と、それほど隔たりがあるものではなかった。それはボーイスカウト、日曜学校、赤十字、それに暖かく微笑(ほほえ)みながら自分の子どもを抱きかかえる親のようなイメージに適合する価値なのだ。だからこそ、その基準に基づいて選別が行われたことに人々が怒ったことの方が、かえって奇妙だともいえた。

あまりに正確な鏡像は、人を怯えさせるとでもいうかのように。

数多くの批判の中には、その種の「社会的価値」では、人付き合いは悪いかもしれないが、或る独創的な才能をもつ人は排除されてしまう可能性が高いというものもあった。誰かが述べたように、太平洋岸北西部は腎臓の悪いソロー（David Thoreau）のための場所ではないということか。

いずれにしろ、『シアトル人工腎臓センター』は、パイロットケースとしての役割を十全に果たし、血液透析は多くの患者を救うということが誰の目にも明らかになったので、その後、同種の医療機関は全米に広がった。ただ、金銭的問題や装置の準備の問題と膨大な患者数とのアンバランスは、その後も十年弱程度の間は続いたので、「神様委員会」的な非医学的基準に基づく患者選別は、他の場所でも何度も行われた。幾つかのデータを見ても、それらは、シアトルで採用されていた基準とそれほど顕著な違いは認められない。

もちろん、選択行為自体が、まるで当然な日常性に戻ったというわけではない。或る証言では、若い母親と娼婦との間で選ばなければならなかった人は、前者を選んだことで長い間、心の傷を抱えたという。確かに、娼婦は人に胸を張れるような職業ではないかもしれない。しかしその女性の個人史をみれば、早くから親に棄てられ、一〇代初期の頃から食べるためにやむなく、という場合もあるかもしれない。そのために娼婦になったとして、それはその女性の咎だろうか。しかし逆にいうなら、どうしても二人の内の一人を選択しなければならないような場合、その種の悲惨な個人史が背後に隠れているからといって、普通の若い母親の方を拒絶すべきだということになるのか。若い母親は、その娼婦に比べれば恵まれた人生を送ってきたのかもしれない。しかし相対的に幸福な人生は、その若い母親の咎だとでもいうのだろうか。それまで幸福だったのだから、今度は不幸を甘んじて受け入れなさいと勧告すべきなのか。やはり、それはおかしい、と大多数の人は思うだろう。では、どうするか。まさに「神様委員会」でも一瞬話題に上がったように、いっそのこと籤引きで決めるか。命は骰子(さいころ)によって配分されても構わないものなのだろうか。

第二節〈量的価値〉から横溢する余剰の方へ

血液透析という、この特定の話題については、上記のような状況はさすがに今日ではみられないだろう。また、社会学者の調査などをみると、一九六〇年代後半以降は、仮に選別作業が行われるにしても、徐々に純粋に医学的基準に基づくものが重きをなすようになり、それと並行して、心理学的・精神医学的基準も、一層重要になるという傾向があった。つまり、長く辛い透析治療に辛抱強く耐えられるかどうか、医師の忠告に的確に応答できるかどうかなどの因子が、より重要なものになっていく。後者は広い意味で医学的基準に準ずるものだともいえるので、「神様委員会」で当初垣間見られたような「社会的価値」に基づく選定という要素は、徐々にフェイドアウトしていった。議論や選別作業は、いわばより順当に、医学的な話題を中心に回るようになっていった。その意味で、少なくとも血液透析を巡る生命倫理学的な問題は顕著な特徴を失い、話題としては背景に退いていくことになったのである。

しかし、より一般的な視座でこの話題が孕む問題性について考えてみるなら、われわれは直ちに、これが広く、限定的で有限な医療資源がある場合に、どのように配分するのが一番適切なのかという問題とか、希少性が前提の世界の中で、正義や公正を保ちながら、その希少なものをどう配分すべきなのかという問題と連続的に繋がっていることが分かる。その意味で「神様委員会」が投げかける問いは、生命倫理学史の古く小さな逸話に過ぎないどころか、われわれの文化が抱えるどこか据わりの悪い裂け目の在処を示す、重要なものなのだ。

またそれは、単に〈配分論〉だけに留まるのではなく、微妙に問題設定をずらせば、アメリカのような医療先進国と第三世界との間の格差の問題、アメリカ内部での貧富の差による医療水準の格差の問題などとも絡み合う。アメリカは皆保険が依然として実現されていないが、そのような状況の中で一部の富裕層が潤沢な資金を背景に最先端の医療を受けることができる傍らで、高額な民間保険に加入するだけの余裕のない貧困層は、基盤的な医療へのアプローチさえもが制限されるという事態がある場合、それは、同時代で充分には存在しなかった透析装置を配分する際に、関係者たちがそれなりの苦悩や配慮の中で、装置を使用できるかどうかを決めていたという事態よりも、遥かに単純で酷薄な規定因（金銭の多寡）が支配する野蛮状態の発露だとはいえないだろうか。透析機配分論では、それなりの繊細さを示したアメリカ人が、そこではなかなか野蛮状態からは抜けきれないということか。社会全体に関わり、あまりに大き過ぎることなので、問題の在処は重々承知していても、既存勢力がなんらかの形で恩恵を被るシステムがある場合、それを改善しようとすることは、本当に難しいということなのか。

以上は、配分論や社会的公正義、または社会的公正に絡む問題だ。しかし、実はまだ他の切り口がある。「神様委員会」の一員で、アレクサンダーのインタビューに答えていた法律家の言葉を改めて思い起こそう。彼は、選択の基準は或る人が社会にどの程度貢献できるかに依(よ)ると述べていた。それは今まで確認してきた「社会的価値」(social worth)とそのまま繋がる話である。しかし、そう述べた後で直ちに彼は、例えばベートーヴェン(Beethoven)クラスの芸術家と、六人の子どもをきちんと育て上げた主婦とでは、どちらが社会に貢献しているのか、それはまるで自明とはいえないという趣旨のことを述べていた。ここに潜在する曖昧さは、まさに social worth という概念自体の曖昧さに起因する。ここでの「価値」(worth)は、「功績」(merit)のことなのか、それともその種の言い換えが不可能な、独自の内容をもつものなのだろうか。merit とほぼ等しいとする場合、それを重視するとすれば、社会は〈メリトクラシー〉(meritocracy)そのものの様相を呈する。高い学力や優れた才能の持ち主がそれに相応しい地位や恩恵を被る社会で何が悪いのかという社会像である。だが、もし能力や才能がとりわけ金銭で測量可能だという判断がなされるとすれば、その途端に、貧富の格差は、当人たちの能力をそのまま反映し客体化するものと見做されることになる。その場合、ベートーヴェン級の芸術家が尊敬されるのは、彼がコンサートや録音などで多額の金額を稼ぐことができるからだ。音楽という芸術がもつそれ以上の価値は、雲散霧消とまではいかなくても、どこか付帯的なものになり、周辺化されてしまう。

だが、メリトクラシーの中でも最も単純化された、今述べたばかりのこのヴァージョンを、われわれもアメリカ人も、そのままの形では信じていないということが、このいささか図式的で単純な論理構成から、逆に明らかになる。なぜなら、これを全く疑わないとするなら、法律家のように、芸術家と主婦とのどちらに価値があるかなどと、自問することはなくなるからだ。それとも、芸術家の収入を六人の成人後の収入総額と比較考量すればいいとでも強弁するのか。

つまり、「社会的価値」の〈価値〉が、実は多少ともmeritなるものを超えた含意をもつのを、われわれの誰もが朧気（おぼろげ）に感じているということだ。患者を治そうとするのは、その人が快復すれば、重要な労働力としてまた労働市場に復帰してくれるから、ではない。近所の子どもに野球を教える人が好まれるのは、そこから未来のプロ野球選手が出てきて、富豪になった時にその地域に図書館を建ててくれるかもしれないから、ではない。実は、〈価値〉は多義的で底が抜けており、われわれの誰一人として、包括的で網羅的な定義などはできない。

人間は、個的存在として独自の〈価値〉を誰もが担う潜在力をもっており、だからこそわれわれは、人間にそれなりの〈尊厳〉を感じとる。先には触れなかったが、「神様委員会」だけではなく、その後、多少とも患者選別が必要な条件下にあって、多くの類似の委員会が立ち上げられていたとき、委員会に医師がいる場合には、自分が知る患者の印象を少しでもよくし、是非選別されるようにと努力する傾向が強かったといわれる（シアトルの場合とは条件がやや変化しており、医師は患者を知っている場合があった）。それは、医師が患者を治そうとする気持ちは、その種の委員会でも間接的に発揮されていたということを意味しており、その事実を知って、私は思わず微笑みを漏らした。

翻って考えてみるなら、そもそも当時の人々に衝撃を与えたとはいえ、「神様委員会」は、決して患者を貧富の差、寄付金の多寡、政治的権力の大小などというような基準では選んでいなかった。彼らは彼らなりに繊細かつ複雑に、人間存在の〈価値〉を見極めようとしていたのであり、その背景には、やはり彼らも一時的にしか担えず、瀕死の患者にも少しでも長く持ち続けてほしいと願う、生命への畏敬や愛が隠されていた。〈生命の価値〉が merit などには縮減されないことは、半ば前提とされていた。「神様委員会」は神ではなかった。しかし、彼らは、神が与えてくれた命を畏怖するという神聖な感受性は、しっかりともっていたのである。

註

（1）ジョンセン、アルバート（二〇〇九：原著一九九八）『生命倫理学の誕生』細見博志訳、勁草書房。
（2）香川知晶・小松美彦編（二〇一四）『生命倫理の源流』岩波書店。
（3）Alexander, Shana (1962) "They decide who lives, who dies." *Life*, vol.53, no.19, pp. 102-125.
（4）Fox, Renée C. & Judith P. Swazey (1978) *The Courage to Fail*, Chicago: The University of Chicago Press.

第一三章　〈公共性〉の創出と融解(1)

(A)広く世界史を見渡してみると、それまで順調な発展を継続してきた社会に、突然大規模な自然災害または人的侵襲が起こり、文化の自然な流れが断絶するという場面がときどき出現することがある。ローマ劫掠(ごうりゃく)、リスボン大地震、フランス革命、第一次世界大戦などがそうだといえるし、近年では、アメリカ同時多発テロが、それに相当する事件だっただろう。我が国でも元寇、天明大飢饉、天保大飢饉、黒船来航、関東大震災、第二次世界大戦などがそれに当たるが、ほぼ間違いなく、二〇一一年春の東日本大震災と福島第一原発事故は、われわれが築いてきた文化や文明に、根源的な見直しを迫る歴史的屈折点の一つとして将来評価されることになるはずだ。

誰もが息をのんだ津波の破壊力。そしてほとんど何もなくなった地域の様子をみて、多くの人々ができる範囲で資金的援助をし、ボランティアに出かけ、そこで新たな生活を築こうとする人たちを助けようと努力している。それは確かに、或る種新たな〈公共性〉の再確認と再構築であり、何もなくなった地域を再生させるための、真摯な集合的努力なのだ。それは心底称賛に値する。

他方で、気になることもある。やはりそれは、震災後に起きた福島第一原発事故を巡る一連の事象である。現時点でまだいつ収束するか正確な見通しもたっていないという状態で、依然として放射性物質は外界に少しずつ漏れ出している。地震そのものはもちろん致し方ないとはいえ、もし初動の対応がより適切なものだったとすれば、事態は随分違ったものになっていただろう。しかも、原子炉の状況が本当に危機的だった最初の数日間を固唾をのんで見守っていた多くの人々は、次のように思ったはずだ。重大な帰結をもたらすことが誰の目にも明らかなこれほどの大事故の際に、なぜ、日本の科学界、技術界は、より積極的、かつより系統的に、原発事故の収束に向けた援助や技術的提言をしないのだろうか、と。もちろんそれを妨げる政治的、社会的障壁がいろいろ存在するということは見当が付く。特に、政治的障壁については、今後本当に真剣な分析が必要なはずだ。ともあれ、どれほど政治体制が円滑な協力をしにくい状態になっていたとしても、なぜ、科学者・技術者たちは、より積極的で統合的な態度を取ることができなかったのだろうか。例えば、遠隔操作型のものでもいいから、なぜ国中のロボット研究者たちは使えそうなロボットを自発的に拠出しようとしなかったのだろうか。そんな疑問を感じた人は多いはずだ。[2]

ところが、実際には、何人もの関連分野の科学者たちがテレビや新聞などのマスコミで行ったことは、放射能など大したことはない、それほどの危険性はない、少量なら健康にいいくらいだなどという、一種の火消し作業だった。それは、安全性を強調する一種の麻酔効果を社会にもたらすことだったのである。「パニックを防ぐため」という理由づけはいかにも公益に適うようにみえるが、本当にそれは、公益を目指して行われたものなのだろうか。

第一、ここに、徴候的な資料がある。二〇一一年四月二七日、物理、化学、分子生物学など、日本の主だった科学領域の重要な学会集団が「三四学会会長声明」なるものを公表した。未曾有の災害を受けた科学者側の社会的行動として、そのこと自体は評価に値するものだ。声明には「日本は科学の歩みを止めない」という総題が付いており、三つの提言がなされている。少し気になるのはその内容である。提言の最初の二つは、若手研究者などの研究環境の保護、並びに研究施設の保護を巡るものだ。そして、三つ目はいわゆる風評被害と闘うという宣言をしたものである。この声明の公表自体は一定の評価に値するが、逆にいうなら、事故の最も重要な局面がやや沈静化し、最初の対応可能期が既に過ぎてしまってからの声明だ。また、被災地ではまだ住むところもままならない人々が沢山いるというのに、この声明が一番気に懸けているのは、言ってみれば〈ポスドクの将来〉と〈研究所確保〉である。しかも、〈風評被害〉という多用されすぎた表現も、科学者が使うとなるとまた話は違ってくる。放射能汚染がどの程度広がり、晩発性の影響も含めればどのようなダメージを与えるのかがよく分からない内に、明らかな風評は別として、そう簡単にどれが〈風評被害〉かなどは弁別できるものなのだろうか。危険性がありうるものは、予防原則を働かせて安全側に舵を切った処置をするという方向性を、まさに科学者だからこそ提言できそうなものなのに、少しでも放射能被害を軽減するための努力をするというよりは、少しでも放射能汚染の甚大さを小さくみせ、科学技術社会の順調な継続に何よりも気遣うという本音が、ほとんどそのまま現れた提言だとはいえないのか。

いったい、彼らは誰のことを一番気に懸けているのか。技術界は、それぞれの産業領域上の縛りがあるからとりあえず傍らに置くとしても、少なくとも科学界は、〈公益〉を体現する叡知の集団ではなかったのか。ところがこの宣言を見る限り、彼らが気に懸けているのは何よりも自分たちだということは、ほぼ明らかではないのか（当たり前のことだが、何も科学者全員が、とまでは言うつもりはない。また日本数学会はこの宣言への署名を拒否したそうだ。さすがである）。そうなると、〈公益〉を体現する科学という古典的な理念自体が、想像以上に蚕食されているという無惨な状態が露わになる。一九七〇年代終盤以降のバイオテクノロジーなどで、その傾向が散見されたとはいえ、科学技術なるものは、いまや公益というよりは巨大な利権や権益と、より密接な関係をもつものになりつつあるということか。

〈公益〉を体現するはずの科学者集団が、〈公益〉というよりは〈グループ益〉を最優先するという構図——先に私は、大震災で被災した地域を救うために行われている人々の努力の中に、新たな公共性が生まれつつあると述べた。ところがその傍らで、〈公益〉、つまり当然ながら公共性という価値を枢軸にもつはずの科学界が、本来的公共性というよりは、部分集団の公共性、つまりグループ益にかまけているという構図が出現している。

われわれが立ち会うのは実に奇妙な光景だ。それは、一方で公共性の新たな創出が確認され、他方で、公共性を体現していたはずの重要領域で、公共性が融解するという光景なのである。この会長声明なるものが、科学界全体を代表しているとみるのは行き過ぎだとしても、その傾向が全体に浸潤しているからこそ、このような形で出てくるということもある。

確かに、いざとなると自分（たち）の利益が何よりも気になるというのは人情というものだ。

この私とて、お金を稼げば頬も緩む。だが、それは私が〈ごく普通のおじさん〉だからであり、他方、少なくとも古典的理念に照らしたとき、科学者たちには〈ごく普通のおじさん〉以上の存在であって欲しいという願いがある。それは的外れなのか。

いずれにしろ、放射能被害に戻るなら、特に幼児や子ども、若者においてそのリスクが高まることが知られているとき、それを過小評価し、自分たちの権益の延命を図るという構図は、やはり重大な意味を抱え込むということは、強調されてよい。いま、我が国の文明は、いや、何よりも我が国の文化は、危ない局面に来ている。権力者が腐敗し、弱者を巧みに切り捨て、弱者の苦悶を見て見ぬふりをすることが当然視されるような社会。さらには、権力の周辺に簇がりながら甘い蜜を吸い、決して根源的内省には眼を向けず、権力者におもねることで自らも繁栄するテクノクラートたちがのさばる社会。われわれはいま、そんな社会の鳥羽口に立っているのだ。

(B)だから、〈ポスト三・一一〉という表現を大真面目に受け取り、それが開示する文明の断絶に、意識的に向き合おう。そして、従来の権力や権益を産み出す構造にしがみつき、公共性の意味を変質させるような権力者たちをしっかりと特定し、見切り、軽蔑しよう。彼らの〈権力言説〉の様式を腑分けし、瓦解させ、違うタイプの論理構成に邁進しよう。〈権力の甘い汁〉を味わいすぎ、脳と唇が痺れた連中のいうことなどに振り回されるな。

今回、〈ポスト三・一一〉のいま、特に読むべき本というテーマ設定をいただいた。正直にいって読むべき本などいくらでもありすぎて、絞ることなどできそうもない。ともあれ一冊、敢えてフィクションを挙げておきたい。それは大事件の後に読むには、一見あまりに静謐な雰囲気を湛えた本だ。カズオ・イシグロの『わたしを離さないで』(二〇〇五)である。「静謐な雰囲気」と、いま書いた。本当にその通りであり、優れた文学作品らしく、一方向的で単純な読みは許さないという多義性も秘めている。とはいえ、その虚構空間を支配する根本的雰囲気が深い悲しみであることは間違いない。そこでは、臓器移植が一般化した社会の中で、生まれつき他人に臓器を拠出することが運命づけられた人間たちの生活が、淡々と語られている。娼婦とか、もともと周辺的な存在から採られたクローン胚を元にして作られた、クローン人間たち。彼らは、成人後は命令に応じて、一回ないしは複数回、臓器提供に応じなければならない(それも死ぬまで)。その運命が、慨嘆や告発という主調によるのではなく、静かに、ほとんど中立的に書かれている。文学作品としてとても優れたものなのは間違いないが、敢えていうなら〈ポスト三・一一〉にこれを読み直すとき、われわれはイシグロの静かな筆致を、われわれの心の中で一種の怒りにまで昇華させながら読み進めるべきだと、私は思う。

近未来、もし、晩発性の放射線障害に苦しむことになる人々、特に幼児や子ども、若者たちの苦しみが見て見ぬふりをされ、相変わらずの〈産業保護〉と〈権益へのしがみつき〉という構図が繰り返されるとするなら、その人々の運命は、ちょうど、他人の延命のために臓器を提供し、人知れず死んでいくルースやトミーたちの運命、予備部品としてのクローン人間たちの運命と、重なるものだとはいえないか。さすがに『わたしを離さないで』ほどのディストピアには、まだ到達してはいない。だが、〈ポスト三・一一〉の位置づけと、新たな公共性構築を誤るとするなら、われわれは、やがて自分たちがそんなディストピアの入口にいるということに気づくはずである。

（二〇一一年五月二七日脱稿）

註

（1）この文章は、福島第一原発の大事故後に執筆され、『現代思想』二〇一一年七月の臨時増刊号に公表された。雑誌社側からの依頼テーマは、その時点で読むべき本を挙げるというものだった。時事的性格が強いものなので、文章の最後に正確な脱稿日を明示しておく。また、時事性がもつ記録的性格に鑑み、文章表記などの些末な変更を除けば、本文の論旨の流れは発表時のままに残してある（ただ、現時点からみて註釈が必要だと判断した箇所では、新たに註を挿入しておいた）。なお、この原則は、やはり福島第一原発事故に関わる話題を取り上げる、次の一四章、第一五章でも貫徹される。

（2）ロボットは強い放射線で制御系統などを駄目にされてしまうので、そう簡単に事故現場に投入することはできなかったということを知ったのは、この文章を書いてから少し後のことだった。また、そもそも事故現場は瓦礫などで混乱を極めており、放射線によるダメージを仮にクリアできるロボットがあったとしても、技師たちが望むほどの成果を上げることが出来たかどうかは疑わしい。だが、それらすべての事実を勘案すれば尚更、なぜ関連分野の技術者や企業は、過酷事故を想定し、それに対応できるタイプのロボット、または無人の対処装置を、開発し続けなかったのだろうか。それはやはり、重大な怠慢だといわねばなるまい。

参考文献

イシグロ、カズオ（二〇〇八：原著二〇〇五）『わたしを離さないで』土屋政雄訳、ハヤカワ epi 文庫

第一四章 〈放射能国家〉の生政治

「堕落するのは決して幼少の人々ではない。人々が身を滅ぼすのは、成熟した人間たちがすでに腐敗しているときだけである。」

（モンテスキュー『法の精神』第一部第四編第五章、野田良之他訳）

第一節 〈ならずもの国家〉と放射能

この章は、或る種の絶望感から始めるしかない。以下、やや感情的な表現も散見されるはずだが、国家が原発事故に対して行ってきた一連の事象を巡り、二〇一一年九月初頭の時点で〈中立的観察者〉では到底いられないと感じたのは事実であり、より明確に述べるなら、怒りや焦燥感という情念が執筆の動機になっている。だから、表現が時に感情的になるのも致し方ない。国内の一生活者の中にその種の情念が沸き起こらざるをえなかったということは、一つの資料かつ史料として、将来役立つ可能性もあるだろう。

(A) 二〇一一年三月一一日、誰もが息をのんだ地震と津波の猛威。そして、福島第一原発での事故。原発事故は史上最悪のレベルにまで肉薄し、[1]二〇一一年初秋現在、依然収束していない。日本人は伝統的に海と深い繋がりをもちながら生活してきた国民だが、その海に厖大な量の放射性物質を垂れ流し、現時点でさえ、地下水経由での漏洩が続いている可能性もある。放射性沃素の半減期は比較的短いから、その影響は相対的に短いと見做していいのかもしれない。だが、放射性セシウムや放射性ストロンチウムの場合は三〇年前後の半減期をもつので、要するに、今後二、三世代ほどに亘って、絶えずわれわれは、放射能汚染を頭のどこかに入れながら人生を送らねばならないことになる。[2]海洋へのこれだけの大規模汚染は人類史上でも数えるほどしかなく、また日本人のように一億を超える大規模〈人口〉への長期間の低線量被曝や多重的な内部被曝についても、同様である。それらの影響については、ほぼ前代未聞の〈実験〉が向こう数十年に亘り、日本人、または近隣周辺国の国民を相手に繰り広げられることになる。われわれは〈放射能国家〉を生きることになるのだ。

そんな中で、この状況判断のことを悲観的すぎるとか、まだ不確定要素が多すぎて、どの程度の影響になるか分からないと言い続ける人も少なくない。果ては、まだほとんど誰も死んでないのだから、報道や議論、政府の施策が大げさに過ぎると宣（のたま）う輩まで出現するありさまだ。こんな体たらくを晒すこの国にあって、われわれは、この破局的な事故の後、どのようなことがいわれたのか、どのように事態が社会的に収束されようとしたのかも込みで、それを〈生政治学〉的な観点から見直すことが可能だ。この破局的事態は、まさに生政治的な分析視座を透過させると、その国家像や社会像により際立った特徴が露顕するような構造になっている。もちろん、それは生政治に関心をもつ純粋に学問的な眼差しにとってさえ、〈好機〉と呼ぶにはあまりに悲惨な事態である。ともあれ、本章では、その問題意識に即して、事故後数ヶ月がたった時点でいえることを述べておきたい。

誰もがそう思うだろう、これほどの大事件が起きたにも拘わらず、政府と行政機関がとった対応は実に緩慢で、隠蔽的、逃げ腰風の責任逃れがあからさまだった、と。事故直後の数日間、自衛隊ヘリコプターで若干水をかけたり、というような、実効性に乏しい処置しかとれないほどに、事故に対する政府の評価は甘かったということか。同時に、もし第一原発が最悪の経路を辿れば文字通り世界的な破局になることを誰よりも分かっていたはずの日本の科学者、技術者たちは、その間、いったい何をやっていたのか。テレビなどでの連日に及ぶ〈専門家〉による解説も、東電側の限定的情報に業を煮やしながらも、同時に、それほど大したことではないとか、限定的影響しかない、飛行機旅行でも被曝するし、そもそも自然界からでも日常的に被曝している云々という、素人相手にその場をやりすごすような内容に終始した、といっては言い過ぎだろうか。

政府も、〈専門家〉たちも、実際にはメルトダウンが起こっているだろうとはそうとう早くから分かっていたはずだし、[3] 水素爆発直後の風向きのせいで多くの放射性物質が飛散した、原発かららみて北西部にある地域は、他の地域よりも一層危険性が高いということも分かっていたはずだ。時の政権中枢が、しょせんは素人集団にすぎないというのはよく分かる。しかしそれならなぜ政府は、より的確な手法で、より迅速かつより広範に、日本全国にたくさんいるその道の専門家たちの意見を聞こうとしなかったのだろうか。

それと相即的に、別に直接自分に責任はなくとも、直接関係する機関に所属してはいなくても、最悪経路の場合の影響の甚大さを考えるなら、なぜ科学・技術者集団は自らより積極的に、事故の影響を極小に抑えるための方策を発案・提言しなかったのか。

最初の二週間に、政府、科学・技術者集団の方針や行動がより迅速でより適切なものだったとすれば、事故の規模があれほど大きなものにはならなかった可能性があるし、被曝者の数や汚染地域がこれほど大規模なものにならなかったという可能性もある。初動での、政府や科学・技術者の無策、隠蔽、やり過ごしは、取り返しの付かない帰結をもたらした。また、そのような政府の対応を批判しながらも、決定的な批判はせず、また話させる〈専門家〉選択において或る程度の自由度はあったはずにも拘わらず、あのような〈専門家〉たちに安全、安全と連呼させていたジャーナリズムにも、そうとうに大きな責任はある。[4] 政府、科学・技術者集団、ジャーナリズム、そのそれぞれが、充分に自己の職責を果たすこともなく、その場その場をやりすごす形で時間をつぶし、結果的には全世界にその影響が及ぶような規模の事故を起こしてしまった。[5] そして、多くの人間たちに既に被曝させ、さらにはこれから被曝させるという汚染国土を残してしまった。

私は必ずしも、〈責任論〉を好まない。だが、それにしても、例えば原子力安全委員会という、この問題に最も直接に関わる組織の長を務めながら、これだけの事故を起こしてしまったのに、本気で責任を感じるわけでもなく、その地位に安穏と留まろうとする班目春樹（まだらめ）のような人物を、なぜ日本社会は許しておくのだろうか。せめて、政府の責任者がより強く辞職勧告をすべきだとは思わないのか。[6]

　またジャーナリズムも、例えば定年間近の人がちょっとした失敗を犯した時に、その人の退職金を取り上げろと連呼するような事実がある傍らで、例えば東電の社長が巨額の退職金をもらって退職するとき、ただの一言でもそれまでのようなスタイルの批判をしたのか。どうやら、東電は重要なスポンサーなので、民放各局も及び腰ということらしい。だが、例えば或る傷害事件が勃発した時に接待を受けていたことと、広島原爆百数十個分以上の放射性物質[7]を環境に放出したこととで、どちらがより大きく公益を毀損することになるのか。私の論旨を誤解してほしくはないので、少し付け加える。ここでの私の議論は、「だから東電の社長からも退職金を取り上げろ」ということではない。むしろ自己の利益関心のせいで、これほどの大事件でも「東電の社長から退職金を取り上げろ」とは一言もいえないようなマスコミなら、誰かのちょっとした失敗を口実に、その人が長年勤めてきたことでもらえる退職金、その人の老後にとっては貴重な資金になるはずの退職金を取り上げろなどとは今後一切いうな、ということなのだ。今回の一連の事象の中で、マスコミが、なんら群を抜いた公益的機関とはいえないことが明らかになった以上、自分たちだけに〈正義〉を割り振るのはやめにしてほしい。

（B）論旨の繰り返しになって恐縮だが、もう少し述べたい。事故直後の数日間、原子力安全・保安院が何度も繰り返しテレビで述べた「直ちに健康に影響が出る値ではない」という言葉。あれはいったいどういうつもりか。国はわれわれ国民を〈馬鹿〉だと思っているのか。それとも、どうせその直接的影響が出てくるのは、内部被曝での晩発性障害が多いのだから何年も先のことなので、政府の人員も、関係行政機関の人員も既に変わっているはずで、その意味でたまたまこの大事件が勃発した時に首相、閣僚、次官、審議官などを務めていたのは運が悪かっただけ、だから適当にやりすごせればそれでいいと思っているのか。

また、放射線障害は万人に共通の様式でその有害性を発揮するわけではなく、乳幼児、子供、若者に特に有害らしい。となると、政府や行政機関の責任ある地位に就く人間たちはたいてい五〇歳を過ぎた初老、または老人なので、もし上記のようなやりすごしや見殺しが、責任関係者たちの本音だとするなら、そこには語るだに恐ろしい構図が見えてくる。表現の留保をつけずにあえて簡単に言おう。その方がその恐ろしさがよく分かるだろうから。要するに、この数ヶ月の我が国は、老齢の権力者たちが、次世代を担う子供や若者を或る程度見殺しにしても致し方ないと考えていることを白日の下に晒したのである。大人が、子供の寿命を縮める社会。大人が自分たちの利益や権益の保護に熱心で、子供の健康や生活を二次的にしか気遣わない社会。〈父〉が〈子〉を貪り食う社会。ちょうど我が子を喰らい尽くすサトゥルヌスのように。[8] 大人同士では盛んに闘争しあっているのが常態だとしても、せめて子供だけは社会全体で保護するというのが、当然の規範ではなかったのか。子供や若者が緩慢な死を迎える可能性が若干でも高まっている時に、それを見殺しにする大人たちのいる社会。これが日本の〈正体〉なのか。これほどのあけすけな野蛮さを露呈する国が〈ならずもの国家〉でなくて、何なのか。

それに繋がる話もある。いつだったか、もう正確には思い出せないが、確か事故から一週間程度しかたっていない三月の或る日。テレビの或る番組で原子力業界の大物がチェルノブイリを引きながら、「放射能といってもあまり大したことはない。子供の癌が少し増えるだけだ」という趣旨のことをいった。一瞬、耳を疑った。「老人の癌が増えるだけだ」ではなく、「子供の癌が増えるだけだ」と言っているのである。念のためにいうなら、老人でも癌などに罹らないで少しでも長く息災に暮らしていける国がいいに決まっている。それでも老人の場合には、或る程度の年齢になれば、病気に罹り、体が弱り、やがてはあの世に旅立つのは致し方ない、と多くの人は考える。ところが、この場合には「子供の癌が増えるだけだ」ということを、文脈でみるなら、「それほど重要ではない」という意味で言っているのだ。

要は、先に述べたことと同じだ。「子供の癌が少し増えるだけ」、こんな言葉が恐らくは優秀なはずの科学者の口から出て、それがテレビで放映されるのを黙って聞いているわれわれ、そんな言葉を放映するままのマスコミ、そのいずれもが、どこか決定的におかしくなっている。これが〈ならずもの国家〉でなくて、いったい何なのか。我が国は、いつからこんな国になってしまったのか。

(C) さらに、こうも言おう。事故直後の数日間の段階で、政府が原発事故の重大性をどうやらあまり認識していないらしいと判断できたはずの専門家集団は、可能な限り早く、危険性が高い地域を大まかに特定し、予防原則的な発想に基づいて避難勧告を独自に行うべきだった。ところが、先にも述べたように、テレビに出てくる〈専門家〉たちは、ほとんどレトリカルなものでしかないリスク論的言説もばらまきながら、「安全だ」、「冷静に対応すべきだ」などの言説を繰り返し、人々の精神に鎮静効果を与えた。しかも、拙論「カズオ・イシグロ『わたしを離さないで』：〈公共性〉の創出と融解」（金森：二〇一一a：本書第一三章）でも述べたように、科学者たちの一部（それも重要な一部）は、事故勃発から一ヶ月以上たった二〇一一年四月二七日、三四学会会長声明なるものを公表し、そこで、若手研究者の研究環境の保護、研究施設の保護、風評被害と闘うという宣言を行った。その三つの宣言の内の最初の二つについては、自宅を失い路頭に迷う人が何万人もいる最中の言葉としてはやや自己中心的だとしても、まだ許せる。問題は、第三番目の宣言、「風評被害と闘う」というものだ。

確かに、明らかな風評被害はある。しかしそれと闘うためには専門的な科学的知識はそれほど必要とされない。健全な常識があればそれで充分なのだ。むしろ科学的知識が生かされるのは、風評か、それとも根拠のある危険感覚なのかの閾（しきい）がどの辺りにあるのかを探ること、しかもその際、予防原則に従い、どちらかというと危険性認知の方に軸足を置いた閾認定をすることの中にあるはずだ。なぜ予防原則的なことが重要かというと、放射能への感受性や脆弱性は乳幼児や子供の方が大きいのだから、もし万一危険な条件の中に放置された時の損害の深刻さを勘案するなら、仮にその危険性認知が若干大袈裟なものであったとしても、（移住などで）その時には大変でも結果的に生命が守られるならそちらの方が望ましい、と考えるべきだからである。だから、科学的知識をもった集団が行うべきなのは、少しでも放射線被害を抑えるための方策を提言し実現していくことであり、それに比べるなら、「風評被害と闘う」などは二次的、三次的なことにすぎない。そもそも、慎重な科学的判断に基づけば基づくほど、簡単に「あれは風評被害にすぎない」という判断は出てこないはずなのだ。にも拘わらず、一方で鎮静効果を狙った言葉を垂れ流し、他方でわざわざ学会声明としてこんなものを出すということは、如何に彼らが、本来の〈公益性〉という理念を失っているのか、そして自分たちの利権や権益への配慮、政治的権力への擦り寄りという政治的配慮に汚染されているのかの徴なのだ。彼らは公益を体現する叡知の集団ではなかったのか。もちろん、全員が、とは言わない。だが科学・技術界は、この数ヶ月間に及ぶ自分たちの所業を本気で反省するだけの気概はあるのか。

このようにして、政府、科学・技術界、マスコミ――これら重要な社会セクターのいずれもが、これほどまでに悪辣な〈ならずもの性〉を発揮するこの国の中で、なんらかの形で〈哲学的営為〉をし続けることの意味は、あるのだろうか。正直にいって、よく分からない。だが、書物にしか存在しないかもしれない概念群を、その使用法の様式に習熟し、〈書物世界〉での乱舞の模様をさらに概念的に跡づけるのとは異なり、現実そのものの諸相の中に見え隠れする或る種の傾性を概念的に繋ぎ止めることで、現実の或る側面がより一層明らかになるのなら、それには固有の意義があると信じ、次のような作業を始めてみよう。冒頭に述べた通り、それは生政治的視座を設定することで、ここで述べたような状況を論じ直すことを意味している。

第二節　〈被曝〉の生政治

(A) だから、こうあるべきだった。科学者集団は、東電の事故直後の対応の酷さや情報隠蔽に業を煮やしただろうが、ただそうやって切歯扼腕（せっしゃくわん）しているだけではなく、自己の専門的知識に基づきながら、早急にその時点での最良の対処法を政府に強く提言すべきだった。もちろんいろいろな実務上の問題はあろう、だが、事故の重大性を考えるなら、例えば事故後二週間前後の段階で、起こりうる最悪のシナリオをしっかりと提示し、また事故直後の風向きから考えて福島第一原発北西部に特に汚染が激しいことは推定可能だったはずだから、少なくともその地域の妊婦、赤ちゃん、子供、若者に避難勧告を出すように、政府に働きかけるべきだった。科学者集団は、実は自分たちが思う以上の名声や権力を社会の中に確保しているのだから、彼らが本気で提言すれば、政府も動かざるをえなかっただろう。確かに、そんな避難勧告などを出せば、あれほど政府関係者が恐れていた一種の〈パニック〉が起きたという可能性はある。しかし、政府が関係機関を的確に動員して最大限の努力を惜しまなければ、手の付けられないパニックになったとは、むしろ考えにくい。もちろん、そのための資金はかなりのものになったはずだが、国民を保護するという毅然とした姿勢を政府がみせれば、国民もまた感じ入るものがあり、政府に積極的に協力する気持ちになっていたはずだ。科学者も、その種の提言をしてさえいれば、さすがは専門家だと多くの人が思い、改めて尊敬心を新たにしたことだろう。

ところが、その頃科学者たちがしていたのは、テレビや新聞で、「大したことはない」、「冷静な対応をすべきだ」、「放射線などは治療でも浴びているのだ、そもそも自然界で自然に浴びているのだ」などの鎮静効果を狙う言説を垂れ流すだけだったというのは、先に述べた通りである。それは、本来なら各人に備わっているはずの生命の危険に対する本能的な防衛欲を鈍化させ、退避できたかもしれない人までも危険地帯で金縛りにさせるという効果をもたらした。そしてその代価は、現時点で既に何通りもの形で具体的に現れ始めている。例えば福島県の一定数の子供の尿から放射性セシウムが検出されたり、甲状腺に放射性沃素が確認されたり、などという事実である。しかも、二〇一一年八月一三日付けの報道を信じるなら、「三月下旬にいわき市や飯舘村で一一四九人の子供を対象に行った調査で約半分の子供の甲状腺から放射性沃素が確認された」という事実が、それから四ヶ月半もたった八月中旬にようやく公表されるというありさまなのだ。

これではまるで「国民一人ひとりの命など、結局大したことはない。なぜなら我が国は大きな〈人口〉集団を形成しており、自然かつ自発的に個別的生殖によってその集団規模が維持されることもほぼ保証されている。だから、全体の安寧と繁栄こそが基軸的な価値であり、その過程で何人かの人間たちが傷つき、衰え、病を患い、歯が抜けるように静かに落命していったとしても、全体的効果から見れば重要ではない」――このように政府中枢部が考えているとしか思えない。それはまさに棄民政策であり、〈ならずもの国家〉の面目躍如たるものがある。[9] 権力の中枢部が今回改めて、冷徹な素顔を露わにしたその様子は、今後の我が国の社会史や文化史の中で（あるいは世界史の中で）、それなりに重要な引証の対象になるだろう。[10]

（B）その基礎的事実をしっかりと心に刻んだ上でなら、以下の事実もまた違った相貌を呈してくる。

二〇一一年五月二七日、共同通信は、福島県が全県民を対象に、放射性物質の影響についての長期間の追跡調査を行う方針を固めたと報道した。全県民と一言でいっても約二〇〇万人にものぼる人々である。しかも、彼らを長期間追跡調査するという。まだこの時点では、長期といっても具体的に何年頃までかは未定だという。ただ、晩発性の放射線障害は二〇年以上もたってから現れる場合もあるので、その期間は本当に長いものになるかもしれない。二〇〇万人以上の人々の、例えば三〇年の長きにも亘る調査。その決定には、経済産業省や厚生労働省の担当者も立ち会ったというから、一応の主体は福島県だが、その背後には国が控えていると考えてもいい。また、調査・保護の円滑な遂行のために広島大学や長崎大学など、放射線障害の研究蓄積をもつ機関も協力することになったとある。確かに、県民の健康保護という観点でみるなら、厖大な資金が必要となるという予想はされるが、少なくとも表面的には、一つの英断だといってもおかしくはない事象である。

ただ、上記の基礎的事実に改めて想到し、それと照らし合わせた上で判断し直すなら、また違った局面もみえてくる。例えば、ここでまさに広島大学と長崎大学という名前が出たことがわれわれの連想を誘う。今回提示された福島県民の追跡調査は、アメリカが原爆を投下し第二次世界大戦が終わった後に設置したＡＢＣＣ（原爆傷害調査委員会）のことを否応なく想起させるのだ。ＡＢＣＣは一九四六年に設置され、原爆被害者の長期に亘る調査を行った。それは一九七五年に組織改編をうけ、別の機関と統合されるまで存続していた。確かに、ＡＢＣＣは純粋な調査機関であるために、その活動は今回のような治療目的の追跡調査とは質を異にする。ともあれ、ＡＢＣＣが残した厖大なデータは、その後、放射線障害の程度や予後を推定するための基礎資料にな与えている。

ったことは間違いない。そしてその事実は、今回の福島県民追跡調査にも、別角度からの陰影を与えている。

つまり、こういうことだ。この県民追跡調査は、大人数の人々の何十年にも亘るかもしれない人生を辿り、今後彼らが発症するかもしれない放射線障害への対応を一次的には目指したものだろう。それは恐らく確かなことであり、一種の大規模な可能的医療行為として、順当な位置づけをもつものになる。他方でそれは、可能的医療行為であると同時に、条件設定が比較的同質の巨大集団についての、重要な調査研究にはならないか。つまり国は、事故後、可能な限り客観的で詳細な情報を出し、可能的な危険性を隠さずに知らせ、早急な避難勧告をするなどの一連の行動によって、少しでも被曝者を減らすことに全力を尽くすというのではなく、それら一連の行動を一切せずに放射能被害を矮小化する言葉を垂れ流し、実際に近隣住民を被曝させてしまってから、その被曝状況を科学的に調査することの方を好んだのである。「人を健康な状態のまま自由に生きさせる」というよりも、「人を不健康状態に陥らせるリスクを高め、その後で、その不健康状態を健康状態に戻すための努力をする」という方向性を好むこと。その場合、もちろん、被曝してしまった人々は、少しでも健康状態に戻りたいと思うわけだから、国の調査に感謝し、その追跡調査にも自ら進んで協力するだろう。それは人間として当然の「生き続けたい」という願いを反映させたものだ。ところが、この場合、彼らの当然の〈生への執着〉は国家や医学界にとってての重要なデータ群を保証するものになる。また、被曝後の多様な健康障害を少しでも減らそうとする各人の努力や願望は、そのまま医学・薬学産業の丸抱えの治療空間の中に、彼らが自ら進んで飛び込んでいくことを意味している。彼らにとって、生き続けようとするごく当然の欲望が、そのまま国家や産業にとっての重要な資源になる。しかもそれが二〇〇万人にも及ぶ大規模集団に関するもので、さらには向こう数十年も続く可能性があるものなのだ。

これはまさに、フーコーの〈生政治〉の原初的定義[11]をより現代化した、〈ならずもの国家日本〉にとっての、固有の〈生政治〉の発露だとはいえないか。ただしこの場合、「生かす」とはいっても、対象になる県民たちの生は、可能的な晩発性障害に怯えながら生き続けるという形をとるものになる。福島県民の生政治は、〈死政治〉の陰を強く引き摺ったものになるのだ。

(C) いままで国や科学者集団の問題点について主に述べてきた。次に、最終的にはそれを誘発する法体系や政治設計をとってきた国の責任が大きいとはいえ、国の施策が数十年も続くことで、その影響を受けた国民の側に、国に強く依存する体質が生まれたということには、やはり一言触れておかねばならない。

例えば原発問題にしても、あの有名な電源三法がある。[12] 特にその法律に基づく地方自治体への交付金は巨額なものが多く、そのため原発を受け入れる自治体は一度それを受け入れてしまうと、交付金が自治体行政の必要条件として組み込まれてしまい、それから脱却できなくなる。いわば、地方を金で縛り、原発の潜在的危険性の補塡をするという構図である。また、原発自体が一定の労働力を必要とするので、就職の安定性という観点からも、原発の重要性が高まる。政府は、石油ショックに揺れた一九七〇年代以降、このようにして、原発を地方に設置しやすいような政治体制を積極的に推し進めてきた。本来なら、複数の理由[13]によって原発に依存しない方が好ましい社会体制だというのはほぼ明らかなのに、既にそれによって行政をまかなう市町村にとって、またそれを生活の糧としている人々にとって、原発はなかなか手を切れない腐れ縁の相手のようなものになる。その中で生きる人々に若干微温的な依存体質が見られたとしても、その状態を産み出したのは政府である以上、やはり政府の責任は重いといわねばならない。ところで、その依存体質もまた、或る特定の人口集団全体の行動様式への巧みな調整の効果なので、〈生政治〉的な問題構制（プロブレマティク）と関与的なものだといってもいいのである。しかも、その依存体質の陰には、厳然として存在する事実、つまり政府や電力会社などの再三の宣伝にも拘わらず、原発には、周辺住民への健康被害や環境悪化という負の効果が必ず伴うという事実がついて回る。ここにも、生政治を通した死政治の顔が見て取れる。

それは、「若干の危険はあるかもしれないが、その危険のおかげでお前の町は豊かに潤い、お前自身や友人、家族なども職を得ているのだから、その危険は甘んじて受容しろ」という暗黙の命令でもある。小さな死の混ざった生への誘（いざな）い。生政治と死政治の混淆である。

これは、いわゆるリスク論の考え方ともどこか通底しているところがある。だからこそわれわれは、特に原発事故の勃発後しばらくの間、リスク論的な言説を何度も耳にすることになった。「汚染された＊＊を仮に毎日一年間食べ続けたとしても、＊＊一回分程度の被曝」云々という例の言説だ。それは科学者の口からだけではなく、政治家の口からも漏れた。例えば二〇一一年三月一九日の記者会見で、枝野幸男官房長官は、福島県内で採取された牛乳と茨城県産のホウレンソウの検体から、食品衛生法上の暫定基準値を超える放射線量が検出されたという事実を報告した。事故後約一週間の時点での官房長官の会見であり、全国民が固唾をのんで事態の成り行きを見守っていた頃のことだ。そして枝野は、この事実報告に続いて、その放射線量がどの程度のものかを説明する際に次のように述べた。その時に検出された濃度の放射性物質を含む牛乳を仮に日本人の平均摂取量で毎日一年間飲み続けたとしても、その被曝量はCTスキャン一回程度のものであり、ホウレンソウについても日本人の年平均摂取量で一年間摂取したとして、CTスキャン五分の一回分程度のものだ、と。これはまさにリスク論言説のスタイルそのものだ。CTスキャンという、医療目的の外部被曝と、日常的食品を摂取することによる内部被曝の違いは見事に無視されているとはいえ、とにかく、ここに見られる発想の根底には、「少しくらいの危険性は、それを補ってあまりあるだけの利便性や利益があるのだから、我慢しろ」という、〈生き生きとした生のための、小さな死の受容要請〉があるというのは否定しがたい。仮にその〈生き生きとした生〉なるものが、とりあえずは経済活動としてしかイメージされていないとしても、である。

そしてこの文脈で再び確認しておくなら、主として金銭的なインセンティブによって動かされた国民自身が、その生政治・死政治体制の中に半ば積極的に関わり続けるという構図が、既に出来上がっていることだ。生政治を、純粋に一部の中枢機関の陰謀論のようなものとしてだけ理解するわけにはいかないのは、この辺りの事情から来るのである。何かを本質的に変えようとしても、どれだけ難しいのかがよく分かる。また重要な政策を行う時には、来るべき時が来たという判断が醸成されれば、全員一致の賛成は諦めるという決断が同時になされなければならない。程度の違いはあるとはいえ、深い闇と、闇がかった陰とが点在するこの社会の中で、それらすべてにいい顔をしながら、健全な政策を遂行することはできない。〈生政治〉あるいはそれに随伴する〈死政治〉の主体がどこにあるのか、という困難な論点は、また別の機会に掘り下げなければならないだろう。

(D)さて、少し視点を変えた話をしよう。この原発問題に限らず、われわれは時に〈情報操作〉という言葉を見かけることがある。ところで、例えば次の事実は情報操作なのだろうか、それともそれでさえない、偏向情報のなれの果てなのだろうか。

二〇一一年九月一日、読売新聞は、八月末に経済産業省所管の財団法人、日本エネルギー経済研究所が原子力の発電コストと火力発電のコストとを比較し、試算した結果、たとえ福島原発事故の賠償金を含めたとしても原子力の方が火力よりも安価になると発表した、と報じた。ただし、記事本文の冒頭には、電力会社、電力卸会社の各社が再処理費、廃炉費用などに積み立てている額をベースにした試算であり、将来、その処理のために実際にかかる費用とは異なる可能性があるが、ここでは賠償額を一〇兆円と仮定した上での計算だ、という留保が付いている。

この形ばかりの留保でさえ既に言い訳的に響くが、われわれはこの種の〈試算〉をあまりに何度も聞かされ過ぎたとはいえないだろうか。原発の費用を少しでも小さくみせようとし、また原発事故の規模を少しでも小さくみせようとすること。これはちょうど敗戦情報を隠し続けてきた大本営と同じであり、この八月三一日付けの試算なるものも、まさに〈大本営原子力ムラ〉の悪あがきにしか響かない。しかもそれは、一応の外観は数字を使った判断なので、客観性の相貌を備えているだけにたちが悪い。また、政府の中枢官庁に関係の深い財団法人が公表している試算である。さらにいえば、それを読売新聞という日本有数の大新聞が発表しているのだ。

しかし、それらすべてを考慮に入れてもなお、この試算なるものが、あまり信用がおけないという印象に変わりはない。[14]賠償額の算定基準が既に怪しげなものだし、そもそも日本エネルギー経済研究所なるものが、どの程度独自の独立した判断をできる機関なのかも定かではない。また、仮にその試算を鵜呑みにしたとして、だからどうだといいたいのか。絶対にないとは既にいえなくなった大事故がもし将来また起きたとして、その時の周辺住民への被害の甚大さ、賠償の重さや広範さなどを考えるなら、仮に原子力のランニングコストが火力よりも若干安いなどということが事実だとしても、それによって原子力を推進する理由などにはならない。[15]原発は、註13で述べた理由によってだけではなく、健康政策的にも経済的にも、割に合わないのだ。

ただここで私が強調したいのは、次の点である。この種の試算が、「だから原子力は日本経済のためには必要だ」と主張したいがためになされるものであり、しかもそれを報道するのが、読売新聞のようにほとんどごり押し的に原子力推進のためのキャンペーンを張るマスコミである場合、そこで公表される試算がほとんど信用されないことがもつ有害性に、関係者たちは気づいているのか。政府系の研究機関、そして大新聞、これらは共に、本来なら中立的な公益性を重要な規範として自己を律するものであるはずだ。ところが事実上はそうではなく、特定の利益集団や権益集団のスポークスマンに成り下がっているというのは、実は極めて重大なことなのだ。

面（おもて）だった、表面的には権威を抱えた言説空間の中でただ言葉だけが踊り、それを誰も本気では信用せず、より信用がおけるものを、ツィッターなどの多極分散的な情報源から探そうとする人々が増えること。それは実は、いままでの議論と矛盾するようだが、事実上、〈生政治〉的な志向性が、既にそれほどうまくはいかなくなっていることの徴表でもある。誰もが、公的機関の言葉を鵜呑みにはできないという直観に導かれるとき、生命のより直接的な感覚に導かれて、各人各様に自分に必要な情報を探し求め、異なる情報を比較し、判断して、行動に移る。その方向性は総体としてはほぼ予見しがたく、その意味で、〈生政治〉的企図を依然として権力中枢が抱えていたとしても、その完全実現性は乏しいものになりつつあるといわねばならない。その最大の理由は、半世紀遅れのようにして繰り返される、その大本営的な体質の中にある。〈生政治〉の頓挫は、半ば自業自得的なものなのだ。

（E）しかし、だからこそ権力中枢は、それを執拗に継続し、完全性に近づけようとする。そこで気になるのが、〈放射能教育〉である。

二〇一一年八月二〇日付けの読売新聞はその社説の一つで放射能教育を扱っている。それはまず、放射能に関する「いわれなき差別や偏見」について触れることから話を始めている。確かに、その社説にもあるように、福島県からの転校生がクラスメートに仲間はずれにされるなどというのは、まるで根拠がない、被害者をさらに踏みにじるに等しい行為だ。事故直後で、例えば衣服や毛髪が極めて汚染されているというのでもない限り、放射能が人に感染（伝播）するのはありえないということを、正しく理解するのは大切なことである。

そのような意味でも放射能教育の充実を図ることが急務だという論調に、私とて特に異論はない。この放射能教育は、ゆとり教育による理科の授業時間の削減のあおりで、もう長い間実施されていなかったのが、今度二〇一二年春から三〇年ぶりに復活するということが、中学校の学習指導要領の改訂を受けて既に決まっていた。それが図らずも、今回の原発事故と重なることになったわけだ。もう一度いおう、放射能についての正確な知識に早くから触れさせることに異存はない。ただ、その一方で少し気になることもある。

例えば原発事故以降、従来の放射性物質の安全性に関する基準が厳しすぎるのではないか、というような声が、ちらほらと聞こえてきたということがある。また、例えば荒茶で放射性物質が基準値を超えたとしても実際に飲む時にはその濃度は下がるのだから問題ないというような議論があったという事実もある。そのような状況の中で、〈放射性物質の危険性〉という健全な意識が、子供に一種の〈リスク・コミュニケーション〉を系統的に浴びせかけることで、かえって鈍化させられてしまうという懸念があるのだ。放射能教育という名の下に、「放射能は人がいうほど怖いものではなく、事実上はそれほど気に留めることもない」というようなニュアンスのメッセージが、一見中立的で科学的な説明の周辺に漂うことになるとき、それは、〈放射能国家〉の次世代の担い手を育成するという、奇妙な枠組みの中に、初等・中等教育が組み入れられることを意味しうる。[16]事実、先の読売の社説にしても、不当な差別に警鐘を鳴らした後、次のように続いている、「放射線は大量に受けると人体に悪影響が及ぶ。危険な印象もあるが、使いようによっては、レントゲンやがん治療など役に立っている例もある。宇宙や大地などからの放射線もあり、人は日常的にある程度の放射線を浴びている。こうした知識は、福島県民や福島からの避難者に対する偏見を解消し、過度な不安による風評被害を防ぐことにつながろう。」――これは一体どういうメッセージなのだろうか。自然界の放射線と原発の放射線では、そもそも比較対象にすること自体、ミスリーディングな要素の方が強いという事実があるにも拘わらず、この種のレトリックは事故後、何度も使われた。また「過度な不安」というが、この〈過度〉という言葉がもつ本性的な融通無碍性には、より敏感になっておいていい。一体、誰が〈過度〉と〈適度〉の閾値を定めるのだろうか。

子供たちに放射能や放射性物質の意味をまずは正確に伝えるというのが本義であることは間違いない。ただ、放射能が生物の遺伝システムに重大なダメージを与えるという根源的事実は、やはり強調して教えてやるべきであり、その意味では、放射能教育は、放射能の恐ろしさを重点的に伝えるものであるべきだということは忘れられてはならない。しかし、上記のような社会的文脈の中では、下手をするとその逆に、「大したことはないのだからあまり気にするな」というメッセージを伝達するための教育的装置に化けてしまう可能性がある。死政治を背後に控えさせた〈生政治〉の狡知が、ここで系統的に作動するようなことを、われわれは阻止する意思を表明し続けなければならない。経済活動が大事だというのはよく分かるが、それは、子供時代から既に、周囲環境に一定の放射性物質が存在することを認容するような人間を育成することとカップリングしても構わないほどに、至高の価値だとはいえない。人知れず体を壊し、まだ若い内に他界する子供を見て見ぬふりをするような社会が、いったい何の〈繁栄〉を誇れるというのか。われわれはやはり、そろそろ目を覚ますべき時ではないのか。

(F) それでもまだ、〈放射能国家〉がそう簡単に自己の非を認め、回心してくれるとも思えない。そんなに簡単に回心しては〈ならずもの国家〉の名が廃るというものだ。恐らく今後も〈ならずもの国家〉は既得権益の保護に十全の努力を払い続け、湧き出る異論を全力で潰し続けようとするだろう。しかし、さすがにこれまでほどに簡単にはいかないだろうが。

或る場合には、放射能も一種のギャグにさえなっている。フジテレビ系列の東海テレビ放送が、二〇一一年八月四日午前、番組で実施した岩手県産米プレゼントの当選者のことをフリップで「怪しいお米 セシウムさん」と表記して放映するという放送事故があった。事故以前にはその物質名さえ知らなかった人が多かったはずのこの国で、セシウムはギャグの材料に祭り上げられた。しかもわれわれの主食である米と関連づけられて、である。この事件自体は馬鹿らしさと軽薄さが先に立ち、それほど問題視するにはあたらない。しかし私には、この種の逸脱事例が社会の至るところで散発的に現れるということは、今後、多重的な内部被曝に晒され続けていかなければならないわれわれ国民にとって、一種の心理的馴致過程の徴なのではないかとも思える。そんな風にして、知らず知らずのうちに、放射能で汚染された土や海、食物などに囲まれていることに慣れてしまうという風景、そんな風景が自然に想像されるのだ。事実、既に、事故からしばらくすると、放射能を気にしていろいろな言動をする人のことを揶揄したり、煙たがったりするという傾向が散見されるようになっている。〈自己の生に対する健全な配慮〉が、まるで〈社会体制への無関心や不適格性〉を意味するとでもいうかのように。

しかし、慣れたからといって、だから何だというのか。それはあくまでもわれわれの心理的防衛反応の一つにすぎない。心理的に防衛が強固になったとしても、そのことと、われわれの遺伝システムにとって放射性物質は依然として危険極まりないものだという事実とは、関係がない。むしろそうやって心理と生理の乖離が進んでいく中で、また、従来の〈ならずもの国家〉の行動様式からの推定で、知らない内に徐々に汚染許容基準の数値があげられていき、基準以内ということで多少の汚染は報道さえされなくなるという可能性も見通せる中で、われわれの身体は、汚染物質に塗(まみ)れながら生き続けざるをえないという状況に置かれることになるのかもしれない。日本人のかなりの割合の人々が、放射性物質の影響を多少なりとも受けながら、ほとんど意識しない内に自らの遺伝コードに微小な亀裂や逸脱を抱え込んでいくのかもしれない。

正常な発生や成長からの微妙な逸脱――その可能性が今までよりも大きくなることが常態的なものになるとき、日本人はその状態を或る程度納得しながら受容していく可能性さえある。既に七〇年前後も前の原爆体験が、あたかも〈聖痕〉のように、われわれ日本人の身体に刻印されているとでもいうかのように。今回の放射能汚染も、いわば、その〈聖痕〉の在処を、改めてわれわれ日本人に意識化させるものだとでもいうかのように。生理の微妙な亀裂と、異常性の微小表象。その行き着く先が、どんな世界になるのか、残念ながらそれは、私にもあまり想像がつかない。ただ、逆にいうなら、現時点で既に次のことは確言できるように思えるのだ。〈父〉が自分の権益や利権にしがみつきながら〈子〉の命を軽んじる国家、なりふり構わぬ凶暴さを露わにする〈ならずもの国家〉にして〈放射能国家〉——ありがたいことに、そんな国に健全な未来はないということである。目先の経済活動や利潤を最優先させ、先人たちが長い時間かかって築き上げてきた文化を一つひとつ瓦解させながらジタバタし続ける国家。子孫に少しでもましな状態で国土や文化を引き渡すことを、ほとんど意に介しもせず、その場その場での狂奔的な悦楽に浸り続ける国家。文化を踏みつぶしながら金を稼ぐのも結構だが、その有り余った金でいったい何を買うのか。国土や水を汚し、さらには、人の心までも汚染する国家。

近未来の日本は、尾羽うち枯らしたそのざまを、ひょっとすると全世界に晒しながら、ゆっくりと、あるいは急速に衰退していくのかもしれない。なぜなら、ならずものの最期が泥まみれなもの、汚辱と屈辱にまみれたものになるというのは、半ば織り込み済みのことだからである。

（二〇一一年九月三日脱稿[17]）

註

（1）二〇一一年四月一二日、原子力安全・保安院は今回の事故評価をＩＮＥＳ（国際原子力事象評価尺度）に基づいて最悪のレベル七に引き上げた。それは一九八六年に起きたチェルノブイリ原発事故と同じ評価になる。事故直後の三月一二日には局所的影響のみをもたらすレベル四と評価していたことに注意しよう。それでも四月一二日前後のテレビ報道などでは、チェルノブイリの一〇％前後に留まるということを強調する論調が多かった。とにかく小さく見せたい、と、国を挙げての判断誘導である。

（2）他の放射性物質に関してはとりあえず度外視するが、もちろん細かく見るなら他にもいろいろな物質が四散した。特にプルトニウムについては、東電は原発敷地内に若干見つかっただけという情報しか提供していなかった。しかし八月末に、経済産業省があまり目立たない形で飛散物質の種類を公表した中に、プルトニウムも含まれていた。その意味を考えるなら、やはり暗然とした気持にならざるをえない。

（3）これを間接的に傍証するものでしかないが、次のような事実もある。ＮＲＣ（米原子力規制委員会）の事務局長は二〇一一年五月二六日、福島では事故勃発から数日後にはメルトダウンが起きたことを確信していたと語った。燃料の損傷でしか起こらないような高い放射線量のデータを手にしていたからである。日本政府でも、少なくともその一部では重大な事故が起きつつあることの認識が早くから存在したはずである。しかしそれを公表しなかったのである。

（4）責任というなら、基本的には〈脱原発〉の考えをもっていながらも、五〇代までほとんどこの問題について発言もせず、そのままやりすごしていた私にも責任はある。だが、その責任の程度は、国家や電力会社、専門の科学・技術者集団とはやはり違うと、ここできちんと述べてもいい、と私は考えている。さもないと、われわれ国民全員が多少なりとも責任を負うという議論、つまり誰も決定的には責任を取らなくて済むという議論に到達してしまう。謙虚に、また、自己批判性を働かせて自分の判断に留保を加えるのは慎重で好ましい態度だが、この種の問題については、その謙虚さがかえって仇になるという可能性も忘れられてはならない。

（5）当たり前のことだが念のために附言しておく。これはあくまでも一般的な言明である。すべての科学・技術者集団、すべてのジャーナリストが駄目だ、とか、そういうことを言っているのではない。そんなことをいうだけの根拠をもつ人は恐らく誰もいまい。例えばフリーのジャーナリストで頑張っている人は何人もいる。だが、その一方で読売新聞などの大ジャーナリズムは、あまりに判断誘導的な報道が多すぎないか。正力松太郎の伝統を保護したいという気持ちは分かる。だが、それはあくまでも私的なことであり、公器としての大新聞の自覚をもっともってほしい。他方で、権益保護の姿勢が目に余る東大系の学者の中にあって、例えば児玉龍彦の発言、特に衆議院厚生労働委員会での二〇一一年七月二七日の発言には、久々に心を熱くした。京都大学の小出裕章の活躍にも世間の注目が集まったが、それは当然のことだろう。こんな科学者たちが何人も出てくるような、そんな科学界であってほしい。

(6) その後、さすがに思うところもあったのか、班目は二〇一二年九月に原子力安全委員会委員長を退任している。

(7) 二〇一一年八月末での発表に依れば、福島原発第一号機から第三号機により放出されたセシウム一三七の量は、広島原爆の約一六八個分ということだった。もちろん被爆と被曝の様式の違い、時間性の違いなど、数多くの差異があり、そのままの比較考量はほぼ無意味だ。ともあれ、とにかく大量の放射性物質が放出されたという事実は厳然として残る。しかも、この数字自体、その後多くの揺れによる修正請求がなされている。

(8) フランシスコ・デ・ゴヤ (Francisco de Goya, 1746-1828) のあの凄まじい絵画、『我が子を食らうサトゥルヌス』が、どうしても脳裏をよぎる。

(9) 私は拙著『〈生政治〉の哲学』(金森：二〇一〇) の中でアレント (Hannah Arendt) の言葉などを引きながら、〈生政治〉的な反自然主義は人間の生命そのものを至高の価値とはしない、という趣旨の考え方を提示した。それは、生命そのものではなく、愛、勇気、正義、公共性など、生命とは必ずしも同方向をもたない価値が中心軸になって、その価値域の内部に住む人間の行動に影響を与えるということを、主に念頭に置いた言葉だった。ところが、これほどあからさまに人命軽視の思想が展開されるのをみるとき、私なりの反自然主義にも一定の留保をつけざるをえない。棄民思想が大手を振るって歩き回るような国家の中に住む人間は、一人ひとりの命の尊さという、実に古典的な価値を強調せざるをえないのだ。まさに「身捨つるほどの祖国」は、いったいどこにあるのだろうか。

（10）事実、二〇一一年八月三〇日付けのニュースで、福島原発事故を原因とする、放射性セシウムによる土壌汚染マップが公開されたと報道された。それによると、立ち入りが制限されている警戒区域や計画的避難区域で、チェルノブイリ原発事故での強制移住基準を上回る汚染濃度が測定されたのが六市町村、三四地点にのぼるという。チェルノブイリの場合、ほんの数日で強制移住が行われた。それは強制ではあったので、その時の住民からの反発や反抗、逡巡や哀願はあったかもしれない。しかしそれが結果的にその住民の健康を配慮したものである以上、国策としては的確で、或る意味で当然のものだった。それに対して日本の場合はどうか。最悪の場合にはチェルノブイリ以上の汚染がありうることにうすうす感づきながら、政府も、科学者集団も、最も危険な時には「大丈夫、大丈夫」という鎮静言説を垂れ流し、五ヶ月以上もたってからの、今更ながらの公表である。確かに、直後にパニックは起きなかった。だがそれは、住民たちの健康や生命を二の次に考えたという結果から来ているものとしか思えない。何度でも言おう、まさに〈ならずもの国家〉そのものではないか。テレビの映像資料や新聞など、これら一連の資料はそのまま客観的に残っていく。今後、どこかの外国機関または外国の研究者が、これら一連の報道や政策、対応のあり方などを客観的に分析し、検証していけば、そして将来蓋然的に起こりうる多くの晩発性障害のことも考えて総合的に検証するなら、〈ならずもの国家〉のならずもの性は、全世界に実証的に晒されることになる。いざとなると国民を捨てる政府、いざとなると国民を騙し、無理にでも大人しくさせ、その場をやりすごそうとする政府——そういう描像が世界に晒されるのだ。これは、ほとんど取り返しの付かないダメージではなかろうか。

（11）拙著『〈生政治〉の哲学』（金森：二〇一〇）第一章第一節(C)を参照せよ。私が〈アルシ・生政治学〉と呼んだ、フーコーのこの概念についての原初的定義は、概略、次のような内容をもっていた。

生政治学とは、個人個人の性質や行動様態を規定するというのではなく、集団レベルでの特性を統計的に把握し、その全体的調整をしようとする新しいタイプの権力・政治、そして結果的に個人を生かすという効果を随伴する権力・政治のことである。〈生政治〉とは「死なす」から「生かす」へと移行する権力形態であり、規律訓練論とは対比的に捉えられた、「生命の調整的テクノロジー」とでも呼べるものである。

（12）電源開発促進税法、特別会計に関する法律、発電用施設周辺地域整備法のこと。

（13）例えば次のような理由である。原発は、その潜在的危険性のために、人口密度の相対的に少ない場所に建てられ、そこから大都市に電力を供給するという構図をもつ。例えば福島県民が危険性をかぶることで、東京都民が電気を享受する。しかしそれは正義に適うことなのか。また、原発は孫請け、孫孫請けなどの多重的な担い手が、その運転に関わっている。彼らは場合によっては臨時作業員でしかなく、その訓練も知識も充分ではない。またその報酬さえ、中間搾取の対象になる。そして例えば東京電力の正規の社員よりも、遙かに危険な作業につく可能性が高い。これもまた、正義に適っているとはいえない。それは環境正義的ではない。また、原発の大量の廃棄物は、長期間の厳重な保管や管理が必要になる。それは現行世代の電力享受のつけを未来世代に払わせることを意味している。それは環境倫理学的にも、正義に悖(もと)っている。さらに、原発は潜在的な戦略目標にさえなる。もし敵国が我が国の領土を戦勝後使おうという意図をそれほどもたない場合、敵国は例えば福井県などの原発密集地帯に複数発の高性能ミサイルを撃ち込むことがありうる。その場合、迎撃システムがどれほど完全なものであっても、一〇〇％迎撃が成功しない場合、つまりわずか一発でも原発に命中するだけでも、その損害は破局的なものになり、その後とても戦争を継続することなどは無理になる。原発は、プルトニウムが潜在的な核爆弾準備になるから軍事上重要だなどという意見があることを仄聞(そくぶん)するが、事実上は、その逆である。原発は軍事的にも自国にとって危険極まりない攻撃目標なのだ。つまり原発は軍事的にも有害なのである。

(14) その後、この種の〈試算〉の恣意性を改めて確認させるような経緯もあった。二〇一一年一二月一四日付け、朝日新聞の報道によれば、野田政権のエネルギー・環境会議、コスト等検証委員会の試算によると、従来とても安いと見做されていた原発関連の費用が大幅に見直され、一定の社会資本の整備や条件さえ整えば、火力、風力などの他の手段との間のコスト差がそれほど変わらないものになったというのである。繰り返しになるので詳説はしないが、要するに、変数の選択や組み合わせ、条件設定などに微妙な匙加減を加えることで、最終的な数値などは、かなりの程度変えることができるというのが、改めて確認されたのだ。〈客観性の顔をした政治性〉のもつ一種の恐ろしさであろう。

(15) しかも一般に、原発の費用をそのランニングコストだけで試算するのは全く不合理である。ウランなどの採掘、また厖大な汚染物質の運営・管理、処理施設建設などの経費も込みで試算をしなければ、ほとんど意味がない。

(16) 事故の前にも新聞などで、いろいろな（あまり批判意識のない）文化人を使って「放射能は正しく怖がることが大事」云々というような言説を垂れ流し、事実上は原発依存体制の保護という姿勢を貫くという様子が、何度もみられた。これは大人を対象にした〈原発教育〉のようなものだった、といっては言い過ぎだろうか。

(17) 第一三章と同様の理由のために脱稿の日付を明示しておく。また、同年一二月末には若干の加筆修正を行った。

参考文献

安斎育郎（二〇一一）『福島原発事故』かもがわ出版
飯田哲也・鎌仲ひとみ（二〇一一）『今こそ、エネルギーシフト』岩波書店

飯田哲也・佐藤栄佐久・河野太郎（二〇一一）『「原子力ムラ」を超えて』ＮＨＫ出版
石橋克彦編（二〇一一）『原発を終わらせる』岩波書店
ＮＨＫ「東海村臨界事故」取材班（二〇〇二）『朽ちていった命』新潮社
金森修（二〇一〇）『〈生政治〉の哲学』ミネルヴァ書房
金森修（二〇一一ａ）「カズオ・イシグロ『わたしを離さないで』：〈公共性〉の創出と融解」、『現代思想』七月臨時増刊号、pp.86-89.
金森修・近藤和敬・森元斎編（二〇一一ｂ）『ＶＯＬ　５：エピステモロジー』以文社
金森修（Osamu Kanamori）（二〇一一ｃ）« After the Catastrophe --- Rethinking the Possibility of Breaking with Nuclear Power”,『HiPeC 国際平和構築会議 2011』、広島国際会議場、二〇一一年九月一八日の講演
鎌田慧（二〇〇一）『原発列島を行く』集英社
小出裕章（二〇一一ａ）『原発のウソ』扶桑社
小出裕章（二〇一一ｂ）『原発はいらない』幻冬舎
佐藤栄佐久（二〇一一）『福島原発の真実』平凡社
佐野眞一（二〇一一）『津波と原発』講談社
高木仁三郎（一九八一）『プルトニウムの恐怖』岩波書店
高木仁三郎（一九九九）『市民科学者として生きる』岩波書店
高木仁三郎（二〇〇〇）『原発事故はなぜくりかえすのか』岩波書店
田中光彦（一九九〇）『原発はなぜ危険か』岩波書店
広河隆一（一九九一）『チェルノブイリ報告』岩波書店
広瀬隆（二〇一一）『福島原発メルトダウン』朝日新聞出版
藤田祐幸（一九九六）『知られざる原発被曝労働』岩波書店

堀江邦夫（二〇一一）『原発労働記』講談社
宮台真司・飯田哲也（二〇一一）『原発社会からの離脱』講談社
矢部史郎（二〇一〇）『原子力都市』以文社
吉岡斉（一九九九）『原子力の社会史』朝日新聞社
吉岡斉（二〇一一）『原発と日本の未来』岩波書店
ラジャン、カウシック、S.（二〇一一：原著二〇〇六）『バイオ・キャピタル』塚原東吾訳、青土社
Agamben, Giorgio (1997a) *Homo Sacer*, Paris, Seuil.
Agamben, Giorgio (2003a) *Etat d'Exception*, Paris, Seuil.
Agamben, Giorgio (2003b) *Ce qui Reste d'Auschwitz*, Paris, Payot & Rivages.
Agamben, Giorgio (2006a) *L'Ouvert*, Paris, Payot & Rivages.
Agamben, Giorgio (2008a) *Le Règne et la Gloire*, Paris, Seuil.
Foucault, Michel (1961) *Histoire de la Folie à l'Age Classique*, Paris, Plon.
Foucault, Michel (1975) *Surveiller et Punir*, Paris, Gallimard.
Foucault, Michel (1976) *La Volonté de Savoir*, Paris, Gallimard.
Foucault, Michel et al. (1979) *Les Machines à Guérir*, Bruxelles, P.Mardaga.
Foucault, Michel (1997) *« Il faut Défendre la Société »*, Paris, Gallimard.
Foucault, Michel (1999) *Les Anormaux*, Paris, Gallimard.
Foucault, Michel (2003) *Le Pouvoir Psychiatrique*, Paris, Gallimard.
Foucault, Michel (2004a) *Sécurité, Territoire, Population*, Paris, Gallimard.
Foucault, Michel (2004b) *La Naissance de la Biopolitique*, Paris, Gallimard.

第一五章　公共性の黄昏

「われわれは絶壁が見えないようにするために、何か目をさえぎるものを前方においた後、安心して絶壁のほうへ走っているのである。」

（パスカル『パンセ』一八三番、前田陽一・由木康訳）

第一節　瀕死の共同体

もう駄目なのではなかろうか。そう感じることが、最近ときどきある。本章に与えられた課題は〈大学の危機〉について議論するということだ。しかし、それを直ちに開始する前に、或る迂回路を通らざるをえないので、しばしの猶予を戴きたい。

（A）一年前にはほとんど想像もできなかったほどの量の放射性物質を環境中に放出し、一時期より減っているとはいえ、依然として放射性物質を垂れ流す状態が続く福島第一原発。施設地下からの漏出も考慮に入れれば、二〇一一年一〇月現在でもまだ海への流出は続いているはずだ。[1]放射性物質の危害は、すぐ傍で働く作業員を除けば、晩発性のものを中心に懸念されると述べて構わないので、国民、または全世界に与えるダメージは向こう二、三〇年でゆっくりと、散発的に発現してくるはずだ。だが、近未来、どこかの病院で癌や白血病などの疾患で力尽きようとする個別の患者が、実際に今回の被曝のせいでその病に倒れたのか、それともそれ以外の個人的履歴のせいでそうなったのかは、特定が極めて難しいものだというのは間違いない。放射線障害がもつ、この時間軸のズレと因果性特定の困難さをむしろ一種の〈利点〉として、当局や関係者たちは、現在をやり過ごそうとしているのではないか――そう推定せざるをえないような言動があまりに多すぎる。確かに東電や政府は一定額の補償を一部の被災者に支払おうとしているとはいえ、ダメージの総体、つまり可能的被災者全体の特定など、誰にもできるわけはない以上、実際の近未来的被害と、それへの補償との間の落差は、恐らく想像以上のものになるだろう。昔から何度も、日本人はなかなか責任を取らないとか、責任の所在をはっきりさせようとしないとかは、よく言われてきた。その評価そのままに、最終的には「知らぬ存ぜぬ」を決め込んだ方が勝ちだとでもいうかのようだ。

どこか本性的に貧しいのか、それとも貧困への恐怖感を煽る多様な〈社会技術〉が功を奏しているのか、われわれ日本人は、その日その日の綱渡りのような日常性をなんとか継続していくだけで精一杯だ、と自ら思いこんでいるふしがある。その傾向も、放射線障害の障害性を隠蔽し目立たなくするのに手を貸している。確かに放射性物質は体に悪いのかもしれないが、いまこの時を生きるのが精一杯のわれわれにとって、何年、いやひょっとすると何十年も後の病気の可能性などに構ってはいられない。どうせいつかはあの世に行くのだから、いまこの時のパンの方が遥かに大切なのだ——そんな声が聞こえてきそうだ。事実、原発事故の勃発直後には、関東圏の知事数人が、政府に、現在の食品安全基準値が厳しすぎるとして、より緩和した基準値を設定するように求めている。基準値を緩くすることで、汚染された食品はいつの間にか「危険ではない」ということになり、それを国民各人が知らぬ間に食べ続けることになる。個人の命はともかく、何よりも産業保護をという社会的圧力の方が重視される。かつて、水俣病やスモンなどの災禍を何度も経験してきたはずのわれわれが、歴史から学ぶ最良の教訓は、過去の失敗を忘却し、あたかも「最初に遭遇した災禍なので充分な対応がとれなかった」という姿勢を取る方が責任逃れをしやすいから好ましい、とでもいうかのように。

確かに「現在のことで精一杯」という生活感覚が全く無意味だとはいえない。しかし、放射線障害は、特に赤ちゃんや幼児、子供や若者に対して有害性が激しいという事実があるとき、自分がそのカテゴリーに入らない場合、それを無視して現在性や日常性に執着するのは、間接的な弱者無視を意味することになる。「弱者を保護する」という古典的な規範は、別に現実離れした奇麗事ではない。われわれの誰もが、かつては赤ちゃんだったわけだし、誰もがいずれは年老いて弱まっていく。また、いつどのような病気に罹るかも分からない。〈弱者〉とは、折に触れて姿を見せる鬱陶しい〈他者〉というよりは、各人の中に潜む〈可能的自己〉である。弱者への配慮を全く欠いた社会は、〈冷たい社会〉という形容が白々しく響くほどに凄まじい様相を呈する社会、自己の延命という最低限の生物的本能を満たすだけでも、各自が苦闘せざるをえない社会になるはずだ。

　ところが、放射線障害というそもそもの災禍を引き起こす元となった原発、その原発問題に関する限り、そんな凄まじい社会は、ただの理論的可能性というよりは、半ば現実化しているのではないかとも思いたくなる。三・一一以降の福島第一原発の状況、そしてそれを契機にいろいろな位相で顕在化してきた原発が抱える構造的問題が多くの論者によって指摘されているにも拘わらず、例えば二〇一一年九月七日の、わざわざ普段の二倍の量にした読売新聞の社説を想起してみよう。「展望なき『脱原発』と決別を」と題されたその社説は、菅直人前首相が「唐突に」示した「脱原発依存」を安易なものだと形容し、電力を「経済の血液」と位置づけながら、安全が確認された原発を再稼働させる方針を示した野田佳彦首相を或る程度評価するというところから話を始める。そして、電力不足は産業界の経済活動には重荷になり、各家庭の節電努力だけではとても充分ではないこと、また、もし電力不足分を火力発電で補塡しようとするなら、高い燃料費のために電力料金は各家庭で約二割、産業界では四割近くも値上がりするという試算を掲げる。さらには野田首相がこれ以上の原発の新設は「現実的に困難」だという判断をし、それを受けて鉢呂吉雄経済産業大臣が近い将来、基本的には「原発ゼロ」になるだろうという見通しを示した事実を受けて、新設断念は時期尚早に過ぎると主張している。国内での原発新設は、原発輸出にも有利に働き、原子力技術をこのまま衰退させることは好ましくない、また原発で出てくるプルトニウムは「潜在的な核抑止力」になるとも述べている。そして以上のような立論の後で、野田首相は「感情的な『脱原発』ムード」に流されず、従来のエネルギー政策を推進していくべきだという論調で社説を結んでいる。

この社説の内容に各個撃破的な反論を逐一するのはやめておく。それにしても、原発を稼働させることで溜まっていくプルトニウムが「潜在的な核抑止力」になるという議論は、あまりに現実離れした話ではないのか。それに電気料金が産業界では「四割近く」も上がるという試算なるものも、いったいどこの機関がどのような根拠に基づいて行ったものかの明示はなく、しかもその種の試算なるものが、データ処理の匙加減で大きく変動するという様子をいままで何度も見過ぎてきたわれわれには、その数字をそのまま鵜呑みにすることは到底できない。

そもそも、この社説は、核廃棄物最終処理の見通しもまるでたっていないこと、原発は相対的に過疎地帯の人々に危険を負わせながら大都市圏の人々が電力を享受するという環境正義に齟齬する構造をもち、原発稼働のためには下請けや孫請けの作業員が危険労働を強いられるという不平等構造をもつこと、今回の事故での補償額や、それを受けた安全性向上の方針によって原発維持のためには極めて高額の費用を必要とすることなど、原発にまつわる多くの負の側面の指摘に、全く答えていない。原発は、科学的にも、倫理的にも、経済的にも適切なシステムではない。さらにいえば、上記の「潜在的な核抑止力」という奇怪な立論を一蹴する現実的な危険性がある。つまり、原発は戦争の際、または平和時のテロ行為の、格好の攻撃目標になりうるのだ。敵が、領土的拡張意志をそれほどもたず、とにかく相手方の戦闘能力を減殺したいという意図だけをもつ場合、原発が何基も密集する地域に複数のミサイルを同時に発射する可能性は小さくはない。それを完璧に迎撃できない場合、つまり一発でも命中する場合、その結果は想像を絶するほど恐ろしいものになるのは目に見えている。原発は軍事的にも、治安的にも不適切なシステムなのである。[2]

このような複層的問題群を全く無視しながら、それでも原発維持に固執し、さらには原発新設さえも揚言する読売新聞には、いったいどのような根拠があるのか。正力松太郎の伝統を保護したいという感情的理由は分からないでもない。だが、それはしょせん私的なことではないか。読売新聞は購読者数が一千万人を超える大新聞として、本来、公共性を担うだけの自覚と内省力をもっているはずである。だが、こと原発の話になると、情報の選別と判断の、一定方向に向けた誘導という傾向が強すぎる。そう感じるのは私だけだろうか。[3]

（B）それに最近、少し気になる事件が起きた。いま挙げた読売新聞の社説が出た直後の九月八日、福島原発周辺を視察して戻った鉢呂経済産業相の〈失言〉が話題になった。まず翌九月九日、視察した原発周辺の市町村についての印象として、「市街地は人っ子一人いない、まさに死の街という形だった」という趣旨の発言をしたことが問題視され、すぐに謝罪に追い込まれた。さらにはその前の日、つまり視察当日の夜に、群がる記者の一人に「放射能をつけたぞ」と言ったという報道がなされ、それが不謹慎極まりないという批判の的になり、鉢呂は一〇日には辞表を提出することになったのである。しかし、この辞任劇にはいささか不審な点がある、と多くの人々は感じたはずだ。まず、福島周辺の市町村を「死の街」だと形容したことが、福島県民の気持ちを踏みにじるものとして、マスコミに問題視されたことだ。だが、これはどういうことなのか。マスコミは、それほど福島県民の気持ちを忖度（そんたく）し続けてきたのか。それならなぜ、事故勃発直後からの一連の動きの中で、原子力安全・保安院などの情報を受け流すだけ、またはテレビや新聞に、「それほど危険ではないから冷静な対応を」という趣旨のコメントをするだけの〈専門家〉たちを呼び続け、結果的には多くの人々を被曝させるという状況に、間接的に手を貸してしまったのか。それに、放射線のせいで人っ子一人いなくなった街は、まさに「死の街」というに相応しいではないか。それは比較的平凡な記述的表現なのである。「死の街」と形容した大臣を引き摺り下ろすのではなく、「死の街」を作ってしまった東電や政府のエネルギー政策をこそ、盛んに批判すべきではないのか、と事実、多くの人々が思った。確かに鉢呂の発言は立場上、若干配慮を欠いた嫌いはあるとはいえ、それが言語道断の言葉のように弾劾されるほど、非人道的な言葉だったとは考えにくい。しかも「放射能をつけたぞ」云々の言葉にしても、そもそも本当にその言葉をいったかどうかさえ、あやふやなのだ。ところが、そんなあやふやな情報を元に、その結果として、鉢呂大臣はまだ就任したばかりだったのに辞任せざるを得なくなった。

　そして鉢呂大臣が辞任してしまった後で、何人もの人々が次のような疑問をもった。鉢呂大臣がこんな辞めさせられ方をしたのは、彼が就任早々、原発政策について規模縮小と、最終的には「ゼロ」状態にもっていくという考え方を明示したから、それが〈原子力ムラ〉と俗称される権益集団の意向にそぐわなかったからではないのか、と。その疑念は、鉢呂大臣の辞任を受けて、後任として就任した枝野幸男新大臣が、九月一二日夜、経産省で会見し、定期検査で停止中の原発について、「安全性を確認しながら、住民の理解を得る努力をした上で稼働できる原発は再稼働する」とし、しかも、建設中または新規計画中の原発の稼働については「個別に判断する」

という見解を表明したということからも、なお一層強まるような雰囲気さえある。枝野の発言は、いま停止している原発を動かすというだけではなく、新たに原発を建設するという可能性も含んだ見解であり、それは〈原子力ムラ〉にとっては大歓迎だというのは明らかだからである。[4]

微妙な点なので、もう少し正確な表現をしよう。私自身は、鉢呂大臣の辞任劇が、或る特定の記者、そしてその背後に存在しうる特定の利益・権益集団の〈陰謀〉によるものなのかどうか、それを正確に判断するだけの材料も根拠ももっていない。私には分からないのだ。しかし、その後ウェブなどを調べてみると、比較的簡単に〈陰謀説〉に近い判断をとる人々の意見をみつけることができる。そもそもマスコミ自体が別に一枚岩ではなく、鉢呂大臣の辞任後に、よく分からない点があるという趣旨の発言をするキャスターもいた。

ここでの問題は次のようなものである。鉢呂氏の辞任が別に誰に仕組まれたものでもなく、結局は個人が不適切な言動をしたから辞めざるをえなくなっただけのことかもしれないし、そうではなく〈陰謀説〉を根拠づける裏事情があったのかもしれない。それは、私には分からない。しかし問題の本質はそこにはない。その種の陰謀があったのではないかという疑いが浮上し、それが一定程度人々の関心を引くだけで、充分重大な意味をもつのだ。もし万一、〈陰謀説〉が真実の一部をついているということがありうるなら、それは社会全体にとって実に重大な意味をもつことになる。なぜなら、その陰謀の片棒を担いだのが、他ならぬ特定の記者、または特定のテレビ局や新聞社など、ジャーナリズムの一部を構成する人々だということになるからだ。そのような疑いがほんの少しでも浮上することがもたらす効果は、ジャーナリズム全体にとって破局的なものである。新聞やテレビの関係者たちは、何よりも事実を報道し、それもできれば弱者や非権力者の視点に立ちながらそうするというのが、当然の職業的規範であるはずなのに、強力な権力と権益を抱えた特定集団の利に適うような傾向性に吸い寄せられ、その特定集団にとって好ましくないと思う人を引き摺り下ろす手伝いをするなどということがありうるなら、マスコミは、社会正義を後ろ盾にした重要な公共性構築という本来の任務を、自ら手放すことを意味するからだ。しかも、今回も、表面的には「福島県民の気持ちを踏みにじる、許しがたい言動によって鉢呂氏は辞任した」という正義漢の代弁者として、マスコミは振る舞っている。正義が陰謀とその陰影を互いにだぶらせるような事態――それは、かつてオーウェル（George Orwell）が『一九八四年』（一九四九）で活写した〈ダブルスピーク〉（doublespeak）を思わせる。

そうなったとき、実は、大変なことが起こる。誰も、文字通りには大手マスコミの言うことなどは信用しなくなる。確かに、程度問題を度外視するなら、そんなことは常に既に起こっていたと言って言えないこともない。だからこそ例えば、松本清張風の陰謀譚が多くの人々に一定のリアリティをもって読まれ続けてきた。そして昔から人々は、その時代のマスコミが述べ立てることの裏を読み取り、酒場で、密室で、周辺のどこか小さな空間でいろいろ噂しあっていた。

しかし、そうはいっても、社会正義がどこかで作動していなければ、社会は瓦解するし、社会正義の保護と実現のためにマスコミが果たす役割は極めて大きいのは、いまも昔も変わらない。昔なら、近隣空間での秘密の噂話で済んでいたことが、現在ではインターネットやツィッターなどで、各個人が個別的かつ分散的に、無数の情報や判断をやりとりする。もしマスコミが、特定集団の権益の片棒を担ぐなどということが公然の事実になったとすれば、マスコミが語る愛や正義は、ただの無意味な表面的記号と見做され、インターネットやツィッターでの分散的やりとりの方が本音や真実の生起する場所だと考えられるようになる。もちろん、ここで私は、後者が情報源として悪いなどといっているのではない。しかしその場合、古典的意味での公共性の住み着く場所が、いまより一層見えにくくなるのは避けられない。そして人々は、一つの社会に住んでいるように見えて、実は全くそうではなく、実空間にしろ仮想空間にしろ、或る一定の限局性を備えた小集団が互いにあまり関係ないままに林立するという、多重的な小社会群に分解した中で、それぞれの生を送るようになるだろう。文字通りの意味での公共性は、〈声の風〉[5](flatus vocis)のようなものになるのだ。

いまわれわれは、公共性が死につつある場面、瀕死状態の崩壊過程そのものに立ち会っているのかもしれない。

(C) ごく簡単にながら、いままで読売新聞など、現代のマスコミが抱える問題点について触れてきた。しかしもちろん、マスコミだけが悪いなどといっているのではない。

一般的にいうと話が拡散しすぎるので原発周辺の話題に戻るなら、そもそも産業界は、原発の問題点などは知ったことではないとでもいうような口調を響かせることが何度もある。その社会的な根拠は、産業界が衰退すれば、それは結局国民一人ひとりの生活水準の低下を招くのだから、弱者保護云々などといっている場合ではないという、暗黙に囁（ささや）かれる声だ。しかし、生活水準を維持するとはいっても、それは一体何のために維持されるべきものなのか。子供や若者に健康リスクを負わせ、社会的に不遇な労働者に過剰な身体的負担を強いながら、生活水準を維持するという意志が、当然のものとして流通する社会は、弱者を無視し、個人的栄華を誇る権力や財力を備えた人々が好き勝手をするような社会だ。それは一見、権力者や富裕層にとっては夢のような社会にみえるかもしれない。

しかし、そうではないのだ。日本社会を実際に動かしているのは、一握りの権力者や富裕層などではなく、ごく普通の善良で誠実な人々である。彼らは特に豊かでもなく、社会的権力をもっているわけでもない。しかしそれら普通の人々が、「この社会はそれほどおかしくなってはおらず、静かに真面目に仕事をしていれば、幸せに生きていけるはずだ」という気持ちを漠然と持ち続けているからこそ、この社会はなんとかなっている。もし、一部の利権集団や特権階級が自分たちのいいように社会を動かし、口では奇麗事をいいながら、公益ではなく私利私欲の追求にかまけているということが誰の目にも明らかになった場合、普通の人々の生活感覚が崩壊し、その途端に社会は作動しなくなる。社会正義そのものが事実上、機能していないという感覚を普通の人々がもつに至るような日がもし来るとすれば、それは端的にこの社会が終焉を迎えつつあるということだ。そうなると、利権集団も特権階級も、それまでのような歓楽的環境に自らを置き続けることはできなくなる。彼らは特に功利的価値に敏感だろうから、こう繰り返そう。もし社会正義が瓦解すれば、最終的には利権集団や特権階級にとっても何の利益にもならない。それを肝に銘じておくべきだ。どれほど言葉だけの奇麗事扱いされようとも、社会正義はこの社会の中で一定の役割を果たしているものなのだ。

それにしても、こんなことを書かざるをえないということが、私に再び一種の絶望感を抱かせる。われわれの社会は、これから一体どの方向に向かおうとしているのだろうか。

ここまでの重苦しい雰囲気にはそぐわない気もするが、この節を終えるに当たり、私は一つのフィクションを引いておきたい。それは終戦直後のベストセラー、石坂洋次郎の『青い山脈』（一九四七）である。私の世代の人々なら、同名の若々しい流行歌が耳に響き、懐かしさを覚えるはずだ。著者の執筆動機は、終戦を境にして「新旧思想の対立と、民主的な生活の在り方を描く」というものだ。もっとも、新旧思想とはいっても、学問的なものというよりは日常感覚的なものだ。小説の中で取り上げられるのは、独身時代ならもちろん、結婚していてさえ、男女が道で並んで歩くのがはばかられるというのはおかしい、とか、結婚しても、女性を一人の人格として扱って大切にすべきだというような、いまから見れば当然のものが多く、そのこと自体は現在では論点にならない。ただ、なぜ私がここでこの小説に言及したかというと、主人公の一人、教師の島崎雪子が学生に向かって戦後の新社会の理想を述べる場面が心に引っかかったからだ。いま、その時の彼女の言葉を引用する。「いいですか。日本人のこれまでの暮し方の中で、一番間違っていたことは、全体のために個人の自由な意志や人格を犠牲にしておったということです。（……）家のためという考え方で、家族個々の人格を束縛する。国家のためという名目で、国民をむりやりに一つの型にはめこもうとする。それもほんとに、全体のためを考えてやるのならいいんですが、実際は一部の人々が、自分たちの野心や利欲を満たすためにやってることが多かったのです[6]」。

小説は、戦前の重苦しい思想統制や狭隘な小集団の監視的雰囲気を古いものとして嫌い、他方で、新しいものとして導入された戦後民主主義への明るい期待に充ちている。これが戦後復興期にベストセラーになったというのも、うなずける。しかし、それから六〇余年、いまの日本社会は島崎先生が望んだような新しい社会になったのか。引用部分で描写された戦前の社会は、或る意味でいまの日本と大差ないのではなかろうか[7]。

本来的な批判的機能を喪失し、或る局面で何が本当に国民にとって重要なのかを判断できないマスコミ[8]。政治家の揚げ足取りにかまけ、本当に批判意識を働かせるべき時に、大手スポンサーに配慮してその議論を調整するような事態に陥れば、ジャーナリズムはその批判性を喪失したのも同然になる。複雑に絡み合う利権や権益、既存の権益にしがみつく集団をほぼ特定しながらも、半ばどうしようもないという無力感が灰色の雨雲のように全体を覆い尽くす社会。それは、いわば〈最後の一五分間〉抜きのハリウッド映画を鑑賞するようなもの。いかなる痛快な解決もなく、ただ焦燥感と絶望感が熱帯夜の汗のように人々の日常感覚にこびり付き、一種の諦念が漂い流れる社会だ。

社会正義という古典的理念、そして誰もが、自分たちの履歴や直接的利益関心を一応括弧に入れながら、互いに同格で意見を交換し合えるような場の設定根拠、つまり公共性という理念さえもが危うくなった日本の現状――戦後の人々が夢見た民主主義は、六〇余年の経験の後、我が国にどの程度根付いたのだろうか、若干の疑念が湧いてくるのを抑えることは難しい。島崎雪子に、この現状を見せようと思えるだろうか。

第二節　〈普遍〉の新たな覚醒へ

冒頭で述べたように、本章の本来の課題は〈大学の危機〉について論じるというものだった。だが、前節での議論でもお分かりのように、いまの私には、〈大学の危機〉云々という前に〈公共性の危機〉や〈社会正義の危機〉の方に、より敏感になっておくべきだという判断がある。もちろん大学は重要な社会制度の一つだが、それも社会が正常に作動していることが前提の上での制度であり、その前提条件が崩れるような場合、大学の存立基盤が揺らぐというのは当たり前の話だ。ともあれ、社会状況そのものが危機的状態にあるという判断を背景に置きながら、今日の大学が目指すべき理念について、以下に簡単な私見を述べておきたい。ただ、独立行政法人化以降の大学の質的変化や資金繰りの問題など、大学の現状が論じられる時の定型的な問題設定は、ここでは敢えて行わない。その種の社会科学的アプローチではなく、敢えて古典的な理念的水準に話を絞った方が、私らしい議論ができるし、その方が第一節との連接も見えやすくなるからだ。

(A)　社会の中での公共性の作動が、いろいろな亀裂や歪みのせいで充分なものではなくなっているとき、大学という装置は、それに対してどのようなスタンスをとればいいのだろうか。ここで逆説的ながら、古来、大学が論じられるとき、何人もの論者によって強調されてきたこと、つまり大学での教育は、本来、職業訓練学校の高度化されたものではないはずだという判断を、いま改めて想起しておこう。

プロイセン王国が一八〇六年にナポレオン（Napoléon Bonaparte）に大敗し、一部の領土放棄を余儀なくされた段階で、プロイセンは新しい大学を作ろうという構想に入る。幾つかの案があったが、結局ベルリンに新しい大学を作ることになる。その際、重要な役割を果たしたのが、当時枢密顧問官を務めていたフリードリッヒ・フォン・バイメ（Karl Friedrich von Beyme）である。彼は、新設の大学が教育中心のそれではなく、自由な研究が少なくとも理念的には重視されるような大学たるべきだという考えをもっていた。ベルリン大学は一八一〇年から実際に講義を開始するが、その前後に、バイメのような重要な官僚の後ろ盾ともども、フィヒテ（Johann Gottlieb Fichte）、シュライエルマッヘル（Friedrich Schleiermacher）、ヴィルヘルム・フォン・フンボルト（Wilhelm von Humboldt）のような思想家たちが、活発に大学論を提案したという事実には、何度も立ち戻っていい。

しかもその際、彼らの基本的発想は、一八世紀終盤から顕著になっていた大学の職業学校化、専門学校化に対する反発と、大学にとってより固有な機能を模索するべきだという思想に支えられていた。大学は手に職を付けるための訓練所というよりは、自由な悟性の行使を試す場、または不偏不党の科学研究という原理に立脚した場であるべきだ、という考え方である。

近年、潮木守一（うしおぎ）のように、その歴史的射程を限定的に捉えようとする向きもあるが、いわゆる〈フンボルト理念〉、つまり大学での教示内容を固定的な既知事項と捉えるのではなく、未解決の探究課題として学生に提示し、学生と教員とが一緒になって真理探究に邁進するという規範的な理念は、その後、特に科学研究に多大の影響を与えた。例えば一八二〇年代半ばから開始されたリービッヒ（Justus von Liebig）のいわゆるギーセン体制は、フンボルト理念を一部、体現したものだといっても過言ではなく、その体制下でリービッヒ・グループは初期有機化学の発展に多大な貢献をした。ただし一つ附言しておかねばならないのは、〈フンボルト理念〉は先端的科学研究の遂行に根拠を与えるだけではなく、より一般に知識の深化と複雑化を、知識外的因子にあまり気遣うことなく遂行せよという命令としても機能したということである。ただ、ここではその〈フンボルト理念〉の含意について詳しく追跡するよりも、先に述べた反・職業学校論の意味について、もう少し反省してみよう。

約二百年も前の、しかもプロイセン王国という、時代も文化的状況も違うところで構想されたこの大学論が、われわれになんらかの示唆を与えるのだろうか。与える、と私は思う。当たり前のことだが、職業学校や専門学校という制度自体は、当然ながら個別具体的な職能の陶冶という点で直接的な有用性をもつ。フィヒテらがそれと対抗するものとして構想した大学は、それでは〈直接的有用性〉には関わらないということを一次的に意味するものなのか。なぜ、役に立つことが周辺視されるという論理が可能なのか。それは、役に立たなくてもいいということなのか。それは役に立つことをたたき込まれなくても、その後の人生を充分に送っていけるほどの資産家の子女に特権的な迂回路ということなのだろうか。

一種の特権性という含意がそこに隠れているのは否みがたいと私は思う。しかしそれは必ずしも資産家の子女という直接的な経済的基盤だけに限られるわけではない。中流程度の家庭でも、一見何の役に立つか分からないような知識でも若い内に身につけておいた方がいいという親の判断が利いている場合も、多々あるに違いない。その場合、その両親は直接的有用性という規範よりも、一層繊細で複雑な有用性、ブルデュー（Pierre Bourdieu）以降のわれわれなら〈文化資本〉と呼ぶような特殊な有用性に配慮できるだけの知恵をもっていることになる。〈文化資本〉的側面も考慮に入れる場合、〈直接的有用性〉からの意識的乖離という理念は、有用性概念の拡散と脱特性化をもたらし、〈職業学校の優越性〉という社会的判断をなし崩し的に瓦解させる。

ただ、他方で次のようなこともある。周知のように、昔のようにごく一部の恵まれた青年だけが大学に行っていた時代は既に過ぎ去り、近年では、ほぼ二人に一人に近づくまでの若者たちが大学に通っている。それだけの比率にまで大学生が増えてしまうと、彼ら全員に〈フンボルト理念〉を要求することが如何に馬鹿げたことかというのは、論を待たない。また、学力低下が著しい学生たちも相当数にのぼる。そのような学生たちを受け入れる大学は、半ば高校的な機能も飲み込んだ大学であらざるをえない。だから今日一口で大学といっても、それらすべてを総体的に単一機能の、または同等のものとして扱うことは、非現実的な抽象を行うことだ。どのようなタイプの大学を念頭に置いて議論するのかに、絶えず注意を払わねばならない所以である。

第一、古典的な反・職業学校論は、大学制度に連接されるとき、単科大学批判という形でも現れた。この場合、単科大学は、大学の仮装をかぶってはいるが、事実上は一種の職業学校だと見做されたわけである。ここで、一九世紀初頭の反・職業学校論に注目する私が念頭に置く大学は、だから、こういってよければ〈フンボルト理念〉を理念的に提示し続けても、それが場違いには響かない、将来の潜在的研究者が多く登校してくるような大学、やはり或る程度高水準の教育・研究を実現している大学だということになる。しかもその場合の高水準性には、〈知識の有用性〉よりは、〈知識の汎用性〉が一次的規範として組み込まれていることが肝腎だ。なぜなら〈文化資本〉的クッションが介在するとき、或ることが何に役立つか良く分からないということと、何に役立たないかも良く分からないということは表裏一体となり、それはいろいろなことに役立つかもしれないという可能性を抱え込むことになるからだ。

敢えていう。大学といってもいろいろあるというのはいま述べた通りである。ただ、数ある大学論が存在するのは全く構わないし、本田由紀のように高校と大学、さらには社会を、職業教育の充実という観点からより強く連携させようと考える人もいる。それは、単科大学的、または教育専念的な大学が増えているという現状に対する現実的な選択肢の一つだろう。ただ私は、私がここで問題にしている、少なくとも理念的には〈フンボルト理念〉が現在でも作動可能だと推定しうる大学機関をまるで念頭に入れない大学論は、大学論としては重大な欠落を抱えていると思う。大学論の精髄は、やはり〈フンボルト理念〉型大学を十全に論じるものであるべきなのだ。換言すれば、或る種の特権性を自覚的に引き受け、その分、緊張感と矜持をもって作動し続ける大学を論じないような大学論は、しょせんは同時代の社会状況を経験的に後追いするだけの報告書にすぎない。大学論は、理念的位相をもたなければ本当の大学論ではない。以下の部分では、議論を明晰なものにするために、私が議論の中心に置きたい、〈フンボルト理念〉を体現可能な大学のことを《大学》と呼ぶことにする。

そしてこの場合、ベルリン大学構想時において学者たちが考案した議論の要点、つまり直接的有用性からの離反という理念、そして知識欲の内在的駆動の堅持という特徴は、《大学》が《大学》であるのは、それが同時代の社会や国家から微妙に乖離しているからだという事実を、まさに反映させたものなのである。《大学》は、国家から厖大な資金を拠出してもらっているにも拘わらず、国家とは緊張感をもった対峙関係にいなければならない。同様に、《大学》は社会から幾分浮いていなければならない。

この〈国家と社会からの乖離〉という特徴は、第一節で述べたような体たらくを示す社会の中で、そのまま《大学》の希望と存在理由になる。[9] ただし、ここで私が述べていることは、独立行政法人化した以降の《大学》にとっては、従来以上に実現困難な理念である。[10] にも拘わらず、その理念的方向を堅持し続けるという意欲をなくしたとき、《大学》はその存在意義を喪失し、形骸化するだけになる。もし社会が、社会正義や公共性を十全に維持・構築しにくくなっているとするなら、《大学》こそが、それらの古典的理念をなんらかの形で包摂し続け、構築のための姿勢を若者に示し続ける場所であるべきなのだ。確かに、或る意味現実離れした理念をたたき込まれた若者たちは、《大学》を卒業した後、現実の重々しさにぶち当たって、苦悶するかもしれない。だが、苦悶は若者の実存的な特権だともいえるのだ。その苦悶に押し潰されないだけの強さを、彼らは《大学》で学ぶ内に知らずに身につけているはずである。だから、理念を包摂する姿勢を見せようとする《大学》は、単なる職業学校として自認し、高校から社会に至るまでの円滑な中間項以上のものではないという位置づけに安穏とする大学一般よりも、豊饒な可能性をもたらす。そして《大学》がその姿勢を堅持し続ける様子は、結局（《大学》だけではなく）大学一般にとっても、自らの作業が、単に経験世界の記述と追認、円滑な再生産だけではない何かを含みうるという可能性を示唆し続ける限りにおいて、有益なものなのである。

（B）或る意味で逆方向の因子を含むこととはいえ、つまり（A）とは一見、逆接的な関係をもつという印象があるとはいえ、実際には連続的に繋がる論点を次に取り上げてみる。周知のように、大学設置基準の大綱化以降、いわゆる教養教育は徐々に衰退していった。それぞれの専門分野を担当する学部は、例えば工学を学びたい学生が半ば退屈しながらフランス語の散文などを読んでいるさまをみて、それを無駄な回り道と見做し、それをスキップして早い内から専門教育に特化すれば、より優れた教育になると考えた。確かにそれは一理あった。しかもこれは〈フンボルト理念〉を追求できる可能性の高い大学、つまり《大学》にとっても、一見、好都合な発想であるように見えた。回り道などしないで、最短距離で専門領域に沈潜すれば、その分研究を一歩進める確率が高まるように思えるからだ。

ところが、それでは話が済まないというのが、われわれ人間の面白いところなのだ。まず、フィヒテやシュライエルマッヘルなど、ベルリン大学構想時に発言をした学者たちは、何も〈フンボルト理念〉的なことだけを称揚していたわけではない。繰り返すなら、彼らは大学が専門学校化することを批判していた。つまり彼らは、総体としてみれば若干異なる方向性を抱えた知識論を主張していた。〈フンボルト理念〉的な研究刷新も重要だが、同時に、単に専門的知識を詰め込めばそれでいいというわけではないという考え方だ。その根拠の一つは、専門に特化した人間は、他の事について関心も知識ももたないようになるので、そんな人間ばかりで溢れかえる社会では、人間の知識群がバラバラで統合性を失うということだ。いわば〈知識の公共性〉の喪失である。ちょうど science の訳語、〈科学〉の〈科〉が、まさに専門分化した知識、深いとはいえ狭い知識という意味をもっていたのと相即的で（その意味で〈科学〉は、その知識特性を巧みに表現した優れた訳語なのだが）、とにかく当時の思想家たちは、その意味での〈科学〉だけでは不充分だという判断を下していた。カント（Immanuel Kant）が『学部の闘争』で哲学部に担わせようとしていたものはそれに触れると見做していいし、シェリング（Friedrich Schelling）の『学問論』（一八〇三）も同方向の判断をしている。この判断は、その後も例えばヤスパース（Karl Jaspers）の『大学の理念』（一九四六）でも継承されている。

ちなみに、シェリングは、特殊なものは普遍的なものを宿す限りにおいて価値をもつという趣旨の言葉を残しているが（第一講）、この場合、普遍を宿すとは、特殊に普遍がなんらかの形で入り込むという意味になる。ただ、より普通に考えるなら、特殊は特殊に沈潜するという状態があり、その傍らになんらかの形で普遍が臨在するという風に理解した方が分かりやすい。その場合、臨在する普遍は制度的に換言するなら、まさに教養学部や教養課程になると述べても構わないのだ（カントなら哲学部がそれだといっただろうが、現代の哲学は、それ自体が一種の〈科学〉になっているという嫌いがある）(11)。

ところで現在でも専門主義批判が話題になる時に必ず言及すべき文献は、オルテガ（Ortega y Gasset）の『大学の使命』（一九三〇）だろう。周知のようにオルテガは、教養の破壊と駆逐の中にこそ同時代のヨーロッパ人の破局的徴候をみてとった。それぞれの時代を統括する理念に全く眼を向けようとしない〈無教養な平均人〉は新たなタイプの〈野蛮人〉なのだ。そして彼は、いささか驚くような判断を下す。「この新しい野蛮人は、とりわけ専門家である。以前よりもいっそう博識であるが、同時にいっそう無教養の技師、医師、弁護士、科学者等の専門家である。[12]」

この断定がもつ含意は、いまでも緻密に腑分けされる必要がある。オルテガは、一つの事についての知識は非常に豊かだが、それ以外は何も知らない人間が、いかに愚かで、野獣的で、侵略的か、その驚くべき情景をまざまざと見せられるに至ったのは二〇世紀に入ってからだとも続けている。一九三〇年時点での彼には分からなかっただろうが、確かにその後、原爆を作り出す物理学者というような形で、彼の判断は敷衍的追認を受けることにもなった。専門人が野蛮人であるような知の体系。われわれの知識社会は、そんな体系を造り上げているのかもしれない。だからこそ、それを自明のものとして自ら内面化していくのではなく、専門知よりも遥かに茫漠としてとりとめがなく、直接的効用性も見えにくい教養知に触れようとすること、またはそれに触れる頻度を高める制度的保証をすること、それが如何に大切なのかをわれわれは改めて認識しなければならない。それは、専門知から超脱した、より非専門的な知——参加者各人の拘束条件や履歴が違っても、どの人にも原理的に引っかかりをもつような知、つまり新たに鍛え直された普遍知への誘い（いざな）という形を取るものになるはずだ。それは、人間の普遍性に一歩近づこうとする一種凛然とした〈生の様式〉だ。恐らく人は、その種の様式に敏感でいられる能力のことを〈教養〉と呼んできたのである。

そしてこの場合の教養とは、いろいろなことを少しずつ知っているということでも、複数の領域を調整して取り纏める能力に優れているということでもない。そうではなく、何かについてかなり詳しくなったとしても、それをどれだけ追求しても、それだけでは見えてこないものがあるという漠然とした直観を持ち続けること、自分には想像もできない切り口で、思いもしなかった事実に触れることができる領域があるという直観を抱き続けることだ。そして同時に、それらの複雑で雑然とし、茫漠とさえしている教養知のベースには、それを支える〈普通人の感覚〉が潜んでいるという自覚をもつことだ。〈普通人の感覚〉、つまり自分を大切にはするが、自分よりも弱いものに少なくとも意図的には危害を加えないということとか、自分の人生を大切にすると同時に、広範な一般的領域で少しずつ他人に関わるように気遣い続けるという感覚である。それは、個別具体的な知識そのものは、それだけでは人を良き生には導いてくれないと認識することでもある。

確かに、この何十年か、教養知を最も涵養するはずの〈人文知〉は、いろいろな場面で〈普遍〉なるものがもつ暴力を剔抉することに勤しんできた。普遍とはいっても、女性、貧民、人種的マイノリティ、性的マイノリティなどは、意識せずに弾かれているではないか、と人文知は何度も警鐘を鳴らしてきた。そのこと自体は、もちろん繊細な自己認識の契機になるので、一定の評価に値する。しかしそんなことをしている内に、当の〈普遍性〉なるものがボロボロに解体し、或る日気がつけばその残骸しか残っていなかったという風情になっているとはいえないか。人文知が行ってきた切り崩しの作業が無意味だったとは思わない。だが、今日では、その切り崩しと政治的繊細化の過程を経た上で、いわばより成熟した〈普遍知〉の構築に向けた努力が開始されるべきではなかろうか。そんな気がしてならない。(13) そして、そんな〈普遍知〉が宿る場所は、一度は自己幻滅を経た上で、やはりそれなりの重要性があるのだという回帰的意識を伴いながら訪れるに至る、〈教養知〉という殿堂なのだ。

それは制度的には、例えば《大学》の内部で優れた教養教育をし続けること、それも従来よりも一層の危機感と使命感をもって、その任務を遂行し続けることを意味している。フンボルト理念に嚮導(きょうどう)され、これから専門人になろうとする若者に、なんらかの形で〈普遍〉、ないしは〈普遍の仮装〉、〈普遍の蜃気楼〉、〈普遍の幻覚〉を一瞬でもいいから見せること。それが蜃気楼でも幻覚でも、まるで触れないよりはいいと判断すること。恐らくはそれが大事なことなのだ。

その努力を続けていきさえすれば、第一節でも触れた〈公共性〉や〈社会正義〉という根源的価値でさえ瓦解しかかっている無惨な現状に、ほのかな光明が差す日も来るかもしれない。〈公共性〉が黄昏時の淋しい光に照らされ、〈社会正義〉が後一歩で瓦解しかかっている現在、われわれはそう願うしかないだろう。いや、そう祈るしかないというべきだろうか。(二〇一一年一〇月二五日脱稿)(14)

註

(1) 海洋汚染は二〇一五年春現在、いまだにとまらず、有効な手段も見つかっていない。あとはただ、一種の報道管制と情報隠蔽によって、正確な汚染を知らせないという手法がとられている。これは、日本国民に対してだけではなく、全世界の人々に対する重大な背信行為だ。

(2) 上記の読売新聞社説における「感情的な『脱原発』ムード」という言葉の使用法もそうだが、しばしばわれわれは、反原発を感情的、原発推進を科学的というような形容で色分けする議論を目にする。しかし、原発推進が、いま私が簡単に触れた問題群を全く解決しようとする気さえ見せないのは、それらの問題群が一定の科学性をもつものなだけに、まるで科学的姿勢ではないというべきだ。つまり、この問題に関する一連の〈感情的〉、〈科学的〉という形容詞の使用は、語用論的には〈陣営〉色分けという機能をもつが、それ以上の実質的内容はもたないのである。

(3) 実は私は、もう一〇年ほども前、読売新聞の読書欄の書評委員の一人だった。その過程で何人もの記者たちと交流をもち、楽しい時間を過ごした。個人的に魅力を感じた記者も何人もいる。だからここでこんなことを書くのには、内心忸怩たるものがあるのは確かだ。しかしそれもまた、私の私的な事情なのだ。公共性の意味を問おうとするこの文脈では、読売新聞の姿勢を問題にせざるをえなかった。

(4) 二〇一一年九月一二日付け、毎日新聞ニュース。

(5) ヨーロッパの中世期以来存在する表現で、如何なる客観的現実にも対応しない、ただの言葉、ただの音の連鎖のようなものという程度の意味。

(6) 新潮文庫版、p.38.

(7) 先日、「八紘一宇」という言葉を用いた自民党系の政治家がいた。いまに「非国民」などという言葉が漏れ出てくるのではなかろうか。より重大なのは、この種の〈復古的な雰囲気作り〉をマスコミがきちんと批判できないということだ。

（8）この論攷を書いていたのは二〇一一年一〇月のことだ。その後、二〇一五年春現在、マスコミ、それも特に大手マスコミの弱体化と衰退は、眼を覆うばかりである。政権中枢への寄り添い、情報の選別と自己規制など、一連の失態によって、従来一定程度確保しえていた健全な〈批判能力〉が大幅に後退している。中規模マスコミ、それに独立したジャーナリストで随分頑張っている人々が依然としているのが、辛うじての救いになる。しかし、大手マスコミの現状を鋭く告発し、改善要求をすることは現在では火急の重要性をもつという認識が必要である。

（9）この〈乖離〉という成分の重要性はいくら強調しても、しすぎることはない。その意味でシェルスキー（Helmut Schelsky）の『大学の孤独と自由』（一九六三）という題名は象徴的だ。このいささか崩れかかった社会の中で、《大学》はまさに自らの〈孤独と自由〉を噛みしめるべきなのだ。

（10）困難を困難と自覚しつつ、主張し続けるべき理念というものは、やはり存在する。第一節で触れた社会正義や公共性、それに大学の〈孤独と自由〉——それらは、その種の必死で設定し続けるべき理念なのである。

（11）ここで私が〈哲学の科学化〉ということで意味しようとしていたのは、哲学が帰納や実証など、科学的方法論を取り入れ、その言説構成を科学と同様の規範で統制しようという傾向があるということではない。それよりはむしろ、哲学が狭い専門領域としての自存性を確保するために若干自閉化し、専門家同士でのジャーゴンの多用などによって、外部からは知的接触をしにくくなっているという事態を、主に念頭に置いている。

（12）オルテガ『大学の使命』p.24.

（13）発表直後、この一節は早速、我が国のフェミニズムの論客からご批判を頂いた。正当な批判であり、そのこと自体は大変有り難く受けとめている。しかし、私はここでの主張を変えるつもりはない。われわれは、ずっと関西で育とうが、あたかも関東や北海道で育った人であるかのように考えようとすることはできる。筋力があっても筋力がない人のように考え、若くても老人であるかのように考え、男性であっても女性であるかのように考えることは可能なのだ。確かに〈当事者性〉がもつ一種の切迫性や実感は、微妙に減殺されるかもしれない。しかし、個別具体的な拘束条件を逃れ、自己を一般的仮想空間に投じようとする意志は、当時者性の欠如という欠点を補って余りあるものだ。それがなければ、社会は、結局は、互いの差異を叫び合うだけの〈利益団体集合体〉の分散的離島群のようなものになる。

(14) 第一三章、第一四章と同様の理由のために脱稿の日付を明示しておく。

参考文献

安斎育郎（二〇一一）『福島原発事故』かもがわ出版
飯田哲也・佐藤栄佐久・河野太郎（二〇一一）『「原子力ムラ」を超えて』NHK出版
家永三郎（一九六二）『大学の自由の歴史』塙書房
石坂洋次郎（一九四七）『青い山脈』新潮社：新潮文庫（一九五二）
石橋克彦編（二〇一一）『原発を終わらせる』岩波書店
猪木武徳（二〇〇九）『大学の反省』NTT出版
イリイチ、イヴァン（一九九一）『生きる思想』新版、桜井直文監訳、藤原書店
イリッチ、イヴァン（一九七七：原著一九七一）『脱学校の社会』東洋・小澤周三訳、東京創元社
潮木守一（二〇〇八）『フンボルト理念の終焉？』東信堂
NHK「東海村臨界事故」取材班（二〇〇二）『朽ちていった命』新潮社
オーウェル、ジョージ（一九七二：原著一九四九）『一九八四年』新庄哲夫訳、早川書房
オルテガ・イ・ガセット（一九九六：原著一九三〇）『大学の使命』井上正訳、玉川大学出版部
金森修（二〇一一a）「カズオ・イシグロ『わたしを離さないで』」、『現代思想』七月臨時増刊号、

pp.86-89.

金森修・近藤和敬・森元斎編（二〇一一b）『VOL　5：エピステモロジー』以文社

金森修（二〇一一c）"After the Catastrophe--- Rethinking the Possibility of Breaking with Nuclear Power", *Peace from Disasters*, Proceedings of HiPec International Peacebuilding Conference 2011, September 18-19, 2011, pp.87-92.

鎌田慧（二〇〇一）『原発列島を行く』集英社

カント、イマヌエル（一九八八）「学部の闘争」小倉志祥訳、『カント全集』第一三所収、理想社

草原克豪（二〇〇八）『日本の大学制度』弘文堂

小出裕章（二〇一一a）『原発のウソ』扶桑社

小出裕章（二〇一一b）『原発はいらない』幻冬舎

高坂正顕（一九六一）『大学の理念』創文社

高山岩男（一九七六）『教育哲学』玉川大学出版部

コンドルセ侯爵他（二〇〇二）『フランス革命期の公教育論』坂上孝編訳、岩波書店

佐藤栄佐久（二〇一一）『福島原発の真実』平凡社

佐野眞一（二〇一一）『津波と原発』講談社

シェリング、フリードリッヒ（一九五七：原著一八〇三）『学問論』勝田守一訳、岩波書店

シェルスキー、ヘルムート（一九七〇：原著一九六三）『大学の孤独と自由』田中昭徳他訳、未来社

シュテフェンス、ヘンリク（一九七〇）「大学の理念についての講義」梅根悟訳、『大学の理念と構想』所収、明治図書

シュライエルマッヘル、フリードリッヒ（一九七五）「ドイツ的意味での大学についての随想」梅根悟・梅根栄一訳、『国家権力と教育』所収、明治図書

シラー、フリードリッヒ・フォン（一九五二：原著一七九四）『美的教養論』清水清訳、玉川大学出版部

高木仁三郎（一九八一）『プルトニウムの恐怖』岩波書店
高木仁三郎（一九九九）『市民科学者として生きる』岩波書店
高木仁三郎（二〇〇〇）『原発事故はなぜくりかえすのか』岩波書店
竹内洋（二〇〇三）『教養主義の没落』中央公論新社
田中光彦（一九九〇）『原発はなぜ危険か』岩波書店
広河隆一（一九九一）『チェルノブイリ報告』岩波書店
広瀬隆（二〇一一）『福島原発メルトダウン』朝日新聞出版
フィヒテ、ヨハン、G.（一九七〇）「ベルリンに創立予定の、科学アカデミーと緊密に結びついた、高等教授施設の演繹的プラン」梅根悟訳、『大学の理念と構想』所収、明治図書
藤田祐幸（一九九六）『知られざる原発被曝労働』岩波書店
フレイレ、パウロ（一九七九：原著一九七〇）『被抑圧者の教育学』小沢有作他訳、亜紀書房
フンボルト、ヴィルヘルム・フォン（一九七〇）「ベルリン高等学問施設の内的ならびに外的組織の理念」梅根悟訳、『大学の理念と構想』所収、明治図書
ペリカン、ヤーロスラフ（一九九六：原著一九九二）『大学とは何か』田口孝夫訳、法政大学出版局
ベルツ、トク編（一九七九）『ベルツの日記』上巻、菅沼竜太郎訳、岩波書店
堀江邦夫（二〇一一）『原発労働記』講談社
ミル、ジョン・スチュアート（二〇一一）『大学教育について』竹内一誠訳、岩波書店
宮台真司・飯田哲也（二〇一一）『原発社会からの離脱』講談社
ヤスパース、カール（一九五五：原著一九二三、一九四六）『大学の理念』森昭訳、理想社
矢部史郎（二〇一〇）『原子力都市』以文社
山本義隆（二〇一一）『福島の原発事故をめぐって』みすず書房
吉岡斉（一九九九）『原子力の社会史』朝日新聞社

吉岡斉（二〇一一）『原発と日本の未来』岩波書店
吉見俊哉（二〇一一）『大学とは何か』岩波書店
Cousin, V. (1844) *Défense de l'Université et de la Philosophie*, Discours prononcé à la Chambre des Pairs, le 21 avril 1844, deuxième éd., Paris, Joubert.
Lecourt, D. (1993) « Philosophie et Université » in *A Quoi Sert Donc la Philosophie ?*, Paris, P.U.F.
Schelling, F.W. et al. (1979) *Philosophie de l'Université*, Paris, Payot.

あとがき

いま思えば歯噛みするような気分になるが、まだ若くて元気一杯な頃、随分長い間私は、自分に何が出来るのか、自分は何がしたいのかを見定めることができず、あちこちの領域を囓っては捨てるというようなことを繰り返していた。それは、なかなか本道に戻れない迂回路に次ぐ迂回路のようなものだった。ようやく三〇代半ば頃にして〈科学思想史〉とでも呼べるようなもの、科学史と思想史の中間領域のような学問が自分に一番合っているという気持ちになった。もっとも、それがまた新たな段階での模索と躊躇の時期の開始でもあった。というのも当の〈科学思想史〉が、かつてマルクス主義的学統の中で一定の地位を保っていたものではあったが、マルクス主義自体の退潮の中で徐々に水面下に沈降し、当時の学問世界ではそれほど重要視されていないもの、そもそもそれは何を目的とする学問なのかを絶えず自問しながらせざるを得ないものでもあったからである。

だから、せっかく自分に合うと思った領域も、その継続のためには、絶えず自省し、自問しながらの作業にならざるを得なかった。私にとっての〈科学思想史〉は「科学思想史とは何か」という〈メタ科学思想史〉でもあった。だが、それがメタ的視点、つまり一種の批判的視点を内在的に統合する契機を本性的に孕むものだったおかげで、本来、一度として哲学部に在籍したことはなかったにも拘わらず、私はごく自然に哲学的な問題関心の周辺を彷徨することになった。哲学の難解な古典を通読することは、私にとってやはり重要な経験だった。自分が職業的な〈哲学者〉なのかどうかは、実は怪しいものだと思っている。また、「私とは何か」云々の問題設定にはほぼ全く関心をもつことができず、極端なジャーゴン化の様相を呈する一部の哲学業界も、むしろ敬遠の対象でしかなかった。

　しかし、結局、私がやっていることは一種の〈科学思想史の哲学〉でもあったわけで、その意味では哲学という学問の周辺領域を彷徨(うろつ)く〈辺縁地帯の哲学者〉だといってもいいのかな、と思う。

　存在論と認識論を截然と分割することなどできるわけはない。しかし、敢えて極めて概略的に述べるなら、私の関心は「知識とは何なのか」、「ものの真偽を知るには、どういう基準に従っているのか」、「知ることと行動との関係はどういうものなのか」云々という、認識論寄りの問題構制(プロブレマティク)の中にあった。本書『知識の政治学』も、もちろん政治学の本ではなく、一種の認識論を対象にしたものである。人間がものを知るという作業過程の中で、どういう紆余曲折があるのか、それは〈実在〉（もの）とはどういう関係をもつのかという問題が、史実の例証などにも依りながら私なりの手法で分析されているはずである。その意味でも、本書全体の中核部分は第二部の論攷群だということは明記しておく。

　ただ、拙著『科学の危機』（集英社新書）でも述べておいたように、特に現代科学は、多層的な理由によって、いわゆる政治そのものと密接な関係をもたざるを得ないところがある。そうなると、真偽問題は一層錯綜した森の中に足を踏み入れることになる。一般に、政治家の選挙演説を一〇〇％〈真実〉を述べていると思いながら聴く人などは、ほとんどいないだろう。こと、政治が問題になる場合、真理、半真理、反真理が渾然一体となっているのは当然だ。それと科学とが接近するとき、科学的知識の〈真理性〉は、どのような様相を呈するのか。この問題設定がなされれば、議論は畢竟、いわゆる政治学的なものにも接近する。本書でいうなら第三部での論攷群がその辺りの事情に触れている。また、第一部も、〈客観的知識〉や〈普遍的知識〉の牙城だったはずの科学が、現代に近づけば近づくほど、その自律性や規範体現性がそれほど自明のものではなくなりつつあるという事情を、〈科学の内〉と〈科学の外〉とのやり取りという視点の中で論じたものなので、第三部と似た性格をもつ。

以上のような理由で、本質的には認識論の議論ではありながら、総題は『知識の政治学』とした。以上の説明を読んでいただければ、読者が本書の性格規定を大きく誤解することはないはずである。

本書の成立に当たってはせりか書房編集部、武秀樹さんに大変お世話になった。武さんとは『週刊読書人』以来の長いお付き合いであり、今回このような形で共同作業ができたことがとても嬉しい。また、私的思い出になるが、若い頃『エリアーデ著作集』を拾い読みしては、人間の〈知〉なるものの想像を超える広がりと深さに驚嘆していた日々がとても懐かしい。エリアーデは、結局充分に理解できないままに終わってしまったが、そのせりか書房から拙著を出して頂くということは、身に余る光栄だと思っている。

最後に定型にはなるが、いつも私のすぐ傍で私を気遣い支えてくれる妻に、この本を捧げたい。

二〇一五年小満

金森 修

初出一覧

第一章

「科学と超域的世界――『科学の自律性』の融解」

坂本百大・野本和幸編著『科学哲学――現代哲学の転回』北樹出版、二〇〇二年五月、第一八章、pp.238-249.

第二章

「「科学的」とは何か」

『科学基礎論研究』（科学基礎論学会）no.93, 1999、一九九九年一二月、pp.9-14.

第三章

「場の自律性と社会力学」

宮島喬・石井洋二郎編『文化の権力』藤原書店、二〇〇三年一月、pp.163-187.

第四章

「エピステモロジーに政治性はあるのか?」

金森修・近藤和敬・森元斎編『ＶＯＬ 05 特集：エピステモロジー』以文社、二〇一一年六月、pp. 194-211.

第五章

「真理生産の法廷、戦場――そして劇場」

『情況』（情況出版）一九九四年六月号、一九九四年六月、pp.133-147.

第六章

「〈認識の非自然性〉を頌えて」

岩波講座・哲学第四巻『知識／情報の哲学』岩波書店、二〇〇八年一〇月、pp.57-76.

第七章

「科学と可能的・幻想的世界」

『科学フォーラム』（東京理科大学）二〇一四年一二月号、通巻三六六号、二〇一四年一二月、pp.20-23.

第八章

「虚構に照射される生命倫理」

粟屋剛・金森修編『生命倫理のフロンティア』丸善出版、二〇一三年一月、pp.1-20.

第九章

「〈人文知〉の不可還元性のために」

『研究室紀要』（東京大学大学院教育学研究科・基礎教育学研究室）第三七号、二〇一一年六月、pp.11-20.

第一〇章

「合成生物の〈生政治学〉」

『思想』（岩波書店）第一〇六六号、二〇一三年二月、pp.283-302.

第一一章

「リスク論の文化政治学」

『情況』（情況出版）二〇〇二年一・二月号、二〇〇二年一月、pp.52-69.

第一二章

「生命の価値」

『臨床麻酔』（真興交易㈱医書出版部）vol.38, no.9、二〇一四年九月、pp.1325-1330.

第一三章

「カズオ・イシグロ『わたしを離さないで』：〈公共性〉の創出と融解」

『現代思想』（青土社）七月臨時増刊号：震災以後を生きるための五〇冊、vol.39-9、二〇一一年六月一五日、pp.86-89.

第一四章

「〈放射能国家〉の生政治」

檜垣立哉編『生命と倫理の原理論』大阪大学出版会、二〇一二年三月、pp.85-108.

第一五章

「公共性の黄昏」

『現代思想』（青土社）vol.39, no.18、二〇一一年一二月、pp.136-150.

ラスネール、ピエール・フランソワ（Pierre François Lacenaire, 1800-1836） 110-111, 113
ラトゥール、ブルーノ（Bruno Latour, 1947-） 56, 58, 60
リヴロゼ、セルジュ（Serge Livrozet, 1939-） 110-112
リヌス、フランシスクス（Franciscus Linus, 1595-1675） 46
リービッヒ、ユストゥス・フォン（Justus von Liebig, 1803-1873） 355
ルイス、ハロルド・ウォレン（Harold Warren Lewis, 1923-2011） 276-278, 282, 287
ルシャトリエ、アンリ＝ルイ（Henry Louis Le Chatelier, 1850-1936） 91, 100
ルナン、エルネスト（Ernest Renan, 1823-1892） 19
レイン、ロナルド（Ronald Laing, 1927-1989） 114
レヴィット、ノーマン（Noman Levitt, 1943-2009） 40-42
レーガン、ロナルド（Ronald Reagan, 1911-2004） 268, 279
レン、オルトヴィン（Ortwin Renn, 1951-） 264-265
ローラン、オーギュスト（Auguste Laurent, 1807-1853） 234

［わ行］
渡辺淳一（1933-2014） 166
ワトソン、ジョン（John B.Watson, 1878-1958） 83

1897-1962）　65
フーコー、ミシェル（Michel Foucault, 1926-84）　76, 102-104, 106, 108-114, 116-122, 125-128, 137-140, 149, 152, 199, 220, 243, 249, 253, 322, 335
藤枝静男（1907-1993）　166
ブッシュ、ヴァネヴァー（Vannevar Bush, 1890-1974）　20
プラトン（Platon, BC427-BC347）　121, 129
プリーストリー、ジョゼフ（Joseph Priestley, 1733-1804）　155-156
ブルア、デイヴィッド（David Bloor, 1942-）　48
ブルセ、フランソワ（François Broussais, 1772-1838）　118
ブルデュー、ピエール（Pierre Bourdieu, 1930-2002）　14, 48-49, 53-61, 63-67
フロベール（Gustave Flaubert, 1821-1880）　50
フンボルト、ヴィルヘルム・フォン（Wilhelm von Humboldt, 1767-1835）　354-357, 359-360, 363, 366, 368
ベイト、ロジャー（Roger Bate）　282
ヘーゲル、フリードリッヒ（Friedrich Hegel, 1770-1831）　145
ベック、ウルリッヒ（Ulrich Beck, 1944-2015）　272-273
ヘッケル、エルンスト（Ernst Haeckel, 1834-1919）　86
ベートーヴェン、ルードヴィッヒ・ヴァン（Ludwig van Beethoven, 1770-1827）　299
ベルクソン、アンリ（Henri Bergson, 1859-1941）　91, 93
ベルナール、クロード（Claude Bernard, 1813-1878）　89, 193
ペロ、ミシェル（Michelle Perrot, 1928-）　125
ボイル、ロバート（Robert Boyle, 1627-1691）　32-33, 35-36, 38-39
ホッブス、トマス（Thomas Hobbes, 1588-1679）　32-37, 39-40
ポパー、カール・ライムンド（Karl Raimund Popper, 1902-1994）　42
本田由紀（1964-）　357

［ま行］

班目春樹（1948-）　312
松崎早苗（1941-）　285-286
松本清張（1909-1992）　348
マートン（Robert Merton, 1910-2003）　49, 54
マハラル（Maharal, Judah Loew ben Bezalel, c1520-1609）　213
マルクス、カール（Karl Marx, 1818-1883）　94, 98, 263, 370
三瀬勝利（1938-）　263, 285
ミッテラン、フランソワ（François Mitterrand, 1916-1996）　249
宮林太郎（1911-2003）　166
ムハンマド（Muhammad, 570c-632）　95
メストル、ジョセフ・ド（Joseph de Maistre, 1753-1821）　18
メーヌ・ド・ビラン（Maine de Biran, 1766-1824）　79
森鷗外（1862-1922）　166

［や行］

ヤスパース（Karl Jaspers, 1883-1969）　360, 368
米山公啓（1952-）　186

［ら行］

ラヴォアジェ、アントワーヌ（Antoine-Laurent de Lavoisier, 1743-1794）　155

265
ソクラテス（Socrates, BC469c-BC399） 139
ソロー、デイヴィッド（David Thoreau, 1817-1862） 296

［た行］
ダーウィン、チャールズ（Charles Darwin, 1809-1882） 226, 249, 252
高山路爛（1943-） 165
ダグラス、メアリー（Mary Douglas, 1921-2007） 264, 270-271
ダゴニェ（François Dagognet, 1924-） 54
チョムスキー、ノーム（Noam Chomsky, 1928-） 114, 126, 128
ティチェナー、エドワード（Edward Titchener, 1867-1927） 79
デカルト、ルネ（René Descartes, 1596-1650） 79
手塚治虫（1928-1989） 166
ドゥブリュ、クロード（Claude Debru） 251
ドゥルーズ、ジル（Gilles Deleuze, 1925-1995） 8

［な行］
永井明（1947-2004） 186
中西準子（1938-） 279, 287
南木佳士（1951-） 166
なだいなだ（1929-2013） 186
ナポレオン・ボナパルト（Napoléon Bonaparte, 1769-1821） 354
ニーチェ、フリードリッヒ（Friedrich Nietzsche, 1844-1900） 120-122, 137-138
ニュートン、アイザック（Isaac Newton, 1642-1727） 147
野田佳彦（1957-） 343

［は行］
バイメ、フリードリッヒ・フォン（Karl Friedrich von Beyme, 1765-1838） 354
バザーリア、フランコ（Franco Basaglia, 1924-1980） 114
バシュラール、ガストン（Gaston Bachelard, 1884-1962） 54, 99, 234-235
パストゥール、ルイ（Louis Pasteur, 1822-1895） 18, 118
鉢呂吉雄（1948-） 343
ハックスリー、オルダス（Aldous Huxley, 1894-1963） 187, 190, 253
バッハ、ヨハン・セバスティアン（Johann Sebastian Bach, 1685-1750） 63
バドニッツ、ジュディ（Judy Budnitz, 1973-） 167-168, 184, 190
帚木蓬生（1947-） 165
パラケルスス（Paracelsus, Theophrastus von Hohenheim, 1493?-1541） 202
ビシャ、グザヴィエ（Xavier Bichat, 1771-1802） 118
ビーダー、シャロン（Sharon Beder） 269
ヒッピアス（Hippias of Athens, 前六世紀頃） 95
ヒトラー、アドルフ（Adolf Hitler, 1889-1945） 95
ヒポクラテス（Hippocrate, BC460c-BC370c） 89
ヒューム、デイヴィッド（David Hume, 1711-1776） 80
広瀬弘忠（1942-） 278, 287
フィヒテ、ヨハン、ゴットリープ（Johann Gottlieb Fichte, 1762-1814） 354-355, 359, 368
フェヒナー、グスタフ（Gustav Fechner, 1801-1887） 79
フォークナー、ウィリアム（William Faulkner,

1601-1680） 146
久坂部羊（1955-） 165
クラーク、タリアフェロ（Taliaferro Clark） 24
グリーンリーフ、スティーヴン（Stephen Greenleaf, 1942-） 179, 190
グロス、ポール・R.（Paul R.Gross） 40-42
クーン、トマス（Thomas Kuhn, 1922-1996） 48-49, 151-152
小出裕章（1949-） 334, 338, 367
児玉龍彦（1953-） 334
コナント、ジェームズ（James Conant, 1893-1978） 20
ゴヤ、フランシスコ・デ（Francisco de Goya, 1746-1828） 334
ゴールディング、ドミニック（Dominic Golding） 264, 268
コント、オーギュスト（Auguste Comte, 1798-1857） 18
近藤駿介（1942-） 282
コンドルセ、ニコラ・ド（Nicolas de Caritat, marquis de Condorcet, 1743-1794） 94, 367

［さ行］

斎藤茂吉（1882-1953） 166
サズ、トマス（Thomas Szasz, 1920-2012） 114
佐藤秀峰（1973-） 166
サルトル、ジャン＝ポール（Jean-Paul Sartre, 1905-1980） 60, 212
シムズ、ジョン・クリーヴズ Jr.（John Cleves Symmes Jr., 1779-1829） 146-147
釈迦（Gotama Siddhattha, 前五世紀頃） 95, 236
ジャザノフ、シェーラ（Sheila Jasanoff） 273-274
ジェイコブ、マーガレット・C.（Margaret C.Jacob, 1943-） 39
シェイピン、スティーヴン（Steven Shapin, 1943-） 32, 35, 39-41
シェイファー、サイモン（Simon Schaffer, 1955-） 32, 35, 39-41
ジェラール、シャルル・フレデリック（Charles Frédéric Gerhardt, 1816-1856） 235
シェリー、メアリー（Mary Shelley, 1797-1851） 202, 219, 250, 252
シェリング、フリードリッヒ（Friedrich Schelling, 1775-1854） 145, 360, 367
シェルスキー、ヘルムート（Helmut Schelsky, 1912-1984） 365, 367
シュライエルマッヘル、フリードリッヒ（Friedrich Schleiermacher, 1768-1834） 354, 359, 367
シュレダー＝フレチェット、クリスティン（Kristin Shrader-Frechette, 1944-） 271
正力松太郎（1885-1969） 334, 345
ジョンセン、アルバート・R.（Albert R. Jonsen, 1931-） 288, 301
スキナー、バラス（Burrhus Skinner, 1904-1990） 83, 114
スクリブナー、ベルディング・ヒバード（Belding Hibbard Scribner, 1921-2003） 289
スター、チョンシー（Chauncey Starr, 1912-2007） 267, 271
ズッカーマン、ハリエット（Harriet Zuckerman, 1937-） 48-49, 54, 66
スピノザ、バルーフ・デ（Baruch de Spinoza, 1632-1677） 121, 138
スミス、ウィル（Will Smith, 1968-） 187
スロヴィック、ポール（Paul Slovic, 1938-）

人名索引

［あ行］

会田薫子　249, 252
アガンベン、ジョルジョ（Giorgio Agamben, 1942-）　227-228, 243, 252
アタリ、ジャック（Jacques Attali, 1943-）　249
安部公房（1924-1993）　166, 222, 248, 252
アリストテレス（Aristoteles, BC384-BC322）　121, 238-242, 244-245, 252
アルクメオン、クロトンの（Alcméon de Croton, 前五世紀）　86
アレクサンダー、シャーナ（Shana Alexander, 1925-2005）　291, 293, 295, 299
アレント、ハンナ（Hannah Arendt, 1906-1975）　334
アンジェル、パスカル（Pascal Engel, 1954-）　82-83
イエス（Jesus Christ, BC4c-AD28c）　95
イシグロ、カズオ（Kazuo Ishiguro, 1954-）　174, 178, 185, 187, 189, 307-308, 316, 338, 366
石坂洋次郎（1900-1986）　351, 366
ウィスニーウスキー、デイヴィッド（David Wisniewski, 1953-2002）　203-205, 219
ヴィドック、ウジェーヌ・フランソワ（Eugène François Vidocq, 1775-1857）　113
ヴィリエ・ド・リラダン、オーギュスト・ド（Auguste de Villiers de l'Isle-Adam, 1838-1889）　202, 219
ウィルダフスキー、アーロン（Aaron Wildavsky, 1930-1993）　270
ヴェルヌ、ジュール（Jules Verne, 1828-1905）　147
ウォリス、ジョン（John Wallis, 1616-1703）　40
ウォールセン、マーカス（Marcus Wohlsen）　233, 252
潮木守一（1934-）　354, 366
ヴント、ヴィルヘルム（Wilhelm Wundt, 1832-1920）　79
枝野幸男（1964-）　323, 346
エラストス、トマス（Thomas Erastus, 1524-1583）　37, 46
オーウェル、ジョージ（George Orwell, 1903-1950）　348, 366
隠岐さや香（1975-）　48, 66-67
オルテガ・イ・ガセット、ホセ（José Ortega y Gasset, 1883-1955）　361, 365-366

［か行］

海堂尊（1961-）　165
加賀乙彦（1929-）　166
カーター、ジェームズ・アール（James Earl Carter, 1924-）　267
カーナル、スティーヴン（Stephen Kanar, 1944-）　170, 190
カプラン、アーサー（Arthur Caplan）　27
ガリレイ、ガリレオ（Galileo Galilei, 1564-1642）　147
カンギレム（Georges Canguilhem, 1904-1995）　54, 77-80, 82-88, 91-92, 94-97, 99
カント、イマヌエル（Immanuel Kant, 1724-1804）　68, 79, 360, 367
菅直人（1946-）　343
北野大（1942-）　287
北杜夫（1927-2011）　166
ギボンズ、マイケル（Michael Gibbons）　30, 43, 67
キャノン、ウォルター（Walter Cannon, 1871-1945）　89-91, 100
霧村悠康（1953-）　165
キルヒャー、アタナシウス（Athanasius Kircher,

著者紹介
金森 修（かなもり　おさむ）

一九五四年札幌生まれ。東京大学大学院人文科学研究科博士課程単位取得退学。博士（哲学・パリ第一大学）。筑波大学講師、東京水産大学助教授などを経て、現在、東京大学大学院教育学研究科教授。専門はフランス哲学、科学思想史、生命倫理学。

著書に『フランス科学認識論の系譜』（勁草書房、一九九四年）、『バシュラール』（講談社、一九九六年）、『サイエンス・ウォーズ』（東京大学出版会、二〇〇〇年、新装版二〇一四年）、『科学的思考の考古学』（人文書院、二〇〇四年）、『〈生政治〉の哲学』（ミネルヴァ書房、二〇一〇年）、『ゴーレムの生命論』（平凡社、二〇一〇年）、『動物に魂はあるのか』（中央公論新社、二〇一二年）、『科学の危機』（集英社、二〇一五年）他。

編著に『エピステモロジーの現在』（慶應義塾大学出版会、二〇〇八年）、『科学思想史』（勁草書房、二〇一〇年）、『昭和前期の科学思想史』（勁草書房、二〇一一年）、『合理性の考古学』（東京大学出版会、二〇一二年）、『エピステモロジー』（慶應義塾大学出版会、二〇一三年）他。

知識の政治学――〈真理の生産〉はいかにして行われるか

2015年9月10日　第1刷発行

著　者　金森 修
発行者　船橋純一郎
発行所　株式会社　せりか書房
〒101-0064　東京都千代田区猿楽町1-3-11　大津ビル1F
電話03-3291-4676　振替00150-6-143601
http://www.serica.co.jp
印　刷　シナノ書籍印刷株式会社
装　幀　木下弥

ISBN978-4-7967-0345-1